怎样上好历史课

来自上海市特级教师的方案与经验

苏智良 於以传 主编

上海教育出版社

序言　历史是人生最好的教科书

苏智良

历史课程是现代公民义务教育的主干学科之一，是养成文明观念、国家意识、文化认同、公民人格的主要途径，也是培育青少年民族语言、文化传统、国际视野、人文素养的主干课程。不仅如此，历史课程还肩负着培育学生科学、严谨、求实的良好学风的使命。历史学的真髓就是实事求是，有一份史料说一份话。

重视历史、研究历史、借鉴历史是中华民族5 000多年文明史的一个优良传统。当代中国是历史中国的延续和发展。新时代坚持和发展中国特色社会主义，更加需要系统研究中国历史和文化，更加需要深刻把握人类发展的历史规律，在对历史的深入思考中汲取智慧、走向未来。

然而，要上好历史课，并不容易。它需要教师具有丰富的学科修养、对历史的领悟力、精心的教学设计，兼具高明的教学机智。教师本身应能感悟历史的魅力，懂得通过精准而生动的语言，以历史中的真善美来感染学生，能够通过教学设计，从一段文字、一幅图片、一段录像的巧妙组合中，赋予历史人物以生命与性情。教师还要善于发现学生的兴趣，启发学生的思维和引导学生思考，达成优劣善恶的分辨、成败得失的感悟、良好性格的养成、思维能力的提升、历史观和世界观的熏陶。上好历史课，也是一门艺术。

那么，怎样才能上好一堂历史课？

我向上海市22名历史特级教师提出了这个命题。课堂上如何融会贯通地体现历史唯物主义？史料实证与历史叙事如何有机融合？宏大的历史叙事与微观的历史故事材料如何处理？如何发挥历史叙事的育人功能？如何使一堂历史课有中心、主旨、立意、灵魂？如何从一堆碎片化的史料中构建出历史叙事严密的内在逻辑结构？

想不到特级教师们的答案是如此妙招迭出、精彩纷呈。

其中有对一堂课的精心设计和点评，有对30年从教生涯的总结，也有蕴含历史哲学的思辨。有老师指出，一堂好课要有"五个性"：知识信息的丰富性、核心概念的聚焦性、教学结构的逻辑性、诠释论证的思辨性和过程方法的迁移性，也就是丰富性、聚焦性、逻辑性、思辨性、迁移性。有老师强调一堂好课应具备五个维度：情绪状态、参与状态、交往状态、思维状态、生成状态。还有老师提出不同纬度的、也更加简便的五个标准，即：有意义、有内容、有思维、有智慧、有成就。

有老师指出，历史课应该是知识与能力、过程与方法、情感态度与价值观这三大课程目标的完美统一。有老师认为，教有中心，学有方法，并将两者有机沟通。一个历史教师不仅需要具备史学家章学诚、刘知幾所提出的德、才、学、识，还要文史哲贯通，具有深邃的史学思想。有老师提出上好课需要三个环节的精心准备，就是：深度有效钻研教科书，高屋建瓴构建教学目标，以学为主创设灵动的教学进程。有老师认为，好课要"讲人时要鲜活可信，讲事时要身临其境，讲物时要绘声绘色，讲景时要历历在目"。更有老师高屋建瓴地指出，好的历史课既要讲理性和智性，也要讲人性和诗性，要有"志于道，据于德，依于仁，游于艺"的境界。

还有老师提出了上好一堂课富有诗意的三部曲：像构思一首美妙乐曲一样去创意，像搭建一座宏伟建筑一样去开发，像精制一匹华丽丝绸一样去雕琢。

这正应了那句老话：戏法人人会变，各有巧妙不同。需要指出的是，一堂好课自然没有统一的标准，可以仁者见仁，智者见智。但一堂好课具有共性，就是能让学生怦然心动，触及灵魂，甚至影响终身。

历史课的灵魂是历史教师。

教师应该是独立思考的、理性的、具有良知的人，能引导学生坚守良心，追求古人所言的"富贵不能淫，贫贱不能移，威武不能屈"的人生境界。教师也应该是能言善辩、循循善诱的人。做历史教师，要学会怎样讲故事，把被教科书阉割掉的故事重新发掘出来，活生生地讲给学生听；让学生在鲜活的人物形象、紧张的情节冲突里真正体会到历史的魅力。要讲好历史课，必须要有故事和人物；没有故事和人物的历史，就像没有躯体的灵魂，是孤魂野鬼。

本书的作者，均是长期在历史教学讲坛上耕耘的"现役"历史特级教师。他们大多在全国和省市获奖无数，已经形成自己的授课和学术研究风格而卓然成家；有些执掌上海市、区的历史教学，有些担任各级名师工作室导师，还有一些是教授、正高级教师——在普教系统中，获得这些职称的教师凤毛麟角；他们不仅活跃在上海的讲坛上，也时常到各地参与评奖，或传授教学经验。而上海的历史教学与其他学科一样，也一直走在全国的前列，且与世界各国有着广泛的联系。

将这批卓然成家的中学历史名师的教学方案、经验、智慧、心得结集出版，可以嘉惠杏坛，促进教学，这在全国范围内也许还是第一次。因此，我与上海市教育委员会教研室历史教研员於以传老师共同策划，特邀沪上22名历史特级教师专门撰文，总结上好历史课的方法、路径、心得及独门绝技。这批优秀的历史教师长期的职业生涯可以总结出一个共同点，那就是敬畏三尺讲坛，充满对历史学科研究与教学的神往、勤奋和敏思。这是一册饱含真知灼见、高品质的教学论文集，我衷心感谢各位特级教师的辛勤付出。

我们相信，这些感悟对于即将走上讲台的师范生，对于年轻而有心气、有追求的历史教师，甚至是其他学科的教师，都是非常好的执教指南，这也是我和於以传老师所共同期待达成的目的。

我与本书的大部分作者较为熟悉，有的相识于各种学术、教学会议，有的共同参与《中学历史课程标准》《面向21世纪上海市中学历史学科教育改革行动纲领》和历史教科书的撰写，有的还有师生之谊。从某种角度而言，他们现在都已是功成名就的名师专家、领军人物。但我还期待更高远的目标：依靠这些历史特级教师的奠基、立言与薪传，能否形成有鲜明风格、特色的上海历史教学流派。志当存高远，不负梦少年。

2019年6月于上海师范大学

目 录

001 / 於以传　教有中心　学有方法
　　　　　　——"怎样上好历史课"杂谈

013 / 周　靖　怎样上好一堂课？

027 / 凤光宇　技能有道　智慧无限
　　　　　　——谈中学历史教师必备的三项教学技能

039 / 李惠军　历史的意蕴与教学的意境

055 / 周　飞　创意　开发　雕琢
　　　　　　——浅谈上好一节历史课的三个步骤

079 / 樊汉彬　好课是怎样炼成的

093 / 汪德武　谈历史教学中的通感意识

105 / 刘玉华　历史课应上得"生动而深刻"

117 / 朱志浩　例说图像证史在中学历史教学中的一般路径

131 / 左卫星　在追求高效历史课的路上

145 / 邵　清　用心灵启迪智慧　让历史点悟人生

157 / 李　峻　追求卓越，从每堂课开始

171 / 郎宇飞　　我的"运动员"与"教练员"的职业生涯

183 / 吴国章　　厚实基础　锤炼课堂

195 / 汪　辉　　务实求真，坚守风格，做教而有长的教师

207 / 付文治　　三议如何上好中学历史课

225 / 姚　虹　　中学历史课堂教学中的叙事
　　　　　　　——理念与实践

239 / 鲍丽倩　　史料实证与历史叙事的有机融合

253 / 刘晓兵　　历史教学逻辑的优化摭谈

267 / 林　唯　　在这里，我是学生也是老师

277 / 徐雅芳　　上好历史课
　　　　　　　——从涵养专业技能到发展专业素养

289 / 施洪昌　　生气·霸气·底气：核心素养下的历史教学达成
　　　　　　　——以李惠军老师的《追寻秦始皇》一课为例

於以传

　　於以传，1968年生于上海。1990年毕业于上海师范大学历史系，之后在嘉定县（区）实验中学执教，1996年秋调嘉定区教师进修学院任中学历史教研员，两年半后，赴上海市教委教研室任职中学历史教研员至今。2014年获上海市特级教师荣誉称号。目前兼任中国教育学会历史教学专业委员会副秘书长、上海市教育学会中学历史教育专业委员会副会长、上海师范大学兼职教授。

　　1999年主持上海市中学历史二期课改以来，提出立足历史本体认识，"彰显史学思想方法""把握课程内容主旨""完善历史学习方式"等课改目标与内容，在全市范围内组织"史学思想方法目标的分解、分配、分层与路径提炼""初高中历史教学目标分合及有效达成""分享·共进（区、校）教研活动观摩及经验交流""叙事见人　论史求通　学史重法"等系列主题教研活动，在全国中学历史教学界有一定影响。

　　组织制订课程改革"行动纲领""课程标准""落实'两纲'实施意见"等纲领性文件；主编、副主编著作16部，如《历史学科教学基本要求》《澳门历史教材：中国历史教师教学用书（高中年级·必修）》等；参与策划、设计、撰写的著作有12种，如《公民社会参与——社区问题的探究实践》《知真　求通　立德——中学历史学科育人价值研究》等；在《课程·教材·教法》《历史教学》《历史教学问题》等中文核心期刊上先后发表论文20余篇，如《史料教学应充分关注证据价值及论证逻辑》《史学思想方法的主要内容和实施路径》等；2014年出版个人教研文集《顾后·瞻前》。

教有中心　学有方法
——"怎样上好历史课"杂谈

"怎样上好历史课"这个话题，不同的时代，基于不同的课程理念及目标，会有不同的解答。因为"好"的标准，随着时代的发展进步，不可能一成不变。教学的本质是艺术，即便是拿着同样的教学设计，面对同样的学生，不同的教师也会上出不同的效果，所以，"好"的标准也不太可能万口一词。这篇杂谈没有能力、事实上也不可能提供上"好"历史课的标准答案，只是结合我自身的教学和教研经历，谈点不成熟的看法，供大家批评指正。

在今天这个时代下，我们对历史及其课程本体已有明确的共识，即历史是基于史料证据与视角视野的解释；中学历史课程不只是向学生传授历史认识的结论，更在于培养学生获得结论的史学思想方法。由此，要上好历史课，大概得处理好"教有中心"和"学有方法"两大问题。

一、教有中心

上好一堂课，在某种意义上与写好一篇文章的道理差不多。好文章总归有一个中心，不是东拉西扯、漫无目的、支离破碎的，即便是散文也讲究"形散神聚"。因而一堂好的历史课，在史学观点的把握与传达上，也应该有一个中心，即所谓核心观点或核心概念，我们有时候也把它叫作内容主旨或教学立意，并且将其界定为"不仅能统摄、贯通该课，而且与前后学习相通的核心观点（概念）"[1]。

比如说，《康乾盛世》[2]的教学，不是面面俱到地讲康雍乾三朝加强君主专制集权的统治政策、开疆拓土处理民族关系与对外关系的种种举措、改革税制发展经济的各种努力、经营文化加强思想控制的不同表现，等等，这些内容不能说不重要，但这些内容从史学的认识上讲，需要一个中心来统摄。那么，是不是可以把"盛世下隐含着危机"作为教学的核心观点（中心）呢？在这个中心下有机地整合以上教学内容，既讲出这一时期政治军事、经济文化、对外关系的"盛"，也点出这种"盛况"下其实在制度（体制）层面已伏下了"衰"的因子。这一时期，清朝统治者处理内部叛乱与离心势力，反击沙俄入侵签订条约，军事上堪称"全盛"，后发也能"制人"，只是在战略战术上对非满族军队心存畏忌，不断故步自封，甚至迫害发明先进武器的匠人，确实令人气馁；设南书房，废议政王大臣会议，再设军机处，有其历史的合理性，行政效率确实提高，但到了军机大臣也只能"跪受笔录"，举国大事全仗天子圣明，天子哪能世世圣明、事事圣明？这专制集权的"人治"祸根也就埋下了；万邦来朝彰显天朝威仪，修《四库全书》，大国风范与做派，颇有众望所归、集大成者的架势，只是闭关自守独自"偷着乐"，修书的同时又毁书，文字狱终造成"万马齐喑"，这般统治岂有长盛之理？如此，就将这一时期分散的历史人物、事件、现象统整为体。所谓连点成线、架线成面、构面成体，这个"面"

---

[1] 聂幼犁，於以传：《中学历史课堂教学育人价值的理解与评价——立意、目标、逻辑、方法和策略》，《历史教学》，2011年第7期。
[2] 本文所引中学历史教科书，均由华东师范大学出版社出版，初中版主编为苏智良教授，高中版主编为余伟民教授。

是将人物、事件、现象组成一个结构；这个"体"即是历史地认识这个结构背后的观念。

同样道理，《唐朝的诗与画》一课的教学，不是只讲李白、杜甫的经历与诗作，不是只讲阎立本、吴道子的生平与画作，不是背背唐诗看看名画，弄成诗画欣赏课，甚至，在某种意义上，这堂课也不只是满足于讲出唐代诗画兴盛的时代背景；而是透过诗画及其创作者的人生，点出诗画能够"反映时代特征、社会风貌，寄托作者情感、态度与价值取向"的证史价值与路径，这才是历史教学所追求的史料实证、诠释评价的目标，而这也就构成了本堂课的教学"中心"。

倡导教有中心，本质上是为了规避历史教学面面俱到、事无巨细、碎史万段的误区。这种误区，日常的教学太容易陷进去了。历史教科书的内容本就多，按部就班式地铺陈，读一遍也差不多大半节课了；历史教师的肚子里货色通常比较多，凭着自己的兴致也很容易开上"无轨电车"。教学内容、师生兴趣与教学时间之间的矛盾，处理不善的情况绝不鲜见。太多太多的课，针对课文第一目展开了 25—30 分钟，然后教师看看苗头不对，后两目乃至三目就用余下的 10—15 分钟草草打发过去。有人说，这是教学重点没能把握住，其实重点"没能把握住"的背后，是对把握教学核心观点（概念）即教学中心的无视。

倡导教有中心，也是为了引导教师和学生能融通而不是孤立地看待历史，不要只满足于讲出历史上的一人一事一现象，而要深入思考人、事、现象间的关系，包括横向与纵向间的关系。历史的因果关系固然不一定具有必然性，因为它通常也只是一种解释，但解释也讲究视角、视野，讲究立论、寻证、论证及其逻辑等，也能看得出解释者的眼界、水平和见识，至少也可用"解释得有没有道理""解释的视角是否独到或全面"等来衡量、评判。而这些恰恰是历史教学所要传授、培养的。因而这也在某种程度上，提出了把握教学核心观点（概念）精准度的问题，提出了如何把握内容主旨途径与方法的问题。

关于这两个问题，前者通常倡导读书以开拓视阈，同时关注史学最新研究动态，进而有机地"反哺"教学以求得缓解；后者就目前的认识而言，借助教学实践和教研活动，通过归纳、提炼，已逐渐形成单元—课文整体架构法、破题法、寻新法、史学方法统整法和综合法等五种基本途径与方法。

（一）单元—课文整体架构法

系指根据课程标准对（单元）内容模块核心观点的叙述，把单元教学的整体要求分解到该单元的每一课中，从而确定一课内容主旨的方法。如《民族团结与中外交流》一课，属于"繁荣昌盛的隋唐文明"单元，该单元的整体要求是了解隋唐的繁荣，单元中的各课分别从政治、经济、民族关系、对外关系、文化等各个侧面证明单元核心观点，因此落实到这一课的内容主旨可以确定为：民族团结与中外交流是隋唐尤其是唐朝繁荣的原因，也是唐朝繁荣的表现。

（二）破题法

系指从课文标题的含义把握内容主旨的方法。通常情况下，课文标题取自课程标准中课程内容的二级或三级标题，这些表述往往经过课程标准制定者的深思熟虑，其本身蕴含着丰富信息。如《清末民初的文化教育》一课，扣住"清末民初的时代特征"和"文化教育的本质诉求"是关键。其内容主旨可从"京剧与话剧""《申报》与商务印书馆""癸卯学制"三目中抽离、概括出共性的指向，即可以针对课题，连续向自己发问：京剧指向传统的戏曲，而话剧在当时来讲属于新剧种，它诞生的背景与目的是什么？它与京剧在受众上有什么本质的差异？《申报》的报道与商务印书馆印制的书籍，反映哪些方面的内容？为什么既有历史传统的，又有现代色彩的？癸卯学制后的课程设置有什么特点？为什么既有儒家经学，又有格致、工科、商科、农科、医科、法政和文学等科目？在教学方式上较之过往有何不同？为什么会不同？所有这些指向文化教育的内容仅仅停留在文化层面和教育层面吗？这些致力于文化教育的人士这样做的根本目的又是什么？基于诸上梳理，这课的内容主旨就可概括为：文化救国与教育救国是中国近代大多数知识分子面对民族危亡所作出的选择，其着眼点在于开风气、启民智；处于新旧体制交替时期的文化与教育，在观念上既有继承也有创新，在内容上既有广度也有深度，在受众上既指向社会精英也面向普罗大众，体现了清末民初特有的时代特色。

（三）寻新法

系指通过比较，从课文的表述中，找到与以往教科书表述不同的新视角与新观点——实际是史学界已形成共识的新研究成果，从而提炼出内容主旨的一种方法。如《社会变革与百家争鸣》，这一课的表述中有"（春秋战国时期）经济、政治、文化等各个领域都发生了急剧的变革""最深刻的变革来自于经济领域""整个社会呈现出前所未有的追逐利益、实力竞争的新局面"等句子，思考这些表述所隐含的意义，进而就"百家争鸣"思考"为何争鸣""争鸣什么"，这课的内容主旨也就呼之欲出：春秋战国时期，经济领域的变革是使整个社会呈现出追逐利益、实力竞争局面的关键；"百家争鸣"也正是围绕着这种局面下如何治理社会、安定人心而展开的。

（四）史学方法统整法

系指从课文所蕴含的史学方法切入，从"我们如何知道（过往）""我们如何认识（历史）"的视角把握内容主旨的方法。如《唐朝的诗与画》一课，其内容主旨可设定为：唐代诗画的兴盛与其特定的时代背景有不可割裂的联系，作为文学艺术作品的诗与画，能够印证作者所处的时代和作者本人对历史的认识。

（五）综合法

把握内容主旨在实际运用时，往往不会、也不可能只取一种方法或途径，通常是多种方法与途径的有机整合。注意"有机"两个字，如果不是自然捏合的关系，搞"两张皮""三张皮"，甚至"四张皮"，只会搞成多中心，多中心往往意味着无中心。所以，比较、权衡、提炼、整合是极其重要的。如《汉武帝时代》，这课至少可以考虑从两个途径切入，一是"破题法"，即凭什么将汉武帝的统治称为一个时代？二是"史学方法统整法",即缘何西汉人在认定汉武帝一生的"文治""武功"时,相对更多地认可"武功",而后世的史家则更多地认可他的"文治"?整合这两个视角,就可以将这课的内容主旨概括为:汉武帝的文治武功,造就了一个军事与经济强盛的时代、一个政治制度与统治思想成熟定型的时代。不同的时代,不同的视角,造就了对历史人物功绩不同的认识。

在常态教学中,教师可从以上五种途径与方法中,举一反三,触类旁通地确定一课课文的内容主旨,也可另辟蹊径,独创出提炼、确定、落实、升华内容主旨,且具有说服力,能为大家普遍认可的方式方法。

一课课文的内容主旨,制约着教学的全过程。在教学中,对于课程内容的开发、各类史料的选取,乃至问题的设计、结论的得出等诸环节,均须紧紧围绕着内容主旨。一定要有中心、有核心地推进教学,大胆割舍无关宏旨的枝节,这样才能提高教学的效率与效益。

二、学有方法

在教有中心的前提下,再说说"学有方法"。这里的"方法",不是指一般意义上所谓合作、交流、探究等泛学科的学习方法,而是指史学特有的思想方法。

史学思想方法是关于历史认识及研究的方法,基础的史学思想方法是中学历史学习方法的重要组成部分。它旨在引导学生理解历史知识的产生过程和历史认识的形成过程,进而能判断不同类型史料的价值,揭示史实形成和史实之间的逻辑关系,以历史的观点观察、分析、综合、比较,并尝试初步解决一些历史及其相关问题,由此逐步形成历史学习中的证据意识、逻辑意识和兼容意识等,提升历史思维品质。

中学历史课程所规定的史学思想方法,主要包含集证辨据和诠释评价两类。

(一)集证辨据的思想方法

区分表述与评价——能区分对史实的客观表述和主观认识。

获取史料的途径——懂得文献检索和调查访问是获得实物、文本、口传等史料的基本途径；懂得用现代科技手段获得的考古信息，其有效性与可靠性取决于这些科技手段的先进性和正确运用。

史料的一般分类——懂得史料一般可分为实物、文本、口传三类，也可按载体分为文字、图片、音像等；文学艺术作品、哲学文本等也是史料；不同的史料有不同的历史价值，学会汲取和整理其中的主要信息。

史料性质的判断——懂得史料还可按性质分为原始史料与非原始史料、直接证据与间接证据、有意史料与无意史料，明了两者间的区别，正确汲取和整理其中的主要信息；懂得因对象和问题不同，史料的有效性与可靠性会发生变化。

史料证史的路径——懂得史料可作为揭示时代特征、社会风貌等的证据；能透过史料的表述、评述，知晓作者的情感、态度与价值取向。

史料的比对归纳——通过归纳和比较，发现史实间重大或主要特征的异同点；知晓证据链对于认识历史的作用。

（二）诠释评价的思想方法

运用概念或范畴——运用时间与空间、相同与不同、联系与区别、量变与质变、背景与条件、原因与结果、动机与后果、主观与客观等概念和范畴，分析、综合、比较基本史实和相关问题。

评人的主要视角——从政治、经济、文化、社会地位、思想认识的视角，解释和评价历史人物。

评事的主要视角——从自然环境、经济状况、政治形态、文化传统、社会生活、时代特征的视角，解释与评价历史事件。

评文明成果视角——从基本特征、主要贡献、创新意义、社会影响的视角，解释与评价优秀文明成果。

质疑他人的结论——根据一定的史实、史料或视角，质疑或反驳有明显缺陷的历史叙述、解释或评价。

反思的基本路径——通过查证史料的有效、可靠性，检验思维逻辑的合理性，反思认识与解决问题过程的正确性和准确性。[1]

史学思想方法在中学历史课堂教学中的实施，从具体的操作路径上讲，大体可分为分解目标、穷尽载体、呼应主旨、细化方式四个基本流程。

基于中学历史课程标准及教学基本要求，结合单元及课文的具体内容，对史学思想方法目标的落实作进一步分解，以利于教学实施。这种分解，一般可采用"平行强化"和"循序渐进"两种方式。所谓"平行强化"，即针对同一方法目标中的核心概念，按其外延、类别、从属关系等分解成几个平行的子概念，通过基于子概念的相应方法目标的多次训练，以强化对于这一目标的整体认识，进而能有机运用；所谓"循序渐进"，即针对一个方法目标，将其分解成互为关联递进的几个层次（坡度），逐层推进，最终达成目标。

在目标分解的基础上，进一步思考、寻找，乃至穷尽——当然是相对于中学历史教学内容的"穷尽"——达成目标的内容载体。落实到一课课文，就必须思考课文中有哪些内容是有助于达成这一目标的。

在穷尽载体的基础上，以课程内容主旨为据，梳理出最典型恰当、也最适宜于学生学习水平和能力培养的相应素材。

史学思想方法在中学历史课堂教学中的常态运用，离不开教师的示范、指导和点拨；相应地，站在学生的立场上，对于史学思想方法就有一个理解、模仿和迁移的过程。原则上讲，对于史学思想方法的每一个具体目标，最初总是在教师示范的基础上，学生能够理解其达成的路径、方法等，即所谓明了建模方式；其次才是在教师的指导下，学生能在相同或相类似的学习情境中模仿运用，取得实效；最终达到教师稍加点拨，学生

---

[1] 关于"集证辨据""诠释评价"的 12 项具体内容，据上海市教育委员会教学研究室编制、华东师范大学出版社 2010 年出版的《上海市高级中学历史学科教学基本要求（试验本）》"课程目标"中的"过程与方法"目标（第 4—5 页）整理，略有增删调整。这个目标虽收入高中阶段的"教学基本要求"，但对初中历史教学一样具有规范和指导意义。2017 年教育部颁布《普通高中历史课程标准》，提出学科核心素养。这 12 项具体内容可以看作是对"史料实证"与"历史解释"两大学科素养的目标化分解和具体实施的指引。

能迁移运用，即举一反三、触类旁通的程度。当然，这种迁移，不应只是指向新的学习情境，其更深刻的意义在于对以往习得的史学思想方法（模型）作出修正、发展和完善。

在教学史学思想方法时，不论是教师的示范，还是学生的模仿或迁移，均须具体周密地考虑选材、设问、活动等关键环节的起承转合和推进序列。具体来说，包括如何自然地引出或切入素材，如何围绕素材设计针对性问题，以怎样的话语引发学生聚焦于思想方法的思考等。尤其是学生的模仿和迁移，教师更须明确"模仿（迁移）什么"和"如何模仿（迁移）"，除了考量"学生是否有模仿（迁移）的基础"外，本质上仍须对师生如何"分工"，包括如何确定载体（谁来确定）和如何设计问题（是教师设计还是引导学生发现），如何指导、点拨学生获得正确结论等作出策略预估。

自然，史学思想方法的践行，路径不可能只有一条。教师完全能够通过自身的教学实践，探索出更为行之有效的方法。[1]

三、"教有中心"和"学有方法"的关系

"教有中心"指向的是"把握课程内容主旨"，"学有方法"指向的是"彰显史学思想方法"。两者不是两张皮，而是互为关联的有机整体，前者可以蕴含后者的具体内容，后者能够促成前者的有效达成。

内容主旨的把握与确定一定蕴含着史学思想方法。《康乾盛世》定下"盛世下隐含着危机"的核心观点，至少蕴含着"运用时间与空间、原因与结果、动机与后果的概念范畴分析、综合、比较基本史实和相关问题"的思想方法。《唐朝的诗与画》以"诗画能够反映时代特征、社会风貌，寄托作者情感、态度与价值取向"为核心观点，也至少蕴含着两个层面的

---

[1] 关于教师在教学实践中示范与指导、学生在学习活动中模仿与迁移运用史学思想方法的示例，可参考於以传主编、人民教育出版社2018年出版的《中学历史单元教学设计指南》一书。

史学方法：一是将文学艺术的发展置于特定历史背景中，从而揭示出其与历史发展的双向互动作用；二是侧重从文学艺术作品的证史价值入手，揭示历史材料的宽广性和其证史的价值所在。对教学核心观点（概念）的提炼与表达，本身就反映出提炼或表达者的思想方法及价值观念。

　　正是借助内容主旨的提炼与把握，史学思想方法的贯彻与落实也就有了依托。因为内容主旨决定着教学的选材、设问，决定着教学各环节的起承转合，包括首尾呼应及各环节之间的过渡，这就将史学思想方法作为具体的目标渗透到了教学的全过程。可以说，史学思想方法目标的达成过程，在某种意义上也就是课程内容主旨的落实过程。

　　"教有中心"，"中心"蕴含着"方法"；"学有方法"，"方法"具化着"中心"。这便是两者间的关系。至于在这样的观念指引下，如何对课程内容作结构化的梳理并呈现，如何以选材、设问创设学史情境拉近历史与现实的距离，如何以人系事、以叙藏论、神入历史，则属于完善历史学习方式的各种技巧，这篇杂谈限于篇幅，也就不一一展开了。

　　提到中学历史教学的"技巧"，如果从不同角度切入，还可说上许多。但任何的技巧说到底，大概都离不开历史教学中"讲""问"与"演示"三项基本功。所谓"讲什么"和"怎么讲"，"问什么"和"怎么问"，"演示什么"和"怎么演示"，这三组问题，放在不同的时代，基于不同的课程理念，想必有不同的回答，至今恐怕也很难说有了一个"标准答案"。这篇杂谈说的是"内容主旨"和"思想方法"，这基本上属于观念层面，尽管上文在叙及这些观念时，也尽量将其操作化了，但是，最终要真正将这样的观念有效地落实到课堂，作用于学生，恐怕还是绕不开这三组问题的。也就是说，如何算是上"好"了历史课，观念固然重要，但最终的实践，大概还是要回到"讲""问"与"演示"上来，还是要回到这个时代，在这样的观念下对这三组问题的解答上来。每个中学历史教师的心中，其实都该常常、不断地琢磨这些问题，那是很有意义的。这段话就作为这篇杂谈的结尾，也算是与本文标题无涉，且作为不是题外话的题外话。

周靖

周靖，1958年生于上海。1983年毕业于华东师范大学历史学系，同年于华东师范大学第二附属中学任教至今。2002年获上海市特级教师荣誉称号，2013年受聘上海市基础教育特聘教授，2016年晋升正高级教师。目前兼任上海市历史学会副会长、上海市教育学会中学历史教育专业委员会副会长、华东师范大学专业学位研究生教育指导委员会副主任、浦东新区教育学会中学历史专业委员会副会长、浦东新区特级教师联谊会副会长、华东师范大学第二附属中学教育教学指导委员会主任等职务。曾获教育部"万人计划"教学名师（候选人）、上海市教育发展基金会"华强奖"考试命题专家优秀个人奖、华东师范大学师德标兵和优秀国家公费师范生兼职导师等荣誉称号。

2008年任上海市高中历史学科德育实训基地主持人以来，基于培养路径、转化路径、辐射路径，着力构建历史学科德育基地的实训机制；基于社会本源、教育本源、史学本源，努力探索中学历史学科的育人机制，组织策划具有全国影响力的大型论坛9次，如"温情与敬意——重读《国史大纲》""唯物史观的学术机理与教学运用""《中外历史纲要》说课大赛"等。

主编著作10部，如《核心素养：中学历史学科育人机制研究》《中学历史文献读本》等；参编教科书 15 册，如《高级中学课本·历史（高三选修课）》《高级中学课本·高中历史试验本》等；主持市级课题 4 个，如"以核心素养为导向的中学历史学科育人机制研究""全国统编教材沪用资源建设"等；在《文汇报》以及全国中文核心期刊《历史教学》《历史教学问题》上发表论文 20 余篇，如《历史学科核心素养的基本特征》《主体历史比较教学模式的理论和实践》等。

怎样上好一堂课?

怎样上好一堂课？这是一个老生常谈的话题。在倡导教育要立德树人、发展学生核心素养的当今，作为一个有着36年教龄的老教师，我重新思考这一问题，可谓感慨万分。

一、由一次听课评审而想到的

2019年3月25日至4月4日，整整两个星期，华东师范大学第二附属中学（以下简称"二附中"）的张江、紫竹两个校区，联合举办了45周岁以下中青年教师的课堂教学大赛，主题为"聚焦核心素养，创新课堂教学"，宗旨是以学科核心素养为导向，创新二附中的课堂教学，进而建构具有二附中特色的学科育人机制。说白了，就是要回答"怎样上好一堂课"这个问题。

在短短两个星期的高强度课堂教学评审中，我听到了不少好课，窥见了二附中优秀中青年教师的教学功底，更预见了二附中资优学生的发展前景。但大赛的主题又促使我不断反思——条分缕析课堂教学的各个环节，寻找妨碍课堂教学创新的若干因素。于是，我重新拿出了教学评价表：

- 文科教学发散过度,不能聚焦核心概念;理科教学难度过高,无法顾及学生群体。
- 实验学科过于强调理论,忽略了实验的结构流程;拓展课程较少深度挖掘,影响了课堂的思辨水准。
- 教师一言堂,学习方法不能迁移;课堂生成少,知识信息过于单一。
- 提问无坡度,问题之间缺乏关联;设计太将就,浪费单位教学时间。

……

翻阅着特级教师们的课堂观察记录,思索着二附中中青年教师在教学立意、教学目标、教学策略、教学方法、教学技术乃至教学基本功等方面存在的妨碍课堂教学创新的若干因素,我不禁思考:究竟如何上课?怎样的课才能算作好课?一堂好课的标准究竟有哪些?作为二附中的教育教学指导委员会主任,我决定为全体参赛教师做一次专题讲座,题为"怎样上好一堂课——具有二附中特色的创新课堂教学"。在那次讲座中,我提出了"好课五标准"。初衷虽为提升二附中青年教师的教学水准,但"好课标准"确系关乎历史学科教学之根本,特此整理,以飨读者。

二、一堂好课的五个标准

我以为,一堂好课大致有五个标准,即知识信息的丰富性、核心概念的聚焦性、教学结构的逻辑性、诠释论证的思辨性和过程方法的迁移性。这里,仅以历史学科为例加以阐释。

(一)知识信息的丰富性

所谓知识信息的丰富性,是指在有限的课堂教学时空内,教师能依据校情和学情,紧紧围绕课文的核心知识和关键问题,以丰富、典型的资料或案例勾勒其复杂性和多面相,最大限度地向学生传递知识和信息。

以"隋唐历史"的教学为例,人教版《中国历史·七年级(下册)》的

第1课和第2课，即《隋朝的统一与灭亡》《从贞观之治到开元盛世》，叙述了"隋的统一""开通大运河""开创科举取士制度""隋朝的灭亡""唐朝的建立与贞观之治""女皇帝武则天""开元盛世"等史事。细究课文子目，第1课主要讲了两个历史事件，即经济方面的开通运河，人才选拔方面的科举取士；第2课主要讲了三个历史人物，即唐太宗、武则天和唐玄宗。显然，教材试图依据初中生的认知特点和水平层次来组织内容，但按其逻辑演绎，会造成叙事的故事化和碎片式，不利于学生形成完整的史事逻辑结构。而华东师大版《高中历史（第二分册）》第13课则叙述了"隋唐的建立""三省六部制与政事堂的运作及评价""秦汉以来的人才选拔机制""科举制的内涵与影响"等相关内容，基于对"三省六部制"与"科举制"的解释，较为清晰地论述了隋唐政治新格局的"新"之所在，其知识的结构化和专题化不言而喻。然而，从二附中资优学生的认知视角看，教材提供的内容略显单薄亦不够聚焦。如何在区分校情和学情的基础上达成初高中不同学段历史学科教学目标的分野与衔接？怎样在高中教材结构化和专题化的基础上，选取丰富、典型的资料或案例最大限度地向学生传递隋唐历史的客观史事，指导其探究隋唐历史发展的史是即内在逻辑？教师甲尝试将著名史家王家范教授等编著的《大学中国史》引入教学：

> 自东汉末年以来，战乱频仍、分分合合的中华帝国至隋重获统一。与秦朝出奇地相似，隋王朝虽对于制度的改革和创建颇有作为，却如昙花一现，二世而亡，其间的教训发人深思。继之而起的唐王朝，不仅在制度安排上承前启后，续有创置，而且时以隋亡为前车之鉴，多有更张，经前期数朝努力，终将帝国推向全盛。[1]

这段资料就证史价值而言非第一手史料，从叙事视角观察亦非史事，却是史家基于多方史料与多元互证而得出的典型史论，将其引入课堂教学，试图让学生理解：（1）隋朝完成了古代中国历史上的又一次大一统；（2）隋

---

1 王家范等编著：《大学中国史》，高等教育出版社，2011年版。

朝历史与秦朝历史具有相似性，因而可以比较；（3）汉承秦制，但又不完全承秦制，唐承隋制，但又不完全承隋制。在此基础上，教师甲以提问方式破解本课主题——隋唐政治的新格局"新"在哪里？如此导入，既抓住了本课的关键词——"新格局"，又激发了学生比较汉唐、秦隋历史的浓厚兴趣，还启发了学生梳理古代中国政治体制框架的大致思路，实现了中国古代政治史的打通，可谓一举多得。然而，破题仅为第一步，关键在于如何立足"新格局"展开教学流程。是讲"新格局"的内容，还是讲"新格局"的成因？遵循初高中历史教学目标应注重分野、衔接的原则，高中学段的教学理应从"新格局"的成因或评价入手。于是，教师甲提问：制度为何要创新？制度何以能创新？尝试和学生一起从陈寅恪的《隋唐制度渊源略论稿》一书中寻找隋唐制度创新的三个历史源头，即"一曰（北）魏、（北）齐，二曰梁、陈，三曰（西）魏、周"，再引用吕思勉的《中国史》，由历史概观加以申发，诸如"历代相权之变迁""内官日轻，外官日重""地方自治与君主专制不相容""科举与考试不可混为一谈"等。在此基础上，教师甲指出：制度是政治形态的表达，统治者的动机往往决定了制度的创设及特征；政治层面的结构性变化时常以制度的形式和内容呈现出来；隋唐政治新格局的"新"是古代社会变迁、帝国体制发展的必然逻辑和结果，即皇权的不断强化。如此教学，实则是以宏阔的学术视野为引领，将隋唐历史的相关知识与信息进行了纵横梳理，进而使知识信息在结构化和专题化的基础上更加充实、愈发丰富了。这种紧紧围绕历史核心知识和史学关键问题，以丰富、典型的资料或案例最大限度地向学生传递客观史事，指导学生通过诠释、论证等思维方法求得史实，从而总结史是即历史发展内在逻辑的教学方法，有助于学生"历史解释"素养的发展。

（二）核心概念的聚焦性

所谓核心概念的聚焦性，是指在诸多丰富繁杂的知识中，确立一个能串联知识、提炼并抽象出知识本质特征的核心概念，无论是对概念内涵的注解，抑或是概念外延的诠释，都力求聚焦且精准。

以"英国革命"的教学为例,人教版《世界历史·九年级(上册)》第18课《君主立宪制的英国革命》,有"议会与王权的斗争""革命的发生"《权利法案》"三个子目,叙述了"《大宪章》""斯图亚特王朝的统治"《权利请愿书》""内战的爆发""克伦威尔军事独裁""斯图亚特王朝复辟""光荣革命"《权利法案》"等史事。从内容的铺陈看,较为完整地体现了英国革命的史事逻辑,但少了能凸显其本质属性的核心概念。而华东师大版《高中历史(第四分册)》第5课,由"议会与国王的斗争""两次内战""君主立宪制的确立"三个子目内容构成,叙述了"议会与国王的矛盾""资本主义经济的发展""长期议会的召开""三大战役""查理之死与共和国的建立""斯图亚特王朝复辟""光荣革命"《权利法案》"《王位继承法》"等史事,除却增加"资本主义经济的发展"这一内容外,在叙事逻辑上与初中教材大同小异。如何在英国革命的发展轨迹中提炼并抽象出其本质特征?教师乙尝试将概念史引入教学。

概念史理论如此阐释:社会转型时期的重要概念和基本概念,既是对社会的历史现实的语言反映,可以充当认知变化中的社会结构的"指示器";也参与了对社会的建构和影响,可以成为历史发展的"助推器"。故此,可由社会史的视野考察概念,通过对概念的研究来透视社会。比如,17、18世纪被史家称为"资产阶级革命的时代",由此可以尝试将"革命(revolution)"作为核心概念,设计"何谓革命""革谁之命""谁要革命""为何革命""怎样革命""革命结果""革命影响"的问题链,以此串联复杂的英国革命历史。这种以概念统摄问题的方式,在教学中催生出师生之间激烈的观念碰撞和有效的思维互动,一幅英国革命的历史镜像得以层层铺展、立体呈现:

- 何谓革命:政治体制的变革。
- 革谁之命:革专制王权的命。
- 谁要革命:土地贵族和清教徒要革命。
- 为何革命:权力与权利的冲突。

- 怎样革命：议会斗争、两次内战、光荣革命。
- 革命结果：君主立宪政体的确立。
- 革命影响：政治长期稳定，为工业革命的发生创造了良好的条件。

在聚焦"革命"并分析、诠释这一核心概念的基础上，教师乙总结道：英国革命是幸福和光荣的，因为"光荣革命"避免了流血冲突，平稳实现了由专制向宪政的过渡，以最小的代价推进了社会的转型。革命中相互制约的历史传统与现实需求经由冲突达成融合，在融合中超越，最终完成政治体制的变革。正是这种兼顾传统与现实的变革与创新，为英国探索现代化范式、成为现代化国家的原型奠定了制度基础，也为世界政治制度的创新提供了蓝本。

如此，教师乙以"革命"这一核心概念，将早期资产阶级革命的共同本质特点提炼并抽象出来——"革命"既是对17、18世纪西方社会现实的冲破与解构，也是对17、18世纪西方社会的普遍性建构，英国革命后的美国革命（独立战争）、法国革命（大革命），成为17、18世纪历史发展的"助推器"。如此，借问题链的设计与建构，经概念史的梳理与诠释，复杂的英国革命历史脉络得以厘清；纷繁的资产阶级革命历史不再是"超经验问号"，因其互相激活、有效延伸而成为近在咫尺的"生活内部问题"，现实与历史得以有效对话。

（三）教学结构的逻辑性

所谓教学结构的逻辑性，是指对教材的子目与子目、子目与单课、单课与单元之间进行内在逻辑关系的建构，使教材的编写逻辑与学生的认知逻辑相勾连，进而在学生已有经验的基础上，强化其对学习目标的理解。

以"明朝对外关系"的教学为例，人教版《中国历史·七年级（下册）》第15课《明朝的对外关系》，有"郑和下西洋""戚继光抗倭""葡萄牙占据澳门"三个子目。从教材的叙事逻辑看，似乎是依据"后果"去追溯"前因"。且囿于篇幅，许多历史细节被"减去"或"隐藏"，致使学生很难观察到明朝对外关系的全景。如何串联这三个看似无关的课文子目？怎样探得明朝对外关系的历史全貌？教师丙以"朝贡贸易"为核心知识，确立了课文的内容主旨：郑和下西洋体现了中国传统王朝建构朝贡外交体系的努力，"倭患"反映了全球市场初成之际中国传统外交体制遭遇迷惘，葡萄牙人占据澳门意味着明朝外交开始发生结构性变化与因时调整；明朝外交的动态演进，不仅与其自身的发展密切相关，更是与世界历史的发展紧密相连。在此基础上，教师丙设计了13个问题，环环相扣、逐次递进地建构起全课的教学逻辑：

- 朱元璋在对外关系上采取什么政策？
- 朱元璋为何要实行这一政策？
- 此政策的实施说明了什么？
- 西洋在哪里？
- 郑和是谁？他为何要下西洋？
- 如何梳理郑和下西洋的概况？
- 郑和使团做了些什么？
- 如何认识郑和下西洋的意义？
- 肯尼亚穆斯林古墓中的明朝青花瓷盘、来自东南亚渤泥国的明朝青花瓷颜料苏麻离青、东南亚一些国家和地区的地名和庙宇以"三宝"命名等，说明了什么？
- 比较郑和下西洋与哥伦布、达·伽马等航海活动，你能得到什么信息？
- 戚继光为何能取得抗倭战争的胜利？
- 除了倭患，明朝的对外关系还面临哪些危机？
- 如何理解中国市场被动纳入世界贸易体系？

以上述问题为导向，教师丙捋顺了明朝对外关系的史事、史实和史是三者的层递关系和交叉关系。在此基础上，为了更好地凸显初中历史教学特色，结合华东师大版《高中历史（第三分册）》第27课的相关内容，教师丙进行了适度的知识拓展——由中学历史教材回溯明史有三个视角：

一是体制的变化。明朝的民间经济活跃度与外向型超越前代，由此影响到明朝思想与文化的活跃。然这种多方活跃性的交汇，却与同一时期的政治体制形成了对抗，专制皇权成为阻碍明朝社会发展的负面力量。

二是体制与外交的关系。在专制主义体制下，民间开展对外贸易的愿望非但未能实现，反而遭遇官方的严令禁止，由此东南沿海形成了规模不等的武装走私集团，一些走私者甚至与日本海盗相勾结，最终酿成了明朝中晚期危害甚烈的"倭患"。

三是东亚贸易圈。元明时期政府曾多次下令严禁与日本的贸易，但中日两国贸易的互补性致使中国民间产生与日贸易的强烈诉求，然这一诉求却被嘉靖朝严厉的海禁政策所"浇灭"，由此更加剧了"倭患"的严重性。

可见，明朝的对外关系受国内外形势的深刻影响，始终处于动态变化中。有史家把16世纪称为"漫长的十六世纪"，那时的西方文明喷薄欲出，纵横于海洋，地理大发现带来的剧变以及渐趋扩大的资本影响，使东方的农耕文明逐渐陷于艰难困境，明王朝最终被动地卷入了全球化的浪潮之中。这种把明朝历史置于全球历史背景下去考量，把教材中的明朝对外关系与学生认知中的明朝对外关系相勾连并拓展延伸的教学路径，使明朝对外关系的动态变化一览无遗。

（四）诠释论证的思辨性

所谓诠释论证的思辨性，是指在学生的认知过程中，教师要给予思考和辨析的指导，进而使学生的思维呈现出辩证、逆向、发散等多维态势，使师生在思维碰撞和交互争鸣中，延展学习的宽度，丰盈学习的厚度。

以"两河流域文明"的教学为例，人教版《世界历史·九年级（上册）》第2课《古代两河流域》，叙述了"古代两河流域文明""古巴伦王国""《汉穆拉比法典》"等史事。而华东师大版《高中历史（第一分册)》第 1 课,则叙述了"王国的更替""楔形文字与《吉尔伽美什》"《汉穆拉比法典》"等史事。从内容呈现看,初高中历史教材的内容选取可谓相差无几。如何跳出教材内容简单重复的窠臼?怎样在初中历史教学的基础上,结合校情和学情,打造出具有个性特色的高中历史课程?教师丁从《汉穆拉比法典》突破,着力在思辨性上做文章。

关于《汉穆拉比法典》,无论是初中学习还是高中研习,教师一般都会按照教材这样评述:

> 《汉穆拉比法典》得益于楔形文字而保留,是目前已知世界历史上第一部比较完备的成文法典。法典的原文被刻在一块高 2.25 米的黑色玄武岩石柱上,因而又被称为"石柱法",该石柱现存于巴黎卢浮宫。法典比较清晰地展示了古巴比伦王国的社会状况,是后人了解研究古巴比伦王国历史的第一手文献。仔细观察石柱画面上的两个人物,一位是太阳神沙玛什(Shamash),另一位是古巴比伦国王汉穆拉比(Hammurabi)。沙玛什把权杖授予汉穆拉比,折射出古巴比伦王国以及古代两河流域的"君权神授"观念。

上述历史解释是否准确?我们知道,已知的知识往往是探究的结果,但它并非恒定不变、不容置疑的,而是开放的、可供讨论并不断更新和延展的。从历史哲学的视角看,历史是基于证据和视角的解释。只要有新材料、新视角,历史就会有不同以往的新解释。玄武岩石柱上的人物关系究竟如何?为培养学生的思辨能力,教师丁抛出讨论话题:你如何解释石刻画面?结果令人遗憾,学生的回答如出一辙——"君权神授"。何以产生如此整齐划一的结论?殊不知这段历史为初中所学知识,多数学生对这一陈旧的、错误的历史结论深信无疑。抓住时机,教师丁出示了古代两河流域和古代近东文明史专家欧阳晓莉副教授推介的 2012 年发表于某国际学术期刊上的论文《〈汉穆拉比法典〉及其受众》的节选:

> It originates in the Mesopotamian concept of justice as "something made straight" and represents surveyor's tools: a stake and line used for

setting straight architectural foundations.（木条和线圈的组合源于两河流域把"正义"的概念理解为"被弄直的东西"，它代表着这一地区的测量师在打下建筑地基时确定是否笔直的工具。）

——Kathryn Slanski, *The Law of Hammurabi and Its Audience*

教师丁晓示学生，在石柱的上部，确实刻画有古巴伦国王汉穆拉比和太阳神沙玛什的形象，但沙玛什授予汉穆拉比的并非权杖，而为木条（Rod）和线圈（Ring）。此时，遭遇认知颠覆的学生倍感诧异，产生了寻根究底的浓厚兴趣。教师丁趁热打铁并因势利导：史事是一定客观内容的反映，它以具体的、特殊的、纷杂的、偶然的形态表现出来，但史家研究史事，多以文字、实物、口碑等载体而记录存留，难免会掺杂撰写者的主观意识，因此，对历史学习者而言，要立足整体的视野和联系的视角，以期尽量求得历史的全貌。教材提供的史事及其解释并非一成不变，有些结论是可供讨论、可以质疑的，这正是基于史学的灵魂——求真，即经过探究，无限接近历史的真实。可以说，正是对于核心史料的深入发掘和仔细研读，历史学才得以发展；也正是由于观念的变化以及新视角的发现，新认识才得以产生。找准历史解释的突破点，把准诠释论证的思辨性便是好课的关键所在。

（五）过程方法的迁移性

所谓过程方法的迁移性，是指学生通过学习使已有的知识经验与认知结构得以不断延伸并拓展，经由示范、模仿、迁移等路径，最终完成知识或方法的迁移——衍生出新知识，拓展出新方法，即培植其终身的学习力。

以"西欧封建社会"的教学为例，华东师大版《高中历史（第一分册）》的第12—15课、第四分册的第1—4课，叙述了"封建制度""城市的复兴""王权与教权""中世纪文化""资本主义生产关系的萌芽""民族国家的形成""开辟新航路和早期殖民活动""文艺复兴与宗教改革"等史事。如何厘清一千年西欧社会的基本线索？怎样打通一千年西欧制度的发展轨迹？为整合两册教材的相关内容，教师戊设计了教学专题《转型期社会研究——以西欧封建为例》，将一千年"西欧封建"的发展历史梳理成以下四个阶段：

- 产生：6世纪下半叶（农奴制形成）
- 扩展：8世纪上半叶（采邑改革）
- 确立：11—13世纪（城市复兴与自治、等级君主制产生、大学兴起）
- 衰弱：14—16世纪（资本主义生产关系萌芽、民族国家形成、君主专制产生、开辟新航路与殖民活动、文艺复兴与宗教改革）

如何通过西欧社会转型的学习，让学生真正理解转型期社会的基本特征？教师戊运用了示范、模仿、迁移的学史方法。例证如下：

教师戊先提问：何谓社会转型？在学生讨论的基础上指出："型"为事物的结构；"转型"是指事物结构的内涵在一定的内外条件的作用下，或快或慢地发生变化，从而增加或减少事物功能的过程；而"社会转型"是指社会结构的内涵在一定的内外条件的合力作用下发生了全方位的变化，从而引发社会各领域剧烈变革的过程，有学者把这一过程称作"新陈代谢"。接着，教师戊以示范的方式为学生剖析了一千年西欧社会转型的大致过程，内容如下：

- 经济结构：自然经济→商品经济→工场手工业经济
- 阶级结构：农奴→市民→资产阶级
- 政治结构：封建等级制→等级君主制→君主专制
  （教权与王权的关系演变）
- 文化结构：基督教文化→市民文化→资产阶级文化

如此示范性学习，仅为学史方法的第一步，因为该步骤只是让学生明了"转型期社会研究"的建模方式。当教师戊讲到第二分册第5课《社会变革与百家争鸣》，即中国古代春秋战国社会转型时，让学生尝试以教师的示范路径进行模仿性学习，即在与"西欧社会转型"相似的学习情境中模仿运用，以此梳理出春秋战国社会转型的粗略脉络，内容如下：

- 生产工具：石器、青铜器→铁器犁耕（私田开垦）
- 权力结构：世卿世禄→任命官员（权力集中）
- 文化教育：学在官府→学术下移（私学兴办）
- 社会秩序：礼乐文明→礼崩乐坏（社会剧变）

模仿性学习为学史方法的第二步，然而该步骤也只是重复他人行为的过程。如何使前期学习对后期学习产生影响？在学生模仿性学习的基础上，当教师戊讲到第五分册"近代中国社会转型"时，让学生尝试学史方法的迁移，进而梳理出自甲午战争后近代中国社会转型的线索梗概，内容如下：

- 经济形态：自然经济→商品经济
- 国家政体：晚清帝国→中华民国
- 思想观念：儒学主导→西学渐入
- 教育体制：科举制度→新式教育

示范、模仿、迁移不失为一种有效的学史方法，它通过教师有目的的示范引领，激发学生模仿的相应行动，最终完成知识或技能学习的方法迁移，进而衍生出新的历史知识，拓展出新的学史方法。更重要的是，通过此类方法的学习与运用，学生对转型期社会的基本特征，即社会结构的整体性和根本性变迁有了一定的理解，其终身学习力得以发展。

丰富性、聚焦性、逻辑性、思辨性、迁移性，这就是我所理解的好课"五性"。有一定的知识容量，有聚焦的核心概念，有严谨的教学逻辑，有缜密的思辨论证，有灵活的方法迁移的课堂教学，教师的教育呈现力和学生的学习参与度将互为因果、互为表里、互相依托、互相转化。如此，既遵循了史学的本质，又尊重了教育的规律，这样的课就是一堂好课。而依据学校的教情和学情，创新具有个性特色的课堂教学，进而建构体现学校特质的学科育人机制，正需要这样的好课。

凤光宇

凤光宇，1982年毕业于上海师范大学历史系，至嘉定启良中学执教，任校长。1990年调至嘉定区教师进修学院先后任中学历史教研员、教研室主任、副院长、院长。2002年获上海市特级教师荣誉称号，2009年被评为特级校长，2016年被评为正高级教师。

任上海师范大学特聘教授，上海市历史名师培养基地第1—3期主持人，上海市初中历史德育实训基地主持人，上海市新农村历史教师培养工作主持人，中国教育学会历史教学专业委员会理事，上海市中学历史教育专业委员会副会长，上海教师学研究会副会长兼秘书长，上海市特级教师特级校长联谊会嘉定区会长、历史学科负责人。曾被评为全国模范教师、上海市优秀教育工作者，获上海市教书育人楷模提名奖、嘉定区杰出人才奖。

1990年，在实践探索基础上，提出了中学历史情境复现教学法。二期课改开展后，在教学法中及时注入了研究性学习要素，发展为历史情境探究式教学法，突出利用乡土历史，培养学生学习和研究历史的能力。用该教学法上的全市公开课录像、研究该教学法的论文均获全国评比一等奖。参加上海市初高中历史新教材编写，主编教师教学用书；与上海市教委教研室联合，多次开展市、区级培养学生学习历史能力的教研活动；主持历史名师培养等基地，形成了"反思诊断，明确目标，凸显实践，分类提高"的培养经验，培养优秀历史教师；加强大学与中学的联系，为华东师范大学、上海师范大学学生上课，指导教学实习。多年来，主编图书12本，发表论文50多篇。

技能有道　智慧无限
——谈中学历史教师必备的三项教学技能

什么是技能？《辞海》是这样说的："运用实践知识和经验进行有目标活动的能力叫'技能'。"这就是说，首先要有实践知识和经验，然后把实践知识和经验运用于有目标的活动中，由此形成能力，即技能。可见技能要实践积累、提升运用、形成能力，其中有着经验与智慧。

中学历史教师的教学技能有多方面。现在历史教学中，我们非常强调确立教学内容主旨、传授史学思想方法、加强学科育人等，形成了上海的特色，对改进历史教学，实现立德树人起到了积极作用，也很好地促进了历史教师多方面教学技能的提高。

然而，由于多种原因，不少历史教师的教学技能仍然存在问题，在一定程度上影响了教师的专业发展。我在近3年中，听各类教师的课226节，其中有师范大学学生的实习课，有见习期教师的公开课，也有优秀教师的展示课，更多的还是一般教师的日常课。在这些课中，我认为教师在分析教材上有问题的课有120节，约占53%；语言表达上有问题的课有68节，约占30%；板书书写上有问题的课有105节，约占46%。许多师范大学生的实习课只是按照历史教材的目与内容,增加史料与观点,进行演绎,不知道教材的线索;有的见习期教师把生动的历史讲得干巴巴,只剩几条要让学生背诵的"筋",课后自嘲"这样的课我也不要听";还有很多教师,包括优秀教师,在一节课中黑板上没有一个字,还说"我的字写得不好",用PPT上的字替代了板书。凡此种种,不一而足。因此,我感到要谈谈中学历史教师必备的三项教学技能——分析教材、语言表达、板书设计,要提高教师的分析能力、表达能力、设计能力,促进教师积累实践知识、经验和智慧,提升专业发展水平。

一、分析教材技能:"居高临下",融会贯通,提高分析能力

分析历史教材,是中学历史教师必备的教学前提。有效分析历史教材,是历史教学成败的关键,其作用远比研究教学方法重要。

"居高",是指教师要学习以历史唯物主义和辩证唯物主义为核心的史学理论,研读历史课程标准,了解历史专家在史学理论方面的研究成果,还要知道优秀教师在历史教学方面的新探索新进展,这样才能"居一个又一个高度"去分析教材。

2017年,教育部颁布的高中历史课程标准提出了历史学科核心素养。教师不能仅限于知道学科核心素养有"唯物史观""时空观念""史料实证""历史解释""家国情怀"这些名词,而是要下功夫学习理解历史学科核心素养的内容。以唯物史观为例,不能只知道"唯物史观是揭示人类社会历史客观基础及发展规律的科学历史观和方法论"(《普通高中历史课程标准(2017年版)》),还应该知道唯物史观有"实践观点及实践标准方法""生产观点及生产力标准方法""辩证观点及分析方法""整体观点及纵横分析法""群众观点及人民利益标准方法""阶级观点及阶级分析方法""价值观点及社会评价方法""历史观点及历史主义方法"等观点。其中"辩证观点及分析方法"认为:"一方面,社会历史在本质上是一种'自然历史过程',具有一定的客观规律性,有其辩证性;另一方面,社会

历史又是人的活动过程，人在活动过程中具有一定能动性和选择性。实践是客观规律性与主体选择性的统一。要努力把握客观规律，要正确进行主体选择，要坚持主体选择与社会规律的统一。"[1]这个观点从"自然"即客观、"人的活动"即主观的视角，辩证地观察社会，是人们了解社会发展的基本观点。以上这些观点，既有史学理论研究成果，又有优秀教师在教学中新探索的内容，有助于教师用唯物史观理解历史发展的本质与规律，进而正确分析历史教材。

教师分析教材应该从三个层面入手——分析学段整套历史教材，分析年级每册历史教材，分析历史教材中的每个单元或者主题——总体把握教材的线索，理解编写者的意图，站在学科课程的高度，一览众山小。

以分析历史教材中的每个单元或者主题为例，教师要认真阅读单元导言，联系单元课文，形成一条单元教学线索。华东师范大学版《历史·八年级第一学期》第六单元《工业文明的产生》的导言先是说明该单元总观点："步入近代之后，西方逐渐由传统的农业社会发展为工业社会。"然后表述了这样三层意思：一是"近代自然科学的兴起为工业腾飞奠定了基础，资本主义社会制度的建立为文明的转型创造了条件"；二是"18世纪下半叶，工业革命发端于英国，并迅速扩展到西欧和美国，对全球产生了重大的影响"；三是"工业革命还引发了社会阶级结构的变化，使工业资产阶级和工业无产阶级登上了历史舞台。无产阶级从产生之日起就开始为争取自己的经济和政治权益展开了一系列斗争，日益发展的工人运动迫切需要革命理论的指导。于是，社会主义从空想发展为科学，马克思主义宣告诞生"。与导言对应，单元有三课：《近代自然科学的兴起》《工业革命》《马克思主义的诞生》。教师完全可以以唯物史观"辩证观点及分析方法"为指导，以"工业文明的产生"为主要观点，分析并把三课有机地串联起来，突出《工业革命》为单元教学重点，实施有效单元教学。在这方面，

1　付文治：《对中学历史教学中唯物史观的一些认识》，《历史教学问题》，2018年第2期。

教师可以参考上海市教委教研室编著、人民教育出版社出版的《中学历史单元教学设计指南》一书，会有很多启发。

"临下"，是指教师要分析每一课的内容，理清历史线索，制订教学方案。我曾经在一周内听了两位教师上《马克思主义的诞生》一课，课后他们都坦陈："这课我教过多次，但是，社会主义怎么从空想发展为科学，我却始终没有明白。"实际上，他们没有很好地分析教材。如果他们"居高"读一读马克思、恩格斯理论著作《共产党宣言》，用"辩证观点及分析方法"中"社会历史又是人的活动过程，人在活动过程中具有一定能动性和选择性""要努力把握客观规律，要正确进行主体选择，要坚持主体选择与社会规律的统一"观点，"临下"来分析马克思、恩格斯的理论研究与实践工作，不难看出马克思、恩格斯科学地分析了当时资本主义社会的弊病，汲取了相关的人类文明成果，提出了无产阶级的历史作用、无产阶级夺取政权的方式，以及无产阶级"必须大力发展生产力，进行社会改造"的观点（华东师范大学版《历史·八年级第一学期》第25课《马克思主义的诞生》），使实现社会主义有了领导阶级、实现方式和发展目标，这样社会主义就从空想发展为科学，这是伟大的历史进步。

"居高临下"的目的是融会贯通。历史是由一件件已经发生的事件组成，任何历史事件的发生与发展，又与一定的历史原因和环境相联系。这种联系有横向的，也有历史发展过程中性质相同或相近的事件之间纵向的因果关系。教师在分析教材时必须融会贯通，理解历史发展中的线索和内在联系，知道所教学的这课内容在教材中承上启下的作用，还要知道这课内容在历史发展中的地位，把每一课都融于历史发展的长河中。

教师很好地分析教材，是教学实践取得好效果的前提。教师"居高临下"融会贯通历史，形成整体教学线索，能够加强教师学习历史本体性知识的自觉性，掌握归纳提炼方法，提高分析能力，增长全面理解历史的智慧。

二、语言表述技能：准确科学，"历史"生动，提高表达能力

课堂教学是师生之间的双向交流活动，语言是维系这一活动顺利进行的纽带。中学历史教师的语言表述会直接影响到教学，决定着教学的效果。因此，语言表述是教师必备的教学关键技能。

准确科学是历史教师教学语言的基本特征。首先，教师读音要准确。由于历史的发展，有些文字读音古今不同，有些历史上形成的读音是不能随便用现代读音来代替的，如"可汗""大月氏"等。另外，史料中也会出现一些生字难词，需要教师及时查阅工具书，给予学生正确的启示。如有位教师上《清末新政》(《华东师范大学版高中历史（第五分册）》)一课时，为了说明新政的背景，出示了这样一段材料："采秫秸秆与皇帝共嚼，略得浆汁，即以解渴。昨夜我与皇帝仅得一板凳，相与贴背共坐，仰望达旦。"(吴永《庚子西狩丛谈》)材料中"秫秸秆"怎么读，是什么？教师解释说，秫秸秆是去掉穗的高粱秆，外表光滑而坚硬，里面瓤软而轻，刚采下的秫秸秆还有一定水分。学生就很好地理解了教师出示材料的缘由。所以，教师用史料时不能望文生"音"，一定要搞清楚内容与读音，然后再运用于教学中。

其次，教师整体表述要准确、科学。如"四羊方尊"的表述："四羊方尊是现有商代最大的方尊，以造型生动逼真、纹饰精美细腻而成为商代青铜工艺的杰出代表。"小岗村实施"家庭联产承包责任制"的表述："1978年11月24日晚上，为了解决温饱问题，在安徽凤阳县东部小岗村一间闪着微光的茅草房内，18位农民以'托孤'的方式，冒险在土地承包契约书上按下手印，实施包干到户，拉开了中国农村改革的序幕。"

更为重要的是教师提问要准确、科学。提问是教师根据教学内容和学生实际设置问题，有效引起学生的思考与讨论，以求达到发展学生思维、培养学生能力的目的。但是，有的教师在提问时，出示材料好多条，问话一大堆，学生抓不住要点，也就回答不出来。有位教师上《战后科

学技术革命》(华东师范大学版《高中历史(第六分册)》)一课时,出示了两份材料:

各大国研制原子弹时间表:

1945 年,美国在日本使用了原子弹

1949 年,苏联爆炸了第一颗原子弹

1952 年,英国爆炸了第一颗原子弹

1960 年,法国爆炸了第一颗原子弹

1964 年,中国爆炸了第一颗原子弹

各大国空间技术发展时间表:

1942 年,德国制造 A-4 火箭

1943 年,德国制造 V-2 导弹

1956 年,苏联发射第一枚洲际导弹

1957 年 10 月,苏联发射第一颗人造地球卫星,同年 12 月发射第二颗卫星

1958 年,美国的第一颗人造地球卫星上天,之后成立了国家航天局

1959 年,苏联发射人造行星

1959 年,美国发射人造行星

1961 年 4 月,苏联宇航员加加林实现了人类历史上第一次太空飞行

1961 年 5 月,美国发射了飞船,在空中逗留了 15 分 23 秒

一分钟不到,教师接着说:"在第三次科技革命影响下,各大国研制原子弹时间不一,但是各大国都拥有了核武器,形成了相互间的威胁与制约。与此同时,各大国空间技术也发展很快,在另外一个方面形成了竞争与促进,所以大国逐渐从对抗走向了制衡。从这两份材料中,我们可以得到什么启示?"学生还在看材料,根本来不及想问题,只得面面相觑。

如果教师改一改，在出示《各大国研制原子弹时间表》时提问"第三次科技革命对全球政治格局的影响"，出示《各大国空间技术发展时间表》时提问"在第三次科技革命影响下，大国是否从对抗走向制衡"，随后再综合提问"从这两份材料中，我们可以得到什么启示"，学生就能够层层递进思考，回答教师的提问了。

"历史"生动，是历史教师教学语言的主要特点。教师在历史教学中尽可能用一种具有历史真实感的语言表述来再现历史，这就要求教师语言尽可能地和历史时代特点相接近。教师应该了解不同历史时代的大致特点，努力使自己的教学语言富有历史感，让学生通过教师的表述，感觉历史、喜欢历史。如"杯酒释兵权""苏湖熟，天下足""霹雳炮、突火枪"等，就是比较典型的语言。有位历史教师对教学语言生动性曾经作过这样的归纳：讲人时要鲜活可信，讲事时要身临其境，讲物时要绘声绘色，讲景时要历历在目。这样的归纳是很有道理的。

为了使历史教学语言科学准确，"历史"生动，教师还应该具备体态语言表述技能。体态语言又称无声语言，教师的手势、身体动作、姿态和面部表情都是体态语言。体态语言是课堂教学语言的组成部分，有时可以比有声语言表述出更加准确、形态丰富的意义。列宁在十月革命前演讲的挥手动作，不是唤起无数人的激情吗？用好体态语言要求教师对教材要有比较深刻的理解，教师本身有积极的情感。当然，教师的体态语言表述必须要自然、适度和得体。

教师很好地表述历史，是在教学实践中取得好效果的关键。教师准确、科学、生动表述历史，有助于提高教师表达能力，启发教师从教学细节做起，以小见大，加强对学生的研究，不断探索适合学生学习的教学方式，增长教学改进的智慧。

三、板书设计技能：突出重点，实效美观，提高设计能力

板书是历史课堂教学的重要组成部分，是一种呈现在黑板上具有一

定逻辑联系的书面语言。中学历史教师在教学中一面讲述历史，一面写板书，可以引导学生的思路随着教师的讲述而发展，有助于学生理清历史线索，把握历史主题，引发历史思考，从而掌握历史知识和学习方法。同时，教师的板书还十分有利于学生复习巩固历史知识。教师可以在一课结束时，利用板书指导学生重温学习内容，进行小结提升，掌握历史发展规律。教师还可以擦去部分板书内容，由学生进行填充，完善板书，帮助学生及时巩固学习的历史知识。所以，板书设计与书写是教师必备的教学推进技能。

有一次，一位教师要上区公开课，选的课题是《西欧与日本》（华东师范大学版《历史·八年级第二学期》）。试教时，教师用PPT呈现了如下板书：

西欧与日本

一、欧洲一体化

煤钢联营→欧洲一体化→欧盟

局部经济联合→经济一体化→货币一体化（欧元）

二、战后日本

1968　世界第二经济大国

（经济高速发展原因）

美国扶植、民主化改革、特需订货

引进技术、传统文化、重视教育

外向型模式、赔款取消

虽然板书简明扼要，提炼了教材内容，但是明显存在三点不足。一是不完整。根据教材"欧洲一体化"一目的内容，"一体化"应该有背景、过程和影响，"战后日本"一目应清楚表明日本在20世纪60年代成为世界第二经济大国及其经济迅速发展的原因两项内容。二是内容之间缺乏整体的内在逻辑联系。三是关于日本经济高速发展的原因表述有偏离教材的内容。

正式教学时，教师把原来板书改为如下结构式板书，边讲课边写板书，收到了很好的效果，为公开课增色不少。

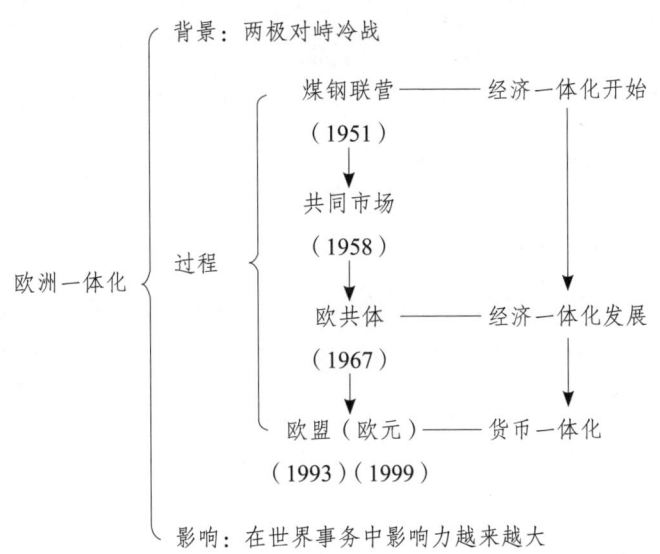

教师们在评课时很有兴趣地讨论了这节课的板书设计，认为这是结构式板书，它以文字为主，用线条把文字组成了一个框架，表现了历史事件的结构、顺序和过程，既有分解，又有归纳。板书具有三个特点。一是突出重点：教师分析教材，确定重点，按照逻辑关系，把教学内容浓缩为几个要点，形成少量文字，组成板书。二是增强实效：教师用线条把文字组织起来，把史实间的联系再现出来，使学生一目了然，收到直观的实际效果。三是工整美观：教师在设计板书时注意了语言规范、句子长短，以及整体结构的完整。有教师补充道，工整美观的板书能够吸引学生的注意力，激发学生的学习兴趣，使学生在学习过程中接受一种实在的德育，美的熏陶。优秀板书对学生美的熏陶有两个方面：一方面是个体美，教师写的字工整有底蕴，可以折射出中国书法艺术魅力、中华民族精神的传承和教师人格魅力；另一方面是整体美，板书形成一个多彩图案，具有整体审美价值。

板书设计很重要，然而教师写好板书更重要，历史教师需要坚持不懈，努力提高自己的板书书写水平。有一所学校的校长，把写好字作为教师专业发展的重要内容。让书法教师出样字，要求其他教师每天按照样字写好10个粉笔字。几年下来，这所学校的教师都能写出一手好字，板书书写的水平得到了整体提高。

不可否认，PPT的文字可以代替板书。但是，PPT也有不足。一节课中，教师的PPT要演示多样材料，当史料与板书交替出现时，学生的"板书思维"就会忽联忽断。教师PPT演示板书时，学生"板书思维"积极；演示结束，学生的思维和学习活动也就停止了。随着时间的推移，学生很有可能因为没有留下文字记载而忘记教师所教的内容。

好板书是教学实践取得好效果的推手。教师突出重点，设计并书好有实效又美观的板书，实际是提高了教师教学设计能力，教师可以进一步加深理解历史，增长逻辑思维的智慧。

最后，还是用《辞海》中关于"技能"的话作为本文的结束："通过反复练习达到迅速、精确、运用自如的技能则叫'熟练'。熟练的形成既能巩固和发展原有的技能，又能形成新的技能。技能和熟练只有在实践活动中，通过勤学苦练，才能形成和发展。"所以，技能有道，智慧无限。

　　李惠军，上海市晋元高级中学历史教师，李惠军历史名师工作室领衔人，教育部"国培计划"历史课程专家组成员，全国历史教师教育专业委员会副理事长，华东师范大学教师教育学院兼职研究生导师，陕西师范大学历史教育研究中心特聘研究员，《历史教学问题》杂志和《中学历史教学参考》杂志编委。

　　"高考1977"，开始进入历史并终生守望一线历史教育；1994年，被授予特级教师荣誉称号，时年35岁。主张历史教师要追踪学术前沿；提出教师的视界与心界决定历史教学的境界；倡导在阅读中实现教师的思想越狱和精神超度；重视历史教学中的灵魂统摄和主旨统领。

　　十余年间，先后应邀在全国近30个省、市、自治区开展讲座；在北京师大、华东师大、华中师大、陕西师大、华南师大、西南大学、南京师大等十余所高校开设培训课程；应邀兼任天津滨海新区、山东济南、海南省教育厅、重庆璧山区名师工作室咨询专家；先后担任上海建平中学、进才中学、宜川中学、嘉定一中、嘉定二中等多所学校历史学科指导专家。

先后担任北京师大版高中历史教科书和华东师大版初中历史教科书的主编或编者；曾经参与上海市高中历史课程标准的研制和上海市高中历史教科书的审订工作；曾经多年参与全国高考历史学科（上海卷）的命题研制工作。先后主编或参编出版《笃学行思录》《屈辱·抗争·选择》等多部历史教育专著，在《历史教学》《历史教学问题》《中学历史教学参考》《中国青年报》等报刊发表历史教育论文或案例分析130余篇。

历史的意蕴与教学的意境

"历史、现实、未来是相通的。"[1]历史是现实与未来的背影,其价值却永远面对现实与未来。历史教育的力量在于昭示来者,要从历史中涵养我们的历史思维。"历史思维,是一种长时段思维,要求我们思接千载、视通万里,以贯通古今的智慧。"[2]涵养学生的历史思维是教育的责任、现实的担当和未来的期许。五大学科素养作为课程目标,意在使学生通过学习历史具备必备品格和关键能力。历史学科富含滋养学生特有"素养"所必需的"营养",提炼历史学科"营养"滋育学生"素养",需要教师的专业"修养"——厚重的"学养"(学术功力)和精湛的"教养"(教育智慧)。在我看来,好的历史课既要讲理性和智性,也要讲人性和诗性,要有"志于道,据于德,依于仁,游于艺"的境界。

---

[1] 习近平 2012 年 12 月 31 日在中央政治局第二次集体学习时的讲话。
[2] 范正伟:《涵养我们的历史思维——从历史中汲取走向未来的智慧》,《人民日报》,2019 年 1 月 25 日。

一、在灵魂的统摄下掇菁撷华

丹青难写是精神！历史教育是与人文精神相联系的人性滋养。好的历史课要有灵魂，它是一节课的"神来之笔"，是撬动历史认知、历史思维、历史情意的支点。历史课的灵魂源于对过往事务的内心体验，是在高屋建瓴地眺望、掘井及泉地沉思、筚路蓝缕地叩问中萌生的精神顿悟。从历史学科而言，它是史实、史识、史感的交集点；从课堂流程而言，它是历史课各个环节的黏合点；从目标达成而言，它是知识、方法、情意的着力点。历史课的灵魂是五大学科素养浑然一体、有机融合的纽带，是预设目标循序渐进、分进合击的令旗，是达成目标有的放矢、形散神聚的标靶。只有在灵魂的统摄下，将多种历史素材和资源转化为诠释灵魂的素材，历史演绎、教学流程、学习体验才能在一个主轴下得以顺畅流淌。

多年前，为了讲《美国独立战争》的公开课，我重新阅读了 J. 布鲁姆的《美国的历程》、凯瑟琳·德林克·鲍恩的《民主的奇迹：美国宪法制定127天》和托克维尔《论美国的民主》等著作。在与历史的对话中，我的脑海中一直在追问着这样一些问题：早期移民何以离开故土和家人？"五月花号"上的避难者何以冒着死亡风险前往那遥远而陌生的大洋彼岸？犹太诗人在自由女神雕塑下的十四行诗到底传递着怎样的内心困苦与憧憬？《独立宣言》《邦联条例》和《联邦宪法》的字里行间到底蕴含着怎样的美国理想与诉求？在历史的追问与思考中，我似乎揣摩到了《美国独立战争》这一课的灵魂——自由理想驱使下的独立与建国历程。

历史的智慧往往在通感、通识中萌发，在联系、联动中生成。要善于将具体的历史课题放置于总体历史坐标中加以考量，从中发现历史课的灵魂。年鉴学派代表人物布罗代尔的时段理论——地理时间（"长时段"对应"结构"）、社会时间（"中时段"对应"局势"）、个体时间（"短时段"对应"事件"）——拓展了历史认识的视野，其力作《菲利普二世时期的地中海和地中海地区》和《十五至十八世纪的物质文明、经济和资本主义》便是时段理论和"总体史学"的典范。在长时段、大空间中去察变观风、磨勘贯通,才能领悟历史的真谛,才能揭示历史的前世今缘和递进逻辑。唯其如此,历史课才能体现出它的雄浑、宽广和大气,具体历史问题才有了宏阔和厚实的支撑。正所谓:"物有本末,事有终始,知所先后,则近道矣。"

淬炼和捕捉历史课的灵魂,不仅要善于在历史的高处眺望,也要善于在历史的深处与细处凝思和雕琢。鲁迅在《华盖集·忽然想到(四)》中有段耐人寻味的议论:"历史上都写着中国的灵魂,指示着将来的命运,只因为涂饰太厚,废话太多,所以很不容易察出底细来。正如通过密叶投射在莓苔上面的月光,只看见点点的碎影。"[1]如果不加思考地从历史的记录中人云亦云,非但使历史严重失真,而且难以发掘历史深处的玄机和真谛。历史的深度思考是历史能见度渐渐清晰、历史课灵魂徐徐走来的重要途径。

历史是人类活动的记录,人类的活动充满了鲜活的故事,历史的大道蕴藏于历史故事的细节中。对历史课灵魂的追问,离不开对历史故事细节的雕琢。所以,要善于从历史的细处钩沉探幽,追求拨云见日的境界。几年前,拜读了李公明先生所著《历史的灵魂》和杜君立先生所著《历史的细节》,我认识到捕捉历史课的灵魂,不仅需要高屋建瓴、纵横捭阖的大气,同样需要洞隐烛微、见微知著的精气。正如许纪霖先生所说:"历史的灵魂是故事,没有故事的历史,就像一个没有躯体的灵魂,是孤魂野鬼。做历史老师,最重要的是学会怎样讲故事,把被教科书阉割掉的故事重新发掘出来,活生生地讲给学生听。让学生在鲜活的人物形象、紧张的戏剧冲突里真正体会到历史的魅力。"对历史课灵魂的追问,应该是一位历史教师的思维品质和生命跃动,在追寻人类过去的时光中感受思接千载、探幽搜奇的内心喜悦,体悟历史教育的功能价值。

---

1 《鲁迅全集》第3卷,人民文学出版社,1981年版。

历史课的灵魂关乎历史教育的生命力。只有置身于历史的高处、深处和细处去体察、咀嚼和感受，从而产生附着于内心深处带有理性、情趣和灵动的智性敏锐，最终发掘足以统摄这段历史的精神主轴和内容主旨，才能创设出富有历史斑驳感、诗性感和哲思感的课堂教学，将看似散落的历史碎片转化为诠释这个灵魂的鲜活素材。

历史教育绝非一般意义上的传道、授业和解惑，它更是一种现实与往昔的精神对话。历史教育必须保持科学理性与人文情怀二者的张力。好的历史教师应该胸怀"为天地立心，为生民立命，为往圣继绝学，为万世开太平"的视界和心界。只有心存对历史的崇敬和敬畏，才可能在恢宏的历史画卷中久久凝视，在往昔的涓涓细流中静静凝思，在倾听历史的回声中感悟到文明的真谛。

对于历史课灵魂的追问，也是游走于科学和艺术之间的特殊思维活动。因此，需要在逻辑性思维与意向性创想的交互中，催生出掘井及泉的思想追问和摄人魂魄的内心冲动。史料实证是历史研究的基础和历史教育的特性，也是培养学生证据意识的切口。守护历史真实之神灵是一件很难的事情。然而，对于历史的评判有时甚至比求真还要困难，执着的求真背后总不免带有些许悲切和对沧桑世事的纠结与无奈。在教学设计中，固然需要严谨的逻辑、细密的推敲，更需要怀着对于历史的崇尚与敬畏之情，充分地加以臆想。这种思维不仅使历史过程中的碎片因为认识者的再体验而被联系成连续性的整体，同时也是我们洞观和体察历史课灵魂的思想经历。

二、在理性的引领下思辨励志

历史教师要恪守理性精神和历史良知的操守。尤其是在浮华躁动的环境下，教师应该有点清风劲节和矜持冷峻，在心灵深处留有一方净土。历史教育对于学生而言，既是知史求真、萍踪求通的知识习得过程，又是格物达理、体悟得法的思维内化过程，也是树魂立根、怡情励志的精神洗礼过程。历史总是从过去推向现在，然而，人们在思考问题的时候又总是从现在追溯过去；现实是由历史齿轮铸造的，却往往倒过来用现实去铸造历史。这种情形给历史教育带来了许多困惑和纠结。这就要求历史教师恪守历史良心，让理性——思维着的悟性成为衡量一切的唯一尺度。没有永恒的真理，只有永恒的思考。

　　唯物史观，既是科学的历史观，也是科学的方法论。从唯物史观的发展历程看，马克思、恩格斯的思想是在不断修正或完善和接受历史检验中渐趋成熟的。例如，恩格斯在1895年为《法兰西阶级斗争》写的导言中强调："历史表明我们也曾经错了，我们当时所持的观点只是一个幻想。历史……不仅消除了我们当时的迷误，并且还完全改变了无产阶级进行斗争的条件。"他指出："历史清楚地表明，当时欧洲经济发展状况还远远没有成熟到可以消除资本主义生产方式的程度。"[1]《共产党宣言》发表47年后，在经历并研究了欧洲历史变化的前提下，恩格斯对自己过去的重要观点进行反思，勇敢地作了自我否定。马克思、恩格斯多次强调唯物史观活的灵魂是具体问题具体分析，力戒将其当作语录和教条。恩格斯说："历史过程中的决定性因素归根到底是现实生活的生产和再生产。无论马克思或我都从来没有肯定过比这更多的东西。如果有人在这里加以曲解，说经济因素是唯一决定的因素，那么他就是把这个命题变成毫无内容的、抽象的、荒诞无稽的空话。"[2] 可见，大彻大悟的历史唯物主义者不在于他具有历史先见之明，而在于他能实事求是和与时俱进地超越自我。尽管，在现实的历史教学中，历史教师有时会陷于纠结和无奈，但是我们要善于运用唯物史观的理性品质和审辩思维，在迷茫中拥有理论的定力和思想的遵循。

　　好的历史课要能够点燃学生的心灯，拨动学生的情感，启迪学生的志向。教师要精心选择那些具有情韵感的历史素材，让静态平铺的教材变得

---

[1]《马克思恩格斯全集》第22卷，人民出版社，1965年版，第595页。
[2]《马克思恩格斯选集》第4卷，人民出版社，2012年8月版，第695—696页。

动态鲜活，让课堂不仅具有思想的深度和理性的厚度，而且具有人性的温度和情感的热度。

在历史教育中对学生进行家国情怀教育的素材比比皆是。从满天星斗和八方雄起的史前文明遗址，到中华民族生生不息上下五千年的历史传承；从和而不同、周而不比的礼乐文化，到博大精深、格物致知的宋明理学；从苏武"杖汉节牧羊""无求生以害仁，有杀身已成仁"的忠贞气节，到谭嗣同"我自横刀向天笑，去留肝胆两昆仑"的冲天豪情……都可以成为激发学生对国家产生认同感、归属感、责任感和使命感的教育素材。

对祖国的忠诚首先植根于对故土的精神皈依与情感眷恋。要培育学生纯真和质朴的家国情怀，离不开对家庭、家园的追忆，从"昔我往矣，杨柳依依；今我来思，雨雪霏霏"（《诗经·小雅·采薇》）到"悲歌可以当泣，远望可以当归"（汉乐府《悲歌》）的惆怅，从"君自故乡来，应知故乡事。来日绮窗前，寒梅着花未"（王维《杂诗三首》）到余光中的《乡愁》中魂牵梦绕、思绪万千的哀婉，无不道尽了埋藏于中国人内心深处、可触动灵魂的情感——故土情结。

《国史大纲》最大的精神价值在于对民族文化的那种虔诚的皈依性认知和沉潜其中的感情与自信。如果说梁启超先生有"中国会不会亡"的忧患，那么钱穆先生则在《国史大纲》中作出了回答——中国不会亡！这种深厚纯挚的温情与敬意植根于先生对中华民族历史的深刻了解，对几千年中华文明的深沉热爱，对民族之过去、现在、未来的洞察、思考和信心。这种情怀也是激励我们历史教育工作者永不懈怠、克服阻碍、发奋自强的动力。

被誉为"世界第八大奇迹"的秦兵马俑，在初中和高中历史教科书中均有涉及。教师要引导学生联想"横扫六合"的恢宏气象，管窥"威震四海"的大秦气场，领略"定于一尊"的皇权气势，激励学生从考古发现中捕捉当时政治、经济、军事、文化等历史特征和风貌。除了在视觉上感受先人高超的艺术天资与卓绝的工艺技术之外，还可从实物史料中发掘、鉴赏、感知、联想中，诱导学生从视觉—思维层面渡越到情感—精神层面，潜移默化地滋养学生对民族传统和古代文化的崇敬和自豪。要在历史理解与历史解释的感性与理性思维的叠加中波动学生的情感之弦，感受传统文化的魅力。

培养学生的家国情怀还应该着眼于历史发展的大势和文明递进的大潮，从人类命运共同体的高度，培养学生开阔的世界视野和深厚的人文精神。要谨防把爱国主义异变为偏执的国家主义或狭隘的民族主义，谨防片面误读、盲目排异，乃至打着"国家意志"的旗号招摇过市的政治操弄。爱国主义不是极端的民族主义或自私的国家主义，开放和理性的爱国主义是全球各国的共同价值观。

从人类文明进步的轨迹中可以清楚地看到，只有文化自信与文化包容相伴而生，家国情怀与人类胸怀相得益彰，社会才会进步，世界才能和平。虚心学习和借鉴人类优秀文明成果，与数典忘祖接受别人"颐指气使的说教"不可同日而语。在许多情况下，让人们陷入困境的不是无知，而是看似正确的谬断和封闭通往真知的大门。

例如，15、16 世纪到 19 世纪中期，在欧洲人开始走出中世纪，从封闭走向开放，从传统走向现代的历史转型期间，我们却在两千多年超稳定的传统社会结构和看似太平盛世的帝国余晖中，沉迷于天朝上国的醉梦和闭目塞听的自恋。当马嘎尔尼接过乾隆帝给英王"天朝物产丰盈，无所不有，原不借外夷货物，以通有无"的敕谕扫兴而归的时候，谁也没有想到这将给"天朝上国"带来怎样的后果。历史的教训一再昭示着我们，在一个紧密联系的世界中，狭隘的"家国天下"和偏执的"华夷之辨"，带来的往往是致命的自负和盲目的自恋，终将从陶醉于傲慢走向失落。历史绝不能在此处失忆，更不能为一时的进步而被遮蔽和被板结。

又如，第一次世界大战中，在"把基督的十字架安放在君士坦丁堡圣索菲亚大教堂尖顶"的煽动下，失去理智的俄国青年成了沙皇发动战争的炮灰；德国和英国两个交战国青年也正是在这种极端民族主义和盲目爱国主义的欺骗宣传下，满腔热血地成了战争的机器。历史昭示着人们，要切忌将民族自觉异化为偏执的种族主义和愚昧的国家主义，切忌将文化自信异化为狭隘的唯我独尊和盲目的文化排异。只有将人类的共同命运与民族的特殊命运紧密联系起来，家国情怀才具有现代意义和未来价值。

三、在问题的驱动下释史求通

"涵养我们的历史思维"是一段时间以来从国家层面到学术层面的一个重要说法。"历史思维"强调在唯物史观指导下，借助科学的实证方法和真实可信的史料证据，从人类历史大时空出发，探明历史的因果逻辑，解读历史的发展趋势，阐释历史的演变规律，从而在今天面临的"百年未有之大变局"中保持战略定力。在一定程度上说，培养学生"历史解释"的学科素养，就是"涵养我们的历史思维"。从历史哲学层面而言，"历史解释"的客体是过往的历史现象，"历史解释"的主体则是作为对过往现象加以观察思考和理解评判的人。而教育层面所追求的"历史解释"学科素养，其着眼点和着力点无疑都指向学生，学生是参与"历史解释"的思想和行为主体。要激活学生的学习冲动和思考欲望，必须在问题驱动下激发他们去研读材料、独立思考、交流分享。在分析和解决问题的过程中体悟思想方法，提升"历史解释"和"历史思维"的学科素养。如何在问题驱动下达到释史求通，涵养学生的历史思维呢？不妨举几则教学案例。

我在为初一学生讲《沟通中外文明的丝绸之路》一课时，先随意问了一些看似人人皆知的小问题——丝绸之路是哪个朝代哪位帝王在位时开辟的？哪位历史人物被称为"凿空西域"并开辟丝路的第一人？当学生按照已有的认知齐声回答了这些看似简单的问题之后，我顺势出示了一组关于殷墟考古的图片，引导学生聚焦于一个神秘人物——妇好；接着让学生关注妇好墓中出土的755件玉器或玉器碎片。经过现代鉴定技术确定，这些玉器和玉器碎片大都来自昆仑山脉，属于典型的和田玉。紧随其后，我又出示了第二则材料——被称为"中国的斯芬克斯之谜"的新疆吐鲁番阿斯塔纳古墓群，特别介绍了在古墓中发掘出的一些木乃伊，经过DNA鉴定,这些干尸属于欧洲的白种人!课堂上出现了孩子们的惊叹声。恰值此刻,我提出一连串让大家感到奇特的问题:既然丝绸之路最早开辟于汉武帝时代,那么在他之前一千多年的这些玉材又是通过怎样的途径从几千里外的昆仑山运到商朝首都,并葬在妇好墓中的呢?这些欧洲白色人种又是如何来到新疆境内的呢?

正是这些问题引爆了学生们的猜测和争论,也激活了学生们的兴趣和探索。最后,我借势教导,历史研究不仅要注重证据,而且还强调多种证据的相互印证,形成充分的证据链,而不能单凭那些孤立的材料草率作出结论……针对初中学生的认知特点,不失时机地引导学生的证据意识,培养学生"史料实证"的学科素养。

讲到丝绸之路的影响时,我在出示了几则图文材料后,循序渐进地提出了这样几个问题:丝绸之路仅仅是一条丝路吗?它仅仅是一条古道吗?古代丝绸之路单单属于中国吗?问题再次引发了课堂上的思维热情。学生借助材料和图片,结合教材内容对丝绸之路作了十分形象和丰富的解释。在孩子们交流分享的过程中,我顺势发出了这样的感叹:

> 丝绸之路是沟通区域文明的中枢,丝绸之路的岁月就是一部全球众筹的"通"史,丝绸之路的沿线就是一部文明分享的"通"途,丝绸之路的故事就是一部人类交响的"通"曲。它还是古今历史的纽带,"一带一路"恰恰意味着丝路文明的回归,借助传统的智慧来回应现代的问题。丝绸之路是人类历史上诸种文明双向交流之路。

两年前,我应邀为江苏南菁高级中学高二学生就必修三《从师夷长技到维新变法》开了一节公开课。讲思想史要有时空的年轮和底色。没有时代的依托,思想便会成为海市蜃楼;没有环境的烘托,思想便会成为过眼烟云。要讲清中国近代"从师夷长技到维新变法"的思想历程,必须要从中国近代社会新陈代谢的大时空背景出发,挖掘近代思想在世界变局和中华危局中的折射与投影。为此,我在上课前借助自己设计的一幅页面(见图1)与大家一起观察其中的意涵,并提出一个看似简单却内藏玄机的问

图1 公开课上展示的相关图片

题:从这幅近代历史精英人物"探索的足音"和"思想的心声"的图片中,能够发掘出哪些历史的逻辑?

问题驱动了学生的观察、联想,也激活了大家的"教材内存"。学生用属于他们的思维和表达方式,交流分享了对这段思想现象的解读:"屈辱—阵痛—危亡"——两次鸦片战争和甲午战争给国家和民族带来了国殇;梦魇引发了一代代中国人在困境中思索,在危难中探求,演绎了这段不凡的思想经历。正式上课前,学生就对时代—环境与心路—思想,以及探索现代化之路的文脉和理路有了一个初步意向。

- 大碰撞下的思想微澜
- 大变局下的中体西用
- 大危亡下的变法强音

在具体演绎上面这段思想历程时,我将这节课分解为彼此联动、相互联通的三段历史演变和三段思想演进,分别指代在不同时空背景下西学东渐的拓展和特定人群的忧患、感受以及主张的思想。

在具体讲课过程中,则借助于相互关联的问题链,激发学生关注:时空、人物、思想之间的逻辑关系；不同阶段思想家的基本主张和基本内涵；上述思想在特定时期的机遇和地位；特定思想对于当时和未来的引领作用；等等。

例1 鸦片战争后清廷主流官员以为"该夷……不过求赏码头，贸易通商而止，尚非潜蓄异谋"，道光皇帝听到因仿造轮船从澳门雇觅"夷匠"的请求后，断然决定宁可不要船，也不能让"夷匠"入境。由此提出问题：鸦片战争后，国人真的被林则徐和魏源警醒了吗？

例2 中日两国两种"冲击—反应"模式，呈现《海国图志》在中国被列为"禁书"的同时，在日本却被称为"天书"，甚至明治天皇称此书堪比英国的大宪章。由此提出问题：《海国图志》何以在中日两国引发如此不同的价值判断？不同的两种思想倾向将对两国未来的国运产生怎样的影响？

陶行知先生说："发展千千万，起点是一问。"课堂问题的设置一定要科学适当，必须能给学生一种兴趣的刺激，因为每一个问题都是提供给学生的一次学习思考和提高的机会。

四、在主旨的统领下纵横捭阖

教师呈现历史的魅力直接关系历史教学的张力。呈现力是教师思想、创意、设计能力的集成。无论教学理念、技术、手段如何发展，教师在课堂上呈现历史的基本功永远都不可取代。对往昔之事的描述和透过历史烟云的感悟，首先要借助教师传神达意、隽永哲思、饱含意蕴的语言表达出来，它关乎课堂教学中的学生对历史的体验度和获得感。我主张好的历史课是教师讲授出来的，教师要用睿智的理性之光去照亮历史的殿堂，用醍醐灌顶和妙喻连珠的语言去呈现历史的意蕴，在见微知著、沉潜多思的表达中鉴史致知。

历史教师要关注课堂语言的构思和对历史现象与概念的表达方式，尤其是对历史关键点和关键环节，应该千锤百炼、斟字酌句。这既体现教师的历史功底，也承载教师的教学诉求；既是教师内在思想的外在表现，也是教师课堂呈现的基本形态。要善于用精微通脱、精深概括的语言文字呈现历史的鲜活镜像和丰富意蕴。例如，我是这样讲汉武帝登基之时的情势的：

> 公元前140年，当汉景帝撒手人寰时，汉朝已经到了一个必须对未来走向作出抉择的十字路口。这一年，汉景帝第十个儿子，年仅17岁的刘彻，走上了帝国政治舞台中心。这位年少的君主，又是如何顺势而为，逆势而上，革除弊端，铲除隐患，最终完成大一统帝国的重建工程，创造一个属于他的帝国时代呢？

寥寥数语，勾勒出大一统帝国从秦朝至汉初百年兴衰的历史蜕变，以及汉初在"无为"治国理念下重构大一统帝国的功效与隐患；言外之意，透露出汉初"无为"与汉武帝"有为"之间的历史逻辑，疏通了不同历史阶段的沟壑。接着，话锋一转，将历史聚焦到了一场看似波澜不惊的事件：

> 刘彻即位不久，一则消息从宫中不胫而走，很快从京师传播到全国各地。听说小皇帝要招纳天下博学之士共赴长安，畅言治国经纶之道，共谋帝国顶层设计。一时之间，天下贤良方正、极谋之士纷纷献计献策。然而，在形形色色的贤人中，在林林总总的宏论中，一位名叫董仲舒的大儒所提出的"天人三策"独独让皇帝眼前一亮，龙颜大悦！

如此在呈现方式上的大开大合，源于我的一种朴素想法：借助教师的讲述，为学生形象展现2 000多年前历史的浩浩场景和情节的涓涓细流，让历史的情境昭然若揭，历史的韵味跃然而出。

当然，历史课绝非教师洋洋洒洒、漫无边际的散谈阔论。围绕内容主旨谋篇布局、执简御繁体现着历史教师独特的思想洞见。王斯德先生曾经告诫我们："教材的编写在很大程度上是基于课程标准和历史史实的一种再创作。"其实，历史教学何曾不是基于课标教材和历史教材的再创作呢？历史教师是应该有点文学素养的。逝去的时光让历史蒙上了一层神秘的尘烟，要将不可复制的陈年往事和生僻艰涩的历史概念直观、形象、生动地在短短的40分钟时间内呈现出来，不仅需要丰厚的历史积累和社会阅历，也需要教师用生动形象的语言——精练含蓄、隽永传神的哲思和文彩，在激浊扬清、解颐醒世的讲解中品史入理。教师以其逻辑严谨的表达、细致入微的描述、文采飞扬的语言、潜心涵泳的刻画、鞭辟入里的辨析，在亦文亦史的激扬文字中，在散发着馥郁芳香的思想，夹杂着含蓄幽深的智慧，将历史的沧桑感和斑驳感展现于历史课堂，穿行于学生脑海，让孩子们在时空穿越和艺术享受中沉醉其中，流连忘返。

一位教师在讲到抗日战争胜利的时候，带领学生用心品读老舍在《四世同堂》中的一段话：

> 民族，带着鞭痕悲壮地生存着；国家，带着创伤骄傲地屹立着；人民，带着鲜血顽强地站立着。……他们经受了最冷酷、最严峻的摧残和折磨，没有下跪，没有死绝，他们高傲地站着，挣扎着，宁死不屈，反抗着，终于迎来胜利！

此时此刻，教室里似乎是寂静的。然而每一位置身于此的人的内心都被震撼了！试想，一个历史教师如果没有强烈的内心感受，怎么可能在看似"淡泊"中营造出如此"至味"的精神境界呢？

历史教学的意韵之一是教师在求真求实的前提下对历史体验和感悟的一种心灵的跃动和释放。冷漠的理论套用和机械的方法推演，未必能获得历史内性、内在、内藏的情感和智识，却往往使历史公式化、教条化。只有理解古人的心境并倾听历史的回声，才能理解先人的情愫并感悟教学的真谛。在约而不疏、瞻而不芜、纵横捭阖、深沉深邃的讲授中，学生所获得的绝不仅仅是历史知识本身，还有对历史学习的热情、思想方法的跃升，以及爱屋及乌而产生对教师的钦佩与爱戴。有学者曾经提出："历史所能给予人们的不是报告录而是一种'唤起作用'。它显示于人们的是人生含蕴的一种放射性……只能感觉，只能'感情移入'的将自己活在对象之中，在对象中发现自己，或者是将对象融合在自己的体中，再由自己的体内去认识对象。"[1] 我主张在课堂上呈现历史现象、回味历史运道的时候，除了要有历史教师的深沉之外，还应该具有哲人的通灵和诗人的臆想。

---

[1] 姜蕴刚：《历史艺术论》，见上海书店"民国丛书"1996年影印本，第49页。

历史的意蕴得以涌动，教学的意境得以张扬，有赖于历史教师的专业修行——学养和教养。在我看来，读书、读经典应该成为历史教师基本内功修炼和学习生活常态。没有阅读量不可能成为有思想深度和视野开阔的历史教师，而必将成为历史教育发展进程中的落伍者和哑语者。如果说天地间有一个不变的永恒之道，那一定是永恒的变。历史在变，历史学在变，历史教育也在变。在我近40年的学习、教书和带教路途中，屡屡因为知识的缺欠而遭遇窘境，因为视野的缺亏而深陷迷茫，因为思想的缺失而面临尴尬。而每每举步不前、困顿彷徨、不得其解的时候，总会记得卡莱尔的一句话："书籍里横卧着历史的灵魂。"历史教师的知识、视野、思想是有一道"狱墙"的，这是因为我们所面临的历史和历史教育在不断发生着变化。面对变化而故步自封，无异于堂吉诃德大战风车般"偏见与傲慢"；面对变化而随波逐流，也会像大漠中的沙丘一样不成体统。唯有阅读才能让历史教师变得既谦卑又博识，因为历史教师的阅读是一种精神的越狱。当书里世界如袅袅轻烟散去，留在心中的那轮明月，终将为我们的历史思考和教学创意带来点点光亮。

一本好书就是一个精神的世界，当你用虔诚的态度和探究的欲望去与这个精神世界相遇的时候，你才可能与貌似枯燥和艰涩的历史进行思想的"牵手"。王阳明心学的读书法则是不苛求你记住，也不苛求你全部理解，圣贤所要求的是让你通过读书而使自己心体光明。阅读，不仅会改变你的知识，扩大你的视野，激活你的课堂，它必将改变你的心智和心态，提升你的气质和格调。历史教师的思想高度，取决于读过的书和遇到的人。一个人认真读过的书其实早已融进他的灵魂，沉淀成智慧和情感，只要一个触动点，就会喷薄而出。最后，将我最欣赏的萨特名言烙印于此，并与大家共勉！

我在书里结束我的生命，也将在书里开始我的生命。

周飞

　　周飞，1971年1月出生，籍贯江苏无锡，毕业于江西师范大学，史学硕士。1992年参加工作，2009年被评为上海市特级教师。历任上海市曹杨中学教师、普陀区教育局高中科副科长、上海市晋元高级中学副校长、上海市普陀区教育局副局长、上海市教委基教处副处长，现任上海市教委督导室副主任。曾获上海市中青年教师教学评选一等奖以及上海市新长征突击手、上海市普陀区十大杰出青年等荣誉称号。

　　从事中学历史教学20余年，形成"人文气息浓郁、贴近学生心灵、注重启发探究"的独特教学风格和"擅长针对弱势学生个体转化和教学质量整体提升"的教育教学特色。长期在学校、区、市担任教育教学管理工作，致力于基础教育信息化、课程与教学、党史研究等领域的实践与研究。曾担任教育部教育现代化专题研究专家组成员，中国教育学会历史教学专业委员会理事。受邀参加"上海基础教育信息化趋势蓝皮书发布会""美国年度教师中国行""全国智慧教育高层论坛""教育部厅局长教育信息化培训""全国品质课程大会"等活动，并担任演讲嘉宾；先后在国家教育行政学院、上海市市委党校、北京师大、华东师大、南京师大等进行学术讲座，在全国各地所做报告、讲座数百场。

　　著作有:《信息化浪潮下的教与学》《美剧的教学启示》《新文化运动》《党史如画——红色经典中的历史启示》《像大师一样登台》《面向未来的课程建设与教学改进》。参与编写的书籍有:《高中综合专题讲座》《高中历史怎样学》《当代中学生新知识丛书·历史卷》《特级教师到你家·历史卷》《高中历史学科研究性教学导向》《笃学行思录》《历史教学叙事研究》等。在核心刊物《历史教学问题》《中学历史教学参考》和《历史教学》上均有论文发表。

创意 开发 雕琢
——浅谈上好一节历史课的三个步骤

自1992年从教以来,我从一个普通教师起步,经历了多个岗位,涉及教学、德育、学校管理、信息化、行政等多个领域。但是,最令我无悔的是:我一直以于漪老师说的"一辈子学做老师"鞭策自己,做一名在教学一线耕耘的实践者和在教育教学中探索的学步者;我一直追求"注重教学设计,富有艺术气息,贴近学生心灵,培育高远格局"的教学风格。很幸运,在成长之路上,我得到了沪上众多名师的指点,如老一辈的包启昌老师、孔繁刚老师、钱文汇老师,现在的李惠军老师、凤光宇老师、周靖老师等,坚定了我在教学上的追求。

教师人生,精彩在课堂!20多年,无论从事什么工作,我都不改教师本色,始终带着学步者的心态,去享受教学探索的快乐。

2000年《秦汉史复习》 上海市曹杨中学

2004年《名画中的法国大革命》 上海市晋元高级中学

2007年《西欧与日本》 上海市丰庄中学

2009年《文化大革命》 上海市长征中学

2009年《新文化运动》 深圳市布吉中学

2013年《党史如画》 上海市委党校

2014年《信息化浪潮下的教与学》 北京国家教育行政学院

2015年《美剧的教学启示》 广西桂林

2015年《智慧教育与创新教学实践》 全国智慧教育高层论坛（宁波）

2016年《J课堂，追求公平与优质》 教育部厅局长教育信息化培训（济南、珠海）

2017年《课程变革向前看》 全国品质课程大会（上海）

2019年《面向未来的课程建设与教学改进》（重庆、杭州）

虽"身经百战"，教学足迹遍布全国，但依然探索在路上。在此我不敢奢谈所谓教学艺术，仅针对"怎样上好历史课"这一主题，谈谈自己的一些教学感悟。德国思想家、诗人本雅明有一段话："写一篇好散文要经过三个步骤：首先是音乐的，这时它被构思；其次是建筑的，这时它被搭建；最后是纺织的，这时它被精制。"（Work on good prose has three steps: a musical stage when it is composed, an architectonic one when it is built, and a textile one when it is woven.）上好一堂课，也需要经过这样的创意、开发、雕琢三个步骤。

一、像构思一首美妙乐曲一样去创意

（一）创意为王

课堂，绝不仅仅是教师单向教化学生的道场，它更是一个充满情感和理性的文化生态场。我把教学作为一项创作，进行精巧的构思，挖掘独特的教学资源，让学生感受人类历史的博大精深，其实这也是任何教学开始之前都要想清楚的两个问题：为何教？如何教？我们的教学，不是将教学材料简单地堆砌，砌一堵墙，也不是将教学内容简单地组合成一座房子，我们是要建造一个有思想、有文化的精神殿堂。在这个传道、授业、解惑的师生"共同体"中，师生同样获得洗礼和顿悟。

创意 开发 雕琢 | 周 飞

以下是教学示例："一花一世界"——《新文化运动》创意设计。

2009年底，我应中科协"聚焦课堂"活动邀请，在深圳布吉中学开设了一节《新文化运动》的公开课。一个世纪前的新文化运动，是在辛亥革命这场超越中国历史改朝换代的千年路径之后，在帝制复辟、军阀混战、社会危机的严酷现实面前，一些先进的知识精英掀起的一场前所未有的思想启蒙和解放运动。如何在课堂上再现这段历史，并使学生产生共鸣，获得新的思想与情意的洗礼与启示呢？很显然，如果我直接从概念上告诉学生历史背景是什么，学生就不会触摸到历史的温度，不会有心灵的震撼。

在收集史料的过程中，我意外发现胡适先生曾在晋元中学短暂任教（工部局华童公学，1910年）的记录。胡适不仅是新文化运动的亲历者，而且他留下的大量日记和书信是对那个时代的真实记录，可以使我们能够通过一个青年的视角深入了解和感受新文化运动。教学创意一下子就有了——"一花一世界"！以胡适日记为主线，贴近真实，感受历史，折射整个运动，在洞察人物的心态和经历中领悟新文化运动的机缘、脉络和价值。

我这样处理，意在通过胡适在不同时期心态的变化，反映辛亥革命前后国家的时世之变，以及这种时世之变对于一个知识分子思想的影响，从

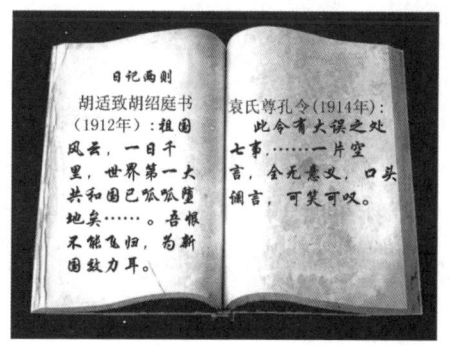

图1 《新文化运动》教学板书示例（1）

059

而引导学生深入理解新文化运动发生的时代背景。我们只有放弃俯瞰众生的"上帝视角",翻开当年的日记,走进当时的历史,回到那灾难深重的旧中国,深入历史人物的内心世界,才能从历史人物留下的足迹中体悟到他们的内心世界,捕捉到这场思想运动客观真实的历史轨迹。围绕"新文化运动"这一主线,学生要了解新文化运动兴起的背景,掌握新文化运动的缘起、发展和影响。我通过引导学生对运动的思考,培养学生分析历史问题的能力;通过对新文化运动发展过程的层层分析,引导学生对史料进行分析和解读,做到论从史出,让学生感受"从历史中学习历史",培养学生史学基本素养,拓展学生的视野。

(二)育人为本

托尔斯泰说:历史是国家和民族的传记。历史的魅力就在于民族群体记忆中所透射出的精神——文化自觉和民族认同,正如像钱穆先生在《国史大纲》中所说的:"应对本国历史略有所知,并充满温情与敬意。"其实,这正是课程改革所强调的"情感、态度和价值观"。史贵有魂,史贵有根。让学生增强民族自信心和文化认同感,树立"振兴中华"的理想抱负,正是我们历史教师责无旁贷的责任。为"经师",更要为"人师",我们的历史教学要培养学生热爱生活,关注社会,关心国家、民族和人类命运。多年来我对自己的教学始终坚持的目的之一就是培养学生成为具有高雅品位的思想者和坚定的爱国者。

以下是教学示例:一百年前的老照片——德育的学科渗透。

在讲新文化运动背景时,我从胡适日记的一句话切入:"此种苦礼,乃施诸习于自由之余,其何以堪耶!"(意思是,我这么爱好自由的人,在这里如何能够忍受呢?)因为华童公学校规比较严苛,胡适受不了。我展示了华童公学师生老照片,同时进一步启发学生:除了校规严苛之外,有没有其他的原因?引导学生观察照片中间不可一世的外籍校长,意在探究胡适苦闷的缘由,揭示民族危机深重的时代背景。这样新文化运动的背景就水落石出了:中国人正襟危坐,而英国人趾高气扬,

创意　开发　雕琢｜周　飞

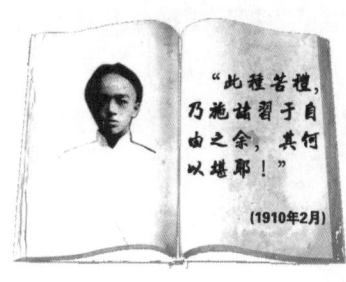

图2　《新文化运动》教学板书示例（2）

态度倨傲。这不是半殖民地半封建中国的真实写照吗！外国殖民者可以在中国耀武扬威，中国人在自己国家没有地位！学生的思想一下就穿越到一百年前去，马上就深切感受到：民族危机深重！当时的中国山河破碎、列强横行、民不聊生……正是由于新文化运动，才有了中国人的思想解放，有了中国共产党的诞生，中国历史才发生了根本性的转折。穿越古今，重温这段历史，学生感受到近代先进知识分子那以天下为己任的胸怀和为救国救民不断追求真理的精神，培养了爱国主义精神和社会责任感。

（三）兴趣为要

早在两千多年前，古希腊历史学家希罗多德就用"以智者的心态进行探讨研究"来阐释"历史"一词，从而将探究的内涵赋予了历史教育。歌德曾说："我们从历史那里得到最好的东西是它所兴发的激情。"单纯看历史教科书的话，别说中学生，就是小学生都看得懂，教师要是照本宣科，肯定没人喜欢，所以要对教材进行整合重组，按照学生的思维特点和认知水平来设计教学，培养他们的学科兴趣，引发他们的探究和思考。2000年在上海市中青年教师教学评选活动中，我上的是高三复习课《秦汉史专题》，我从"大历史"的宏观角度，借助古诗、古画、古曲营造了秦汉历史情境，并渗透研究性学习，收到了良好的教学效果，因此获得历史学科一等奖第一名，这节课也成为全国历史教学观摩课。这次激发学生兴趣的教学经历和成果也给了我把历史教学作为终生事业的自信。

以下是教学示例：孔子的身高——方法探究。

师：根据《史记·孔子世家》记载："孔子长九尺六寸，人皆谓之长人而异之。""长人"就是高个子的意思，不难想象，孔子当时是"鹤立鸡群"的。那么，孔子到底有多高呢？"九尺六寸"换算成今天的尺码是不是比姚明还要高？同学们有哪些方法可以帮助我们拨开历史的迷雾，接近真实的历史呢？同学们可以讨论一下。

学生小组讨论。

生1：我们可以去孔府考察一下：门有多高？床有多长？鞋有多大？大致可以知道孔子的身高。

生2：中国古代的度量衡制度，一直是在变化着的，每个时代都不尽相同。现在要想知道古代某个时期尺寸的准确长度，只有通过测量那个时代所使用的尺子。这类尺子不可能一直沿用，保存在人间，通常都是出土文物。

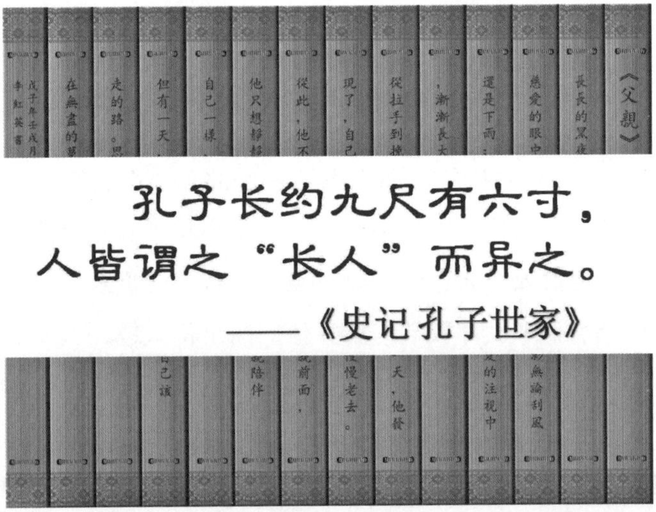

图3 探究孔子的身高相关教学板书（1）

生3：可以找到那个时代的孔子与弟子的画像，以他弟子的身高为参照，推算出孔子的身高。

生4：可以从孔子的后代身上提取DNA，进行分析，得到祖先的遗传密码，了解孔子的大致身高。

……

师：大家从不同角度提出了解决方案，每个思考都很有价值！我的探究方法也不一定准确，抛砖引玉与大家讨论：历史研究的主要方法是文献研究法，《史记》成书两千多年，肯定有许多专家学者对这段内容进行考证：

> 《史記孔子世家》：周代長度有兩種標準，十寸一尺或八寸一尺。孔子大約是七尺八寸。
> 《中國歷代度量衡變化簡表》：周一尺合今22.5～23厘米。

图4 探究孔子身高相关教学板书（2）

可见，《史记》记载的"九尺六寸"，是孔子生活的春秋时期鲁国的尺寸——八寸一尺。再参考《中国历代度量衡变化简表》，可以推算出孔子的身高在189—191 CM，确实是个高个子。

这个环节的设计不止于得到孔子的身高，关键目的在于，通过这个问题探究，学生掌握历史学科的探究方法。

历史教学必须在学生"乐学"的过程中才能实现教育价值的最大化。

> 历史研究的方法：史籍查阅
>   实地考察
>   科技检测
>   网上搜索

图5 探究孔子身高相关教学板书（3）

实事求是地说，教学上得到业内同行肯定的同时，学生高考的良好表现为我赢得了较多的社会关注。有人说，我擅长抓高考。其实，我倡导"课堂精准掌握，课后主动探究"，所带五届高考毕业班的出色成绩，不过是这种理念践行的产物。有了趣味盎然的历史课堂，有了激情燃烧的历史爱好者，学生的史学素养和思想水平自然会得到提高，教学质量的整体提升也就有了保证。

二、像搭建一座宏伟建筑一样去开发

（一）走进真的世界

历史学科的本质是求真，只有从真实出发才能提炼出真实的道理，也唯有"真"才能打动人心。陶行知先生曾指出："没有生活做中心的教育是死教育。没有生活做中心的学校是死学校。没有生活做中心的书本是死书本。"历史与现实是不能分开的，今天的现实，就是明天的历史。浩渺的历史和历史的概念，只有与学生的现实生活经历发生共振，才能让他们产生"切肤"的感受和"神入"的表象。让教材上的历史知识，在与社会发展、与生活经验的联系中，变得真切和鲜活。只有这样，学生才能真正感受到历史不是平面的，而是立体的；不是遥远的，而是近在咫尺的；不是干瘪的，而是灵动的。也只有这样，才能激发学生学历史的兴趣。

以下是教学示例：两个改变——与真实互动。

作为首批上海市历史名师培养基地学员，2007年结业时我代表基地进行汇报展示，课题是"战后的西欧和日本"。这一课涉及第二次世界大战后，西欧和日本的复兴和崛起。这对于初二的学生来说，内容相对理性、单调。起初，我的总体构思是从战后世界局势的变化入手，分别讲述两者从战争结束到复兴的历史原因、过程与影响。应该说，这样的历史逻辑是完整严密的，历史素材是丰富翔实的，历史问题也是布满玄机的。在试讲中，我带着自信和激情走进教室，在自以为精心策划的贝多芬第九交响乐和《君之代》的乐曲声中，开始了激情洋溢的导入。然而，当我抛出第一个问题——"是什么力量，使这两个曾经被战争搞得满目疮痍的地区，在不到30年的时间里令整个世界刮目相看的呢？"我万万没有料到的场面出现了：一张张茫然的面孔、一个个无助的表情。随之而来便是冷场、寂静和沉闷。生硬的师生互动显得如此凝滞，就连精心设计的几处"亮点"也黯淡无光。……在呆板、单调和漠然中，这节"兵败滑铁卢"的试讲结束了。

  沮丧之余，我开始了反省。究其原因，是我片面强调历史规律的探索，忽略了对丰富历史现象的个体性考察；过多地注重经验的总结，使得丰富多彩的历史学习成为简单的历史教条传授；将干巴巴的背景、过程、意义、影响大而化之地归纳，使学生丧失了学习历史的兴趣。18世纪启蒙思想家家卢梭曾经说过："教育的艺术是使学生喜欢你所教的东西。"因此，我必须改变，而改变的核心是做到"心中有学生"。首先在组织课堂内容时，必须考虑到所讲授的内容有利于学生感受有血有肉的、鲜活的历史，并且有利于学生在这种感受中自然地形成正确的历史认知。其次以学生作为教学活动的中心，从学生的角度设计教学环节，为学生创造人性化的知识探索氛围。具体来说，我作了以下几个改变：

变"如烟旧事"为"现实经历"。

  （原导入）欧洲的名字来自美丽的希腊神话，而欧洲联盟的成立则来自残酷的现实。从古至今，一个统一的欧洲就是欧洲人的欧罗巴梦想。从古罗马的查尔曼大帝，法国的亨利四世、拿破仑，到德国的希特勒，无不曾经试图实现这个梦想；康德、卢梭、尼采等思想家也把它作为终极理想。几个世纪以来，鲜血和战争频现欧洲，仅1870年到1945年法国与德国就交战过三次，欧洲是人类相互残杀的恐怖战场之一。直到经历了20世纪两次世界大战的摧残和创伤之后，人们才逐渐明白，武力与暴政不仅无法实现欧洲的统一，反而给欧洲人民带来了无尽的灾难。只有联合才能复兴文明、重建欧洲；只有统一才能维持和平、避免战争。

  （新导入）三年前我曾到过德国、荷兰、瑞典、挪威、芬兰等一些欧洲国家，感受到了欧洲的先进、富庶和文明。有位诗人曾写道："如果地球上果真有天堂，我觉得她的名字应该叫作欧罗巴。造物主很不公平，几乎把一切美好的东西都给了欧洲！"去过之后，我也产生了同感。日本，我们并不陌生，它是我们一衣带水的邻邦。2007年4月12日，温家宝总理在日本国会演讲，将日本称为世界上主要的经济大国和国际社会有重要影响的一员，可见日本在世界上的重要地位。但在半个世纪前，欧洲和日本这两个地区的情况可并非如此。战争带来了灾难和毁灭。风云变幻，50年间发生了什么，使他们发生了这样的巨变？下面就让我们一起来了解。

变"冷峻概念"为"鲜活故事"。

（原设计）50年来，欧洲一体化建设以令人注目的速度不断推进：关税同盟、共同外贸政策、共同农业和渔业政策、总预算和内部统一大市场、单一货币相继确立或启动，全面的经济货币联盟目标实现日近；6次扩大使欧盟成员国从最初的6个增至27个，总面积超过400万平方千米，人口近5亿，生产总值达12万亿美元，占世界经济总量的四分之一，与头号经济强国美国旗鼓相当。在"生财"和"添丁"的同时，欧盟不断密切大家庭内部的外交、安全、内政、司法领域合作，积极参与国际和地区事务，对外越来越多地用一个声音说话。50年的时间见证了欧盟从小到大、由弱变强的轨迹。如今的欧盟已成为世界上一体化程度最高、综合实力最强、地位和影响最引人注目的国家联合体。

（新设计）在我的欧洲之旅中，发生了一件发人深省的事：我们的德国司机Wolf一路驾车陪我们经过几个国家，当来到芬兰首都赫尔辛基时违反了交通规则，司机Wolf立刻去交了罚款。同学们想想，这件事给我们带来了什么启示？（学生回答）是的，欧洲一体化建设的不断推进深刻地影响着欧洲人的生活。如今，漫步欧盟各国的大街小巷，蓝底金星的欧盟盟旗随处可见；公路上，悬挂不同成员国牌照的汽车并驾齐驱；公司企业里，来自不同成员国的员工一起生产工作；万家灯火中，不同国籍的夫妇共享着花好月圆……

我用亲历纪实的手法，勾勒出欧洲人在战争与和平中对于统一的诉求和日本军国主义梦魇再生的历史根源，从而贴近了初中学生的认知水平和兴趣爱好，得到多位教学专家的好评。孔繁刚老师说："这节课讲得大气，放得开、收得拢，是一节难得的充满着教学智慧、学生参与和教师魅力的精彩案例！"

（二）构建美的课堂

教学是艺术，必须有个性，教师要有开放的学习心态和专业的眼光，来开发教学资源，去发现那些独特的历史教学素材。黑格尔曾说："美只能在形象中见出。"优秀的艺术作品是历史的形象记录，是对时代最为全面、最为深刻的把握。教师应该用生动的语言、先进的信息手段去充分展示历史文化之美，让学生去欣赏、去体验、去感悟。基于自己对美术的爱好，我开设了一系列课，如《名画中的法国大革命》《党史如画》《影像中的"文化大革命"》等，一系列艺术素材都被纳入课堂，不仅使学生理清了历史的线索，而且在哲理上启蒙了学生的思想，在情感上震撼了学生的心灵。

以下是教学示例："文化大革命"——艺术感染。

在参加特级教师区级评审时，我临时被指定以"文化大革命"为题上一节课。这是一个复杂、敏感的课题，极少有人开公开课。如何把这段渐行渐远的共和国灾难史清晰、深刻地告诉学生，并使学生从中获得启示，是我主要考虑的问题。我通过董希文先生《开国大典》一波三折的命运揭示共和国政局的风云变幻，通过刘春华先生的《毛主席去安源》重现"文革"中毛主席被"神化"的历史场景；通过现代艺术家张晓刚的《大家庭》系列表现"文革"对人们心灵造成的创伤……一系列画作不仅使学生理清了历史的线索，而且在哲理上启蒙了学生的思想，在情感上震撼了学生的心灵，我因此顺利出线并排在区里第一。听课的聂幼犁教授把这节课推荐到教育部师范司，作为全国新教材教师培训的经典案例。

（三）打开新的格局

《庄子·秋水》中有这样一段："井蛙不可以语于海者，拘于虚也；夏虫不可以语于冰者，笃于时也；曲士不可以语于道者，束于教也。今尔出于崖涘，观于大海，乃知尔丑，尔将可与语大理矣。"庄子眼里人的认识有三个局限性：

拘于虚。井底之蛙不可能跟它们谈论大海，是因为受到生活空间的限制。

笃于时。夏日之虫不可能跟它们谈论冰冻，是因为受到生活时间的限制。

束于教。乡野之士不可能跟他们谈论大道，是因为受到教养学识的束缚。

要突破空间、时间和学识的藩篱，培养不局限于眼前而能洞彻事物发展脉络与前因后果的眼界，学习历史无疑是必需的选择。历史之用不仅在于博闻厚学和格物致知，它更能够让我们在"究天人之际，通古今之变"中，不断超越自我的樊篱，拥有见微知著的洞见，领略"山外青山楼外楼"的胜景。历史不仅能照见过去，照耀未来，还能照亮灵魂。学习历史使我们拥有宠辱不惊、海阔天空的心境，指引我们走向一个更宽广和开放的心智，养成更大的格局。

以下是教学示例：中国崛起的意义——提升境界。

美国前财政部长、哈佛大学前校长、世界银行前首席经济学家劳伦斯·萨默斯 2007 年 1 月在清华大学演讲时说道：

> 现在想想正在中国发生的事情。如果人均收入的年增长率达到约 7%（中国在过去 10—20 年的增长率比这要高），那么每 10 年生活水平就会翻一番，现在人的平均寿命超过了 70 岁，这意味着在单个人的生命周期中生活水平发生了 7 次翻倍，也就是说变为初始水平的 100 多倍，这是人类历史上前所未有的。在过去 1000 年间，就经济变革的规模而言，唯一能与此相比的是文艺复兴和工业革命，而正如我所揭示的，那两次变革的影响甚至可以说远远不如这一次。中国拥有这个星球上五分之一的人口，而印度等其他亚洲国家的增长率也表现上佳，如果这一巨大的经济增长能够持续下去，那将成为我们这个

时代最重要的历史事件。

我经常提醒美国人,如果300年后的人们书写我们今天的时代,最主要的事件可能将不是美苏之间50多年"冷战"对抗的结束,更不会是中东和伊斯兰世界目前发生的事情,而更可能是这一在单个人的生命周期中生活水平提高100多倍的现象,以及这对世界上其他人和全球经济带来的影响。

于是,我在黑板上与学生共同进行总结:

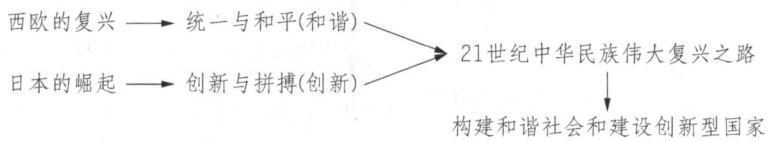

所有的历史都是当代史。考古以证今,规时而达用。将中国崛起与工业革命、文艺复兴相提并论,是十分新颖的观点,能够提升学生的思想境界,激发学生们的民族自豪感和自信心,激发爱国主义精神和历史使命感。

三、像精制一匹华丽丝绸一样去雕琢

(一)优化细节

历史需要细节,没有细节的历史如同没有血肉的骨架。通过细节、个体,我们可以触摸到历史的温度,感受到历史的真实。历史之用不仅在于提供前车之鉴和敲响警世之钟,更在于滋养人生。历史是人类活动的故事,史学是人类故事的解释,"人"的缺位与缺失无疑是历史的最大败笔。历史之所以如此吸引人就是因为可以去理解、接近那些曾经活生生的人,感知其背后的人性。学习历史会让你了解他们的苦与乐、理想与失意、追求与幻灭,能激起你情感上的震撼与共鸣,油然而生悲天悯人的情怀,从而自觉承担起对整个社会的责任。若要学生从课堂上感受到历史的魅力,教师就要捕捉富有生命力的历史细节,对历史人物进行生动再现。

以下是教学示例:文学革命——见微知著。

在以往的教学中，人们往往把文学革命作为新文化运动的内容之一加以处理。而且在讲解新文化运动内容时序上，常常先讲“民主”“科学”，然后再讲“道德”“文学”。这样的处理使许多历史谜团无法解释。例如，文学革命到底发端于何时？文学革命与“民主”和“科学”，到底是一种什么关系？

胡适日记恰恰提供给我们需要的细节。为此，我设计并实施了下面一段教学环节：

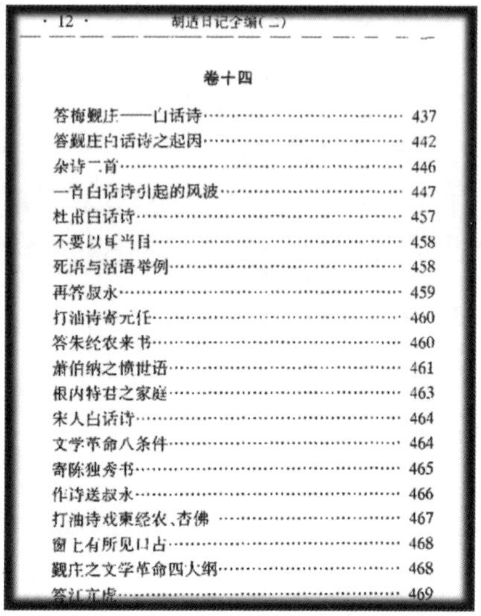
· 12 · 胡适日记全编（二）

卷十四

图 6　胡适日记目录之一页

师：这是胡适日记中的一个目录，我们可以从中解读出什么信息？

生 1：胡适开始创作白话诗。

生 2：胡适与陈独秀有书信联系。

生 3：胡适给《新青年》投稿。

师：好，我们可以发现胡适在 1916 年关注的重点是文学改良。胡适受西方写实主义文学影响，深感中国文学脱离了现实和群众，于是产生了“文学革命”的主张，并切身尝试用白话写诗，向《新青年》投稿，与陈独秀通信，多次谈到国内文学的种种弊端。陈独秀很敏锐，马上找到了新文化运动“小众”到“大众”的突破口，预言“中国文学之雷音”将在神州大地震响，催促胡适赶紧展开。1917 年 1 月《新青年》发表了胡适的《文学改良刍议》，大张旗鼓地要求“改良文学”。1917 年 2 月陈独秀在《新青年》上发表《文学革命论》，旗帜鲜明地提出了文学革命的三大目标。思考一下，我们能发现这两者的文学主张还是有各自侧重点的。

生：胡适侧重于文学形式，陈独秀侧重于文学内容。

师：对，前者以学者立言，后者以革命家立言；一个着重从文学史的研究中揭示白话文替代文言文的必然性，一个侧重从时势的发展上揭示文学变革的必要性。随着一篇篇佳作的横空出世，胡适声名鹊起，在美国的学业即将完成时，在陈独秀的推荐下，北大邀请胡适回国担任教授。1917年9月胡适来到北京，从此新文化运动的两大领袖正式联手。陈独秀充满激情、勇往直前，像火；胡适学贯中西、富有理性，像水。两人密切配合，把运动不断推向高潮。

师：文学革命像是新文化运动的一支先锋部队，把目标指向生活中不可或缺的语言文字，这是从文字、语言、语法全方位的变革，必然引起了社会极大关注，《新青年》发行量激增到20 000册。白话文贴近大众，有利于民众的启蒙，其推广有一日千里之势。之后，全国出现的刊物，绝大部分都是使用白话文的。1920年1月，教育部同意推广国语，一二年级课本改为白话文。文学革命以白话文为切入口，文化平民化成为文化教育界的新潮流；社会教育蓬勃展开，使普通中国人都能读书识字；引入新思想、新观念，促进了国人的觉醒。文学革命的显著成效使思想解放的风暴愈刮愈猛烈。在风暴中，原来在象牙塔中的"德先生"和"赛先生"就来到了普通大众当中。这两位"先生"在暗夜里为国人点亮了耀眼的灯塔，照亮了人们前行的方向。

我这样处理"文学革命"，恰恰是为了强调"民主"与"科学"，理清文学革命与"民主""科学"之间的历史逻辑关系，努力实现历史过程和历史逻辑的统一。让学生理解：以胡适的《文学改良刍议》为肇端的文学革命是一种具有战略意义的选择，即以文学革命作为新文化运动的突破口，使新文化运动从"小众"扩展到"大众"，为新文化运动打开新局面，推向新的高度。文学革命反对文言文，提倡白话文，通过文学去启迪国民心智，进行思想启蒙，为民主和科学的传播与普及提供了文化载体，给了广大的人民群众一种便捷的工具，让文学不再只是少数人的奢侈品，其影响力成千上万地扩大了。文字与文体的解放背后，是精神的解放与思想的自由，这是新文化运动中最彻底也是成绩最高的一个部分。

（二）制造高潮

我认为好的教学：第一，要有冲击力和吸引力的导入；第二，要有行云流水、高潮迭起的过程；第三，要有升华提炼、意味悠长的结尾。整个教学过程应该环环相接、丝丝入扣，在圆润的变化中步步推进。也正是在这游刃有余的过程中，学生的心智被一次次地激活，并在教师的引导之下，层层深入，渐入佳境。也正是这样的独特设计，才让学生的思维和认识像一朵美丽的莲花层层展开。引趣、激疑、导思、探究等教学互动，使学生在这种感受中自然地形成正确的历史认知，让学生的探究精神和创造性思维得以锤炼，让学生的核心素养得到培养。

以下是教学示例：两封电报——寓教于乐。

图7 《新文化运动》教学板书示例

在白话文运动中，国学大师黄侃反对白话文。有一次上课攻击胡适，他说胡适的太太如果死了，用白话文发电报，就是"你的太太死了，赶快回来啊"11个字，而如果用文言文，叫作"妻丧速归"，只需要4个字，还省电报费。随后胡适就进行了巧妙的反击，他跟学生讲："南京国民政府要请我当国务秘书，但是我立志求学从教，不愿从政，你们帮我写一份电报用文言文婉拒。"结果学生写好了收上来，最好的一个写："才疏学浅，恐难胜任，恕不从命。"他说写得很好，但是我用白话文更好——"干不了，谢谢。"（全场哄堂大笑）

创意　开发　雕琢｜周　飞

我设计的这个教学片段起到了制造课堂高潮的作用，激发了学生学习兴趣，同时也为教学服务，让学生明白，无论文言文还是白话文，只要用词精炼，都能言简意赅。

以下是教学示例：日本皇室"三神器"——以古喻今。

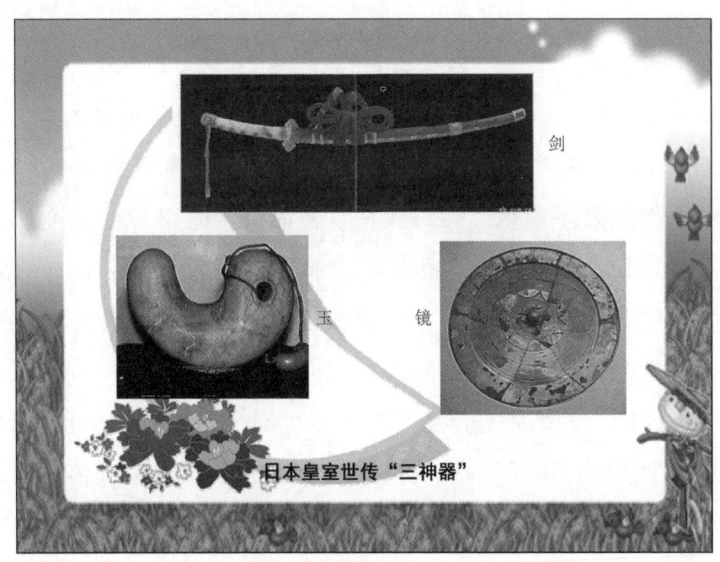

图8　日本皇室世传"三神器"

日本皇室世传"三神器"，据说是天孙下界时，天照大神赐予他的天丛云剑、八咫镜和八坂琼曲玉，简称剑、镜、玺。天照大神的法力就来自三样至宝，即铁剑、铜镜和玉。

铁剑象征武力。日本的武力不可谓不强大：日本的军费开支高居世界第二，人均国防费用世界第一；日本自卫队虽然没有正规军名分，但同英国军队相比，除了核武器、远程轰炸机、核动力潜艇等少数几个领域外，日本的军事实力已相当于或超过英国。

玉象征财富。日本的财富不可谓不富足：2006年，日本GDP总量4.59万亿美元，世界第二，人均GDP为3.64万美元，世界第十；它是世界最大债权国；外汇储备近9 000亿美元，仅次于中国；它甚至还花钱"买"到了联合国非常任理事国候选资格。

但要建立"强大的日本和可以信赖的日本",似乎还少了一样东西——那面铜镜。铜镜代表着自身的认知能力,其中包括对自己历史的反省。慰安妇问题、教科书问题、修改和平宪法问题,一直搅得四邻不安,连日本的盟友美国也颇为不满。安倍言必称"美丽的国家",而一个美丽的国家,还要有美丽的心灵。因此,要实现大国梦想,日本还需要一面铜镜,揽镜自目,必须拭尽铜镜上的历史灰尘。以史为鉴,可以知兴替。世人都希望看到一个美丽的或者说更加美丽的日本。

这个案例是妙手偶得,当时我在《文汇报》时事专栏上读到一篇时评,既高屋建瓴又入木三分,很好地诠释了当今日本社会存在的盛世隐忧,学生理解起来也不费力。在历史教学中,我们常常会发现这样的现象,当教师把问题抛给学生的时候,我们的问题本就是有问题的——抽象、笼统、模糊,其结果是学生不知所云。对于这样的一个小小的改变,与其说是一个伎俩,毋宁说是一种理念,那就是在微观、具体的问题情境下,让学生有的放矢地去发现,去研究,去形成生成性的历史知识,去感受探索和学习的方法,去陶冶健康向上的情感、态度和价值观。

(三)走出历史

历史乃人文之母,涉及面极广。从时间上看,贯穿上下古今;从空间上看,纵横世界各地;从内容上看,涵盖政治、经济、军事、文化以及社会生活、风俗民情等,凝聚着无比丰富、无比宏大精深的人类文明精华,将极大地扩展个人的眼界,延伸个人思想的宽度与深度。

当历史教师无疑是幸福的,因为工作原因,我的教学涉及课程与教学、教育管理、教育信息化、家庭教育等多个领域,开发了《美剧的教学启示》《信息化浪潮下的教与学》《党史如画》《课程变革向前看》等经典讲座。长期学习历史、讲授历史,史学的核心素养在我身上打下了深深的烙印:"严谨而不自以为是"的冷静客观态度,"学无止境"的开放探索心态,"借古察今"的宏大深邃视野……这不仅使我特色鲜明独树一帜,而

创意 开发 雕琢 | 周 飞

且广受听众好评：他习惯于在会场里行走，为的是能让老师们听到最真实的声音，随时与大家交流互动；他习惯于用一本正经的口吻讲述最机智幽默的话语，却不落斧痕，让人一直处于思维激荡之中；他习惯于信手拈来"时尚""旅游""影视"的生动事例，娓娓道来的却是课堂教学的精华与教师人生的智慧。

以下是教学示例：班级授课制的前世今生——宏观视野。

英国首相丘吉尔曾经说过："你能看到多远的过去，你就能看到多远的未来。"生产力的发展导致社会对人才的需求一直在发生变化。人才的需求，产生了对教育、对课程的变革需求，而学习工具的进步为这种需求提供了可能性。当下的课程与课堂改革有一个最大的背景，就是一直长期运行、或许还将长期存在的班级授课制。了解班级授课制的前世今生，将对课程变革有更深入的了解。

随着工业化的发展，班级授课制出现。理论奠基者是美国教育思想家夸美纽斯，他的核心观点是，面对大量的学生，一个教师绝对不作个别教导，而是同时一次教所有的学生。在班级授课制中，必然是以教师的单向传授为主，以学生知识习得为主要目的。一个教学模式、课堂组织方式能够延续几百年，背后一定有坚定的育人

图9　200年前英国南瓦克学校教室大规模教学场景

目标的支撑，那就是培养"守时、勤奋、健康"的流水线工人，所以当时的科学管理大师泰勒讲过一句话："我们根本不需要工人有头脑，只要求他们听话，把指令性工作尽快做好。"不夸张地说，班级授课制就是为工业流水线服务的人才流水线。

中国基础教育的班级授课制，可以说在全世界做得最精致，但是这种规模化、标准化、同质化的教学模式，在普及教育的同时暴露出最大的弊病——对独立生命个体的漠视，缺乏对人的创造力和好奇心的呵护。大量班级授课制培养出来的被动式学习的人，将无法适应新经济的要求。

信息时代和创新经济要求未来的个人需要能够适应高技术的工作环境，能够解决问题，以团队的方式开展创新型工作。未来教育的最大挑战，是人工智能的挑战。青岛出现了世界第一个无人码头，武汉出现了无人警局，上海街头还出现了无人面馆，无人驾驶已经习以为常……关键词是"无人"，意味着"去人类化"的未来已来。

想象一下，现在坐在课堂里的小学生、中学生，将来与他们共同

图10　班级授课制就是为工业流水线服务的人才流水线

创意　开发　雕琢｜周　飞

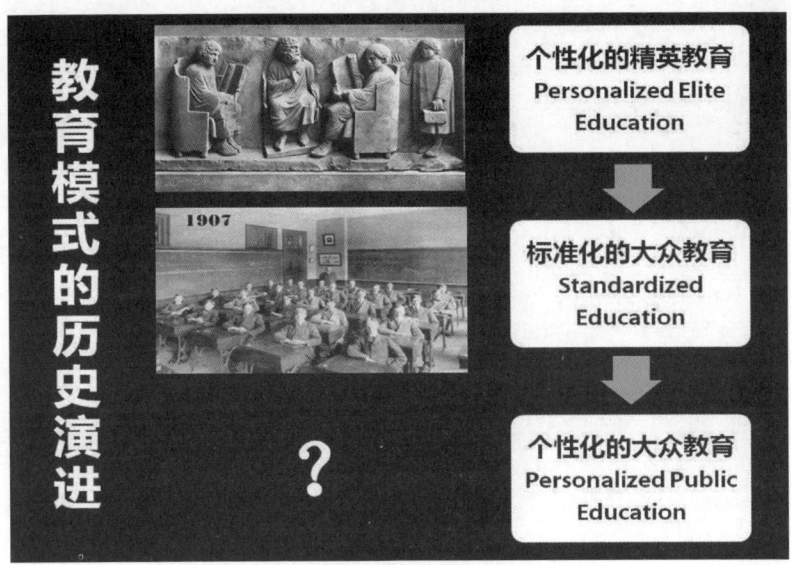

图11　教育模式的历史演进

生活的或者与他们竞争的将是智商很高的人工智能。面对数百年未有之大变局，我们需要回归到教育的两个根本性问题：第一，学什么？第二，怎样学？

这个讲座的设计凸显了历史思维的特点。首先是"站位高"。从信息化浪潮冲击、第三次教育革命来临、人工智能发展等多个角度阐述了未来社会对人才需求的巨大转变和知识经济对课程教学变革的强烈呼唤，开阔了教师的视野，激发了教师进行信息化探索的热情。其次是"角度新"。从课堂组织形式的历史演进，深入剖析班级授课制的前世今生，聚焦教学的两个根本性问题——教什么和怎样教，分析了班级授课制存在的弊端，启发教师改进教学，成为学生的学习领路人。最后是"案例实"。以亲身实践的教育部信息化试点优秀项目"网络环境下学习方式变革实验"为案例，介绍了微课教学设计、翻转课堂应用等教学探索，为教育局、学校、教师提供可供借鉴的教学改进样本。

樊汉彬，1963年出生，上海崇明人，1985年毕业于上海师范大学历史系，1999年被评为中学历史高级教师，2005年荣获上海市历史特级教师称号，2016年被评为上海市历史正高级教师，2018年被聘为上海市第七届督学，现任上海市张堰中学校长、上海市人大代表。已获得上海市中青年教师教学评优历史学科一等奖、全国教育学会历史教学论文评选历史学科一等奖。曾经是金山区首批领军人才，金山区历史学科课程建设基地主持人，金山区历史特级教师工作室主持人、上海师范大学特聘教授，齐齐哈尔大学学科教学（历史）硕士研究生兼职导师，上海市中学历史高级职称评审专家组成员，上海市教育评估院中学历史高级职称论文鉴定专家组成员，上海市中青年教师教学大奖赛（历史）评审专家组成员，上海市部分区的正高级教师、特级教师、首席教师评审专家组成员。

1986年至今，作为一名有情怀有追求的历史教师，始终怀抱教育理想和人生理想，主动实施素质教育，在职业规划引领下，在先进教育教学理论指导下，围绕培养目标、核心素养、课程建构、教学模式、内容选择、队伍建设、评估标准等问题积极开展教育的实验与探索，让每一位学生在原有基础上得到比较充分理想的发展，已形成"问题导学、讲授为主，学术、细节、思考支撑，立德启智"的教学模式和特点。已发表《关于历史备课内容与方法的思考》（2005年）、《好课当有意　为师当务实》（2010年）等论文，已出版专著《智慧的中学历史教育》（2005年），已主编出版《中学生学习辞典》历史卷（2012年）、校史稿《留溪花香八十年》（2017年）、《新优质教学》（2017年）等著作。已策划建成博物馆式校史馆"张堰书院"（2017年）、学校创始人青铜雕像《任道远铜像》及青铜浮雕《张堰中学五先贤》（2017年）、学校创始人名人馆"白蕉书画院"（2017年）、学校戏剧特色馆"留溪曲苑"（2018年）。已主持市级项目课题"城乡教育一体化路径的发展性研究"（2009—2013年）、"基于网络的新优质课例系统实践研究"（2014—2017年）等。开设了专题讲座或学术报告，如《钟天纬传》作为一种学习资源的课程化思考等。发起成立了金山、奉贤、青浦历史特级教师工作室联盟。开展了"提升立意，优化细节"等教研活动，整合辐射了特级教师、市学科教学大奖赛一等奖获得者等比较优质的资源。作为特级教师，用心做好组织者、引领者，在规划引领下，培养指导青年教师获得市、区级中青年教师教学评优历史学科一等奖，为青年教师高质量成长创设了更多专业发展的机遇和平台。

好课是怎样炼成的

中学历史课是落实立德树人根本任务的重要课程,如何发挥其铸魂育人的重要作用?我们中学历史教师应该担当这个历史的责任和使命。怎样上好高中历史课?首先要回答:什么是好课?好课应具备哪些基本要素?其次,依据学科课程标准中学科核心素养的具体要求和知真、求通、立德、求本等历史教学的基本特征,继续积极回应探索"教师教什么,怎样教""学生学什么,怎么学""以教定学,还是以学定教""浅层学习,还是深度学习""历史如何知道,怎样认识"等课堂教学改革的重点问题,其背后就是立德树人、学科本质、课程标准、教学立场、教材学生、内容方法、素养思维、考试评价等如何通过具体教学形式在课堂上具体展现,并潜移默化为学生的学识、气质和对未来美好的向往。这些都值得我们继续深入学习研究、实践思考、再实践思考,以神入历史课堂教学的新境界,成就更优质的基础教育以及更美好的现在和未来。

一、读万卷书,在阅读中发现世界

1985年7月,我从上海师范大学历史系毕业,通过面试竞聘,被分配至刚创办的上海师范大学第二附属中学，雄心勃勃进入中学历史教学领域，希望有所作为。记得当时我执教的是初一年级的历史课，偶尔还代上高三历史班的课，很荣幸这么早就刻下了高考教学的经历和历史印迹。那时，我对"教授历史"和"怎样教授历史"的理解还滞留在通过讲故事让学生产生兴趣，掌握知识点，考一个比较好的分数进入理想大学，和成为历史课堂学生尊崇的优秀"说书人"的阶段。初出茅庐，小有成就，1986年第4期《历史教学问题》发表了我的第一篇历史教学研究习作《趣味性多元化与中学历史教学》。基于信息和知识的第一手故事材料来自哪里？如何努力成为课堂教学的优秀"说书人"？我的思路是见贤思齐，开卷有益，具体做法是不断地积极借书、购书、读书，努力打造出围绕课程、教材、考试，使学生充满好奇、怦然心动的比较好的课。30多年以来，我的多个书架上、几张书桌上都堆满了书，包括多版本大学教材、中学教材和学术专著，为精心备课、上课储备了丰富的可供查阅和直接引用的资料。我认为好课如学问一样，是需要日积月累的，如积土成山、积水成渊、积健为雄，可以避免平时在备课、上课时，"书到用时方恨少"的尴尬和局促。

　　一个教师好课的数量和质量与是否顺利发展为专家教师关系紧密。成为专家教师是一个教师在特定背景下专业发展的挑战和机遇，努力评上职业规划中的中高级职称，上出一定数量的好课是必要条件；再根据这些优质课例总结提炼出新的经验，助力改教为育，并升华为一定的教育教学理论是重要条件，也是一个教师以学生发展为本，逐步成为专家教师的目标任务和努力上出好课的源头活水。据很多前辈讲，要评上职称必须要做班主任，更要上出多节高质量的区级以上公开课，最好要上出区市级的获奖课，撰写高质量历史教研论文，培养高考成绩尖子学生和高考学科平均分要超过市区重点中学水平。而要实现这些目标和取得这些成绩，首先必须要上出好课，至少要上出比较好的课，这是职称评审规定的核心指标，也是撰写教研论文的基础材料和申报荣誉的必要条件。我想到了做专业发展的职业规划，在职称方面，我决心要评上中教一级、中学高级教师；在荣誉方面，我力争要评上区级教学能手、导师、首席教师，甚至梦想争取评上特级教师；在优秀学生培养方面，我的目标定在向复旦大学、上海交通大学等高校输送优秀学生；在教学评优和论文评奖方面，我指向获得市、区级一等奖。这个宏大且有质量的计划，必须要有从严从实的规划和执行，要有追求卓越的精气神，要有卓有成效的做法。回看当时的3年、5年专业发展规划和相关荣誉证书，我认为对于一个初入职场的教师来说，这种规划人生发展的学习经历是非常有益的，也是不断将好课推陈出新的重要推动力量。

要上出质量好的课，知识、史料和思路就要在课程标准引领下，源于教材高于教材，就需要文史哲贯通，通过"读书破万卷"的勤奋汲取智慧和灵气。做好的学问就要饱读诗书，而读什么书、怎样读书、研究和解决哪些问题，就比较重要。课程标准是学科教学纲领性的教学文件，基于贯彻党的教育方针，落实立德树人根本任务和学科本质，规定了教育目标和教学内容，明确了学生学习历史课程后应达成的正确价值观念、必备品格和关键能力，围绕学科核心素养的落实，精选、重组课程内容，明确内容要求，指导教学设计，提出了教材编写、教学实施、考试评价的指导。要想上出质量好的课，课程标准必须读熟、读深、读透、读明。如何读、用教材？有位特级教师曾经提出要把教材诵读背熟复述如流和在教材上做批注的苛刻要求，逐字逐句读，勤查勤问，不留知识盲点，利用寒暑假让教材内容烂熟于心，授课时基本可以做到"两袖清风"，一支粉笔、一张嘴，像说书人一样，口若悬河，史趣盎然。读学术专著，可以为拓展教学视野、开展基于史料实证的深度教学、培养学生批判性思维能力做必要的准备。

说起深度阅读，我在这里提供三份不同时期的购书单与各位分享其背景和意义。

第一份书单是1985年大学毕业前后购入的代表性书单。我翻阅整理了书架上尚存的、书页有点泛黄的书籍：《辞海》历史分册（中国近代史），0.67元；《辞海》历史分册（中国现代史），0.60元（原价1.5元）；黄仁宇著《万历十五年》，0.75元（原价0.93元）；洪焕椿主编《中华民族杰出人物传》第一集，0.78元；黑格尔著《哲学史讲演录》第四卷，1.65元；向乃旦编《中国古代文化知识》，0.86元；李泽厚著《美的历程》，0.84元；吴楚材等选编《古文观止》（全二册），1.5元；朱光潜著《谈美书简》，0.50元；《散文》月刊编辑室编《散文名作欣赏》，0.25元（原价0.35元）；塞林格著《麦田里的守望者》，0.83元；加夫列尔·加西亚·马尔克斯著《族长的没落》，1.65元；舍伍德·安德森著《小城畸人》，0.83元；何新著《诸神的起源》，2.30元；上海文艺出版社编《探索诗集》，1.60元；庄锡昌等主编《世界文化之谜》第一辑1.75元，第二辑2.70元。

我认真翻阅了书中内容，应该有助于入职后丰富备课上课的资料和提供处理教材的启迪性视角。看出售书店的印章，这些书籍分别来自上海四川路上海书店、上海淮海路上海书店、南京东路新华书店、师院书亭等。

第二份书单是2005年评上特级教师前后购入的代表性书单。钟启泉编著《现代课程论》，30元；杨振宁著《杨振宁文集》（全二册），60元；刘绪贻等主编《美国通史》（全六册），400元；周谷城主编《世界通史》（全三册），50元；王斯德主编《世界通史》（全三册），82元；柏拉图著《理想国》，18元；梁启超著《名人传记》，23元；吴浩坤等著《中国甲骨学史》，32元；樊树志作品系列《国史概要》，36元，《晚明史》（全二册），60元；黄仁宇作品系列《放宽历史的视界》，16元，《十六世纪明代中国之财政与税收》，25元，《中国大历史》，16.50元，《资本主义与二十一世纪》，28.80元，《大历史不会萎缩》，28元；斯塔夫里阿诺斯著《全球通史》（全二册），50元；曹旅宁著《秦律新探》，23元；郭湛波撰《近五十年中国思想史》，20元；钱穆作品系列《国史大纲》（全二册），45元，《现代中国学术论衡》，20.50元，《国史新论》，22元；罗荣渠著《现代化新论》，28元；何兆武等著《当代西方史学理论》，62元；马克垚主编《世界文明史》（全二册），120元；钱乘旦等著《英国通史》，38元；吕一民著《法国通史》，42元；丁建弘著《德国通史》，48元；彼得·李伯庚著《欧洲文化史》（全二册），58元；冯天瑜等著《中华文化史》（全二册），78元；徐吉军等著《中国风俗通史》（宋代卷），48元；林永康等著《中国风俗通史》（清代卷），35元；杨宽著《先秦史十讲》，28元；金冲及著《二十世纪中国史纲》（全二册），168元；希罗多德《历史》（全二册），42元；余文森著《有效教学十讲》，29.80元。

第三份书单是2016年评上正高级教师前后购入的代表性书单。董小燕著《西方文明史纲》，32元；弗拉基米尔·卡尔波夫著《大元帅斯大林》，198元；冯友兰著《中国哲学史》（全二册），80元；杰弗里·霍金斯著《俄罗斯史》（全三卷），119元；顾銮斋主编《西方宪政史》（全五卷），230元；托克维尔著《旧制度与大革命》，32元；王家范等编著《大学中国史》，39.50元；李学勤著《东周与秦代文明》，68元；李学勤等主编"细讲中国历史丛书"《夏史》《清史》等（全12册），576元；大卫·克里斯蒂安等著"极简历史系列"《哈佛极简中国史》《极简人类史》《极简科学史》《极简海洋文明史》（全四册），160元；费尔南·布罗代尔著《文明史》，68元；尼尔·麦格雷戈著《大英博物馆世界简史》（全三册），108元；亨德里克·威廉·房龙著《人类的故事》，48元；杨志刚主编《博物馆评论》，98元；杜君立著《现代的历程》，72元；尤瓦尔·赫拉里作品系列《人类简史》，68元，《未来简史》，68元；樊树志著《新政与盛世》，56元；弗兰克·萨克雷等主编《世界大历史》（全五卷），294元；约翰·曼著《成吉思汗与今日中国之形成》，68元；刘学铫著"游牧文明与中华史系列"《鲜卑列国》，48元，《匈奴帝国》，45元。

书本里的知识毕竟是纸面上的知识，如何聚焦学科核心素养培养，应对变化，将书本里的知识智慧地转化为课堂教学的知识、问题，惠及学生成长，还需要进一步研究领悟，深度加工，有所取舍创新，成为教学设计和有效教学的有机组成部分。

二、行万里路，在研究中提升境界

　　核心素养立意下的课程教学如何神入一种境界？我们要做的就是积极研究课程教学在有限的教学时间、精简的教学内容里，如何赋以课程标准、课程教材、教学内容、思想方法和学生发展的价值与意义，重点还是要给学生怎样的课堂。什么样的课是好课？传统意义上的好课是突出"双基"教学，特别重视传授基础知识、基本技能，追求基础知识的精讲多练和基本技能的熟能生巧。新时代课程教学的好课应该是怎样的？福建师范大学余文森教授在《有效教学十讲》中，从学生学的维度提出一堂好课应具备五个维度——情绪状态、参与状态、交往状态、思维状态、生成状态，同时从教师教的维度提出一堂好课的五个表现——有思想、有智慧、有激情、有个性、有文化。华东师范大学李政涛教授也曾经提出一堂好课应具备的四个特点——实、长、清、细，主张把课堂还给学生，让学生体会挑战、思考和发展的乐趣。我从教30年，重视正确价值观引领和公民教育，面向全体学生，围绕培养目标、课程建构、教学模式、质量评估等，制订符合课程理念、校情学情的课程计划，因材施教，创造适应学生发展的教育，积极开展有效教学，实现了课程目标。2000年以来，在课程教育教学实践中，我也整合提出了有更多追求和更高境界的好课的五个标准——有意义、有内容、有思维、有智慧、有成就，以有效达成"知真、求通、立德"的育人价值。

　　如何顺利达成向学生奉献精彩历史课的目标？如何追寻更真实更精彩的过去的记忆？我相信"条条道路通罗马"，但更需要教师具备史学家章学诚、刘知幾所提出的德、才、学、识。研究历史与历史教学等历史教育实践方式有机结合有很多种方式，其研究的路径也丰富多样，主要是丰富学生、教师和教材既有知识体系中未知的领域，拓宽视野和思考路径。

　　书山有路勤为径，让历史在课堂精彩展现，提升教学问题和内容的质量，我建议要制订和实施专业阅读计划，主要是精选适合历史教学的材料，为好课提供优质的理论、知识和故事的储备。如深度阅读樊树志著《国史概要》、王斯德主编《世界通史》等名家著作，可以基本了解学界研究前沿成果，厘清和建立时空观念、基础史实和历史解释的基本框架。也建议深入阅读杰弗里·霍金斯著《俄罗斯史》、约翰·曼著《成吉思汗与今日中国之形成》等专题史和王晓秋主编《辛亥革命与世界》等专题论文集，可以更好地了解学习研究者是如何选择主题、提出问题、布局关键点、史料实证、查找档案和得出结论的。

实地考察古迹遗址，让历史通过文物古迹触手可及，丰富学生爱历史的理由。历史之父司马迁、希罗多德如何读万卷书、行万里路的，为我们树立了书写叙述历史的典范。司马迁不仅通读《春秋》等文献，而且积极做非常之人，在湖南长沙凭吊屈原，在浙江会稽山深入禹穴，游历探访大江南北，网罗天下旧闻，考之行事，以实现"究天人之际，通古今之变"的治学理想，完成了经典之作《史记》。希罗多德《历史》的记述很多就是他调查研究的纪事，他曾经到过小亚细亚诸城市，寻访雅典、马其顿、埃及、腓尼基、叙利亚、黑海沿岸、意大利南部和西西里等地的历史遗迹，还收集了关于希波战争的资料，赢得了"史学之父"和"旅行家之父"的美誉。我建议结合课程教材和社区学校的历史，创造条件，策划组织学生到选定的古迹遗址现场考察研究，进一步了解文化人类学和考古学的知识、思想方法，主动了解体验王国维"二重证据法"和后来学者进一步提出的"多重证据法"。我们学校经常按年级组织全体学生赴南京、绍兴学习考察，每年组织高一年级全体新生以班级为单位到学校附近的南社纪念馆学习考察，组织部分学生到上海博物馆和金山亭林古文化遗址、秦望古文化遗址学习考察，学生可以直接看到馆内或遗址上的历史文物，兴趣盎然，印象也会特别深刻。我也曾经游历过西安、北京、南京、洛阳、开封、杭州等古都，学习考察了秦始皇陵兵马俑、铜马车、无字碑、碑林、云冈石窟、龙门石窟等古迹，在课堂上以亲历者身份尽力描述并还原古代社会的真实面貌，突破了教材或者口头学史的限制，丰富和拓展了第一手教学资源，进一步增强了教学内容的可信度和权威性。

馆校合作，让学生在博物馆上历史课，丰富历史课堂。博物馆教育成为新时代中学历史教育的新形式和新角色，已逐渐被许多学校师生认同和实践。华东师范大学、华东师范大学基础教育集团与上海博物馆的"青史杯"高中生历史剧本大赛等项目合作就是一个范例。留溪花香，桃李芬芳，我们学校位于历史上西汉留侯张良隐居的留溪河边，已有82年办学历史，桃李满天下。创始人任道远、方冲之、陈陶遗、高平子、白蕉等在上海金山教育史上都留下了浓墨重彩的一页，他们兴办教育，组织校董会，招贤纳士，宣传科学、民主、自由，普及文化知识和启迪民智，培养学生，先后为浦南名校的创建作出卓越的贡献，开启了现代学校治理新的篇章。为此，我们在高一年级开设了"张堰与南社历史"通识课程（授课地点：张堰镇南社纪念馆）；2017年，我校建成博物馆式校史馆"张堰书院"，出版了校史稿《留溪花香八十年》，并在高一、高三年级开设校史课程"张堰书院简史"（授课地点：校史馆张堰书院）。

三、名师优课，在育人中丰富品质

怎样以史育人？优质教学就要提高站位，在立德树人中发挥关键作用，就需要更多优秀教师和教师团队为学生发展提供更多品质优、境界高的好课，给学生更多"腹有诗书气自华"的自信和美好。好课必须要有时代精神，要有大眼光、大智慧、大格局、大境界。以下是我精选的专业发展不同阶段自以为基本符合好课"有意义、有内容、有思维、有智慧、有成就"五个标准的三个课例，供各位批评指正。

1999年第2期《上海师范大学学报》发表了我的教学论文《问题导学教学模式初探》，展示了我执教《日本明治维新》围绕一个中心（国家如何走向现代化）的课程重构、情境迁移、思维学习、教学关系等深度教学的过程和思考。从教学结构要素看，本课设计了展示问题、分组讨论、点拨示范、范例迁移、反馈总结等基本程序。从思维结构看，与内容结构对应，设计了集中思维、促进思维、启迪思维、拓展思维、深化思维等学习环节。从问题设计及思考学习看，在问题环节向学生展示了日本如何走向近代化的系列问题，并与中国如何走向近代化比较，深化了学生的历史认识；在范例迁移环节，重点引导学生运用目的思维、发散思维、概括思维对新材料进行深度学习思考，指出国家近代化的核心是人的近代化，日本通过教育近代化，提高人的素质，最终推进国家近代化进程，明治维新使日本成为东亚第一个近代文明国家，日本因此成为既向西方学习文明，又对世界及中国产生影响的国家。这既培养了学生高阶思维能力和良好的读书治史能力，又促进了课堂教学的提质优效。如果现在以研究性学习方式再深度学习研究日本明治维新，则会考虑增加王先谦《日本源流考》、重野安绎《大日本维新史》、大隈重信《开国五十年史》等新材料、新研究成果，以深化认识日本大和民族，正确看待"日本人的富强成功"。由此我们可以进一步启发学生思考：历史是如何发生的？为什么会这样发生？

2000年12月，我执教的《太平天国运动》获得上海市中小学中青年教师教学评选活动中学历史一等奖。据了解，获奖排名还特别靠前，有评委还褒奖说，没想到远郊的教师居然能上出这么好的历史课。我重温那段获奖教学的记忆，内容主旨的定位深化、思想方法的选择运用等仍然值得在此与各位分享。我们先来看这样一段关于《太平天国运动》一课教学的评语："成功地实践了以问题导学为主的新教学模式，给中学生提供了主动参与教学的平台，又以全新的视角组织讨论'太平天国对外来文化的态度'，给中学生提供了发散思维的空间；使中学生在加深理解已学历史知识的同时拓展了历史视野，在发展历史思维能力的同时学会了历史学习。"我记得那时建构《太平天国运动》一课的教学框架时，深入阅读了大量专题性课例、论文和学术专著，初步设计了多个教学思路和方案，传统的农民战争视角、革命史观、近代化史观、文明史观等都有考虑，经向有经验的前辈请教甄选，最后确定以文明史观为主线进行构思设计，这在那时是比较有新意的。那位前辈说这节课成功了就是大奖赛一等奖的课，失败了就一无所获。我决定以文明史观（中西文明冲突交融）及近代化的四个问题链统领太平天国运动的背景、兴起发展、盛衰、历史意义，确定"太平天国颁布的纲领和太平天国运动新的特点，拜上帝教作用、太平天国对外来文化的态度和对近代化的作用"为本节课的重点、难点，培养学生运用唯物史观分析问题和发表自己见解的能力，加强对学生爱国主义教育和家国情怀教育，凸显了课程内容主旨和思想方法的创新。我们再看教学小结：

  19世纪中期拜上帝教的创立实在是中国农民接受外来文化的一个创举。洪秀全对外来文化的主动选择、接受并改造成中国的拜上帝教，中国农民对拜上帝教的狂热接受，而对《资政新篇》的无情排斥，反映了中国农民对外来文化基本态度是实用主义。拜上帝教满足了农民的现实心理需要，《天朝田亩制度》最大限度满足了农民的利益和迫切的土地需求，而《资政新篇》仅反映了要求学习西方的愿望，并没有反映农民现实的要求和愿望，农民反映不积极也就不难理解了。这从一个侧面说明洪秀全在领导太平天国运动过程中一度尝试过跳出某种传统，但从实践结果看，最终又回到了传统，这还是农民阶级局限性所致。但是无论是洪仁玕《资政新篇》试图对资本主义近代化道路的探索和实践，还是太平天国运动沉重打击了清朝统治，迫使清政府加速近代化步伐（洋务运动），都说明太平天国运动是促进了中国近代化。由此我们可以启发学生感悟：洪秀全、洪仁玕等所作所为体现了当时所处时代面临的问题和价值观念，当时的世界和价值观又影响了他们在现实面前接触外来文化时的感受、态度和选择，以及太平天国运动的发展走向。

2017年1月，《课改的回响》（上海市教育委员会教学研究室编）发表了2016年上海市中小学中青年教师教学评选中学历史一等奖获得者的9个课例，我认为大奖赛评判维度的获奖课例，值得各位认真学习研究借鉴。作为徐老师《清末新政》的评委和点评者，我从内容主旨和比赛主题的把握与选择、浅层学习与深度学习的理解与实践，谈谈这节课的设计与教学的特点。

本课内容主旨的确立：20世纪初的中国，民族危机不断加深，清政府希望借助新政改革挽回颓势，维系统治；与此同时，革命党也在以他们自己的方式进行着救国事业。可以说他们开展了既互有差异又相互关联的政治运动，推动着中国社会的新陈代谢。但最终改革事与愿违，人心尽失，客观上成就了革命。

重点难点的定位：清末新政的主要内容。借助新政措施，学习从多元视角分析主观动机和客观效果背离的方法，体会近代中国制度转型的艰难，感悟人心的力量。这就比较精准把握好内容主旨立意与比赛主题的交互关系。一方面，徐老师把清末新政置于中国近代救亡图存的历史视野下，展现了"新政改良"与"共和革命"在复杂历史进程中的矛盾交织、冲突和竞争，其成败提升到民心的得失上，深挖了历史的内涵；另一方面，徐老师在比赛主题处理上，着力于对这段历史具体内容进行多角度解读及分析提炼，感悟改革者有担当的社会情怀。通过具体历史内容解析达成比赛主题"史学思想方法的理解、模仿、迁移"的目标，使课堂教学内容与质量实现了新的超越，这非常考验设计者的见识和智慧，是这节课成功的关键。

同时徐老师在课堂上生动具体形象地徐徐展开历史场景，得益于执教者像说书人一样富有感染力的历史语言表达能力，极具悬念的历史故事叙述，通过像学者一样深度阅读思考，以丰富的史料与适切的史学方法引导学生主动思维、深度学习，以激活历史的多面性、复杂性，提高了学生主动学习的愿望和能力，教学目标顺利达成，可见执教者的基础和功力，这也是这节课在大奖赛成功的关键因素之一。

什么是好课？好课是怎样炼成的？仁者见仁，智者见智。一堂好课如何基于内容、核心素养和学生智慧设计？怎样在课堂上通过某种教学组织形式把好的课程设计转化为学生的学程和核心素养？一节好课、千万节好课能给当下的教学改革和学生的未来带来什么？这些关键问题都需要我们进一步深入思考和实践，以卓越课程构建大历史教学格局，以使命担当不断提高课程实施水平，高质量实现普通高中的培养目标就是我们的教学理想和责任担当。

汪德武，1968年12月出生，安徽省马鞍山市人。1990年7月毕业于江苏师范大学历史系。1990—1998年在安徽工作，1998年调入上海市浦东新区沪新中学。2000年获上海市中青年教师教学大奖赛一等奖。2003—2017年在上海市浦东新区建平中学执教，2009年被评为上海市特级教师。课堂教学以关注立意、关注细节、关注思辨为特色。2010—2018年连续四届担任浦东新区历史教师培训基地主持人，兼任上海市普教系统历史名师培养基地导师，上海市中小学骨干教师德育实训基地导师，华东师范大学普通高中教育研究所、科教合作研究中心教师培训项目指导专家，上海市中小学课程教材改革第二期工程高中教材日常修改工作研究评价阶段专家，上海市教师学研究会历史专业委员会副主任。

主持上海市市级课题"高中历史教学设计的'立意'研究"等；论著有《中学历史学科课堂教学基本环节的研究》（原子能出版社）、《有效教学与有效学习》（中国轻工业出版社）等；先后在《历史教学》《历史教学问题》《中学历史教学参考》等国家核心期刊发表教学论文。

近年来，应邀赴全国10多个省市讲学、授课、交流。2017年8月至今，任黄浦区教育学院教研室历史教研员。

欣赏的教育格言：多读书，多思考，多交流。

谈历史教学中的通感意识

通感意识，对历史研究非常重要，没有通感意识而去读书、读历史，充其量不过是一枚书虫而已。钱穆先生在《中国历史研究法》中说："我们研究制度，必然是一种通学。一方面，每一制度，必前有所因，无可凭空特起，此须通古今；又一方面，每一制度，同时必与其他制度相通合一，始得成为某一时代、某一政府之某一制度，此须通彼此。"王家范先生在《中国历史通论》中提出："吕思勉先生一再感慨'通人之难得'，'读书之人百，通者无一焉'……历史通识乃是史家所必备的要素，而通识之所由来，必由读书长期积累而得。读多、读广而后方能不断产生联想，触类旁通以至于豁然贯通。"

历史研究，需要通感意识；中学历史教学，同样也需要通感意识。聂幼犁教授主张备课环节要有"三通"，即：本课与前后课相通，本课与单元相通，本课与整册书相通。我深以为然。本文拟结合案例，就通感意识谈谈个人的一点体会。

我认为，中学历史教学中的通感，大致可以分为两类：其一，纵向打通；其二，横向打通。所谓纵向打通，就是将不同时期的某类制度等进行比较分析，整理出演变线索并探寻其内在规律（以时间为经线）；所谓横向打通，就是对某一时期的政治、经济、文化等进行梳理探究，发掘其内在联系（以领域为纬线）。总之，有了通感意识，教师可以引领学生激活看似孤立的知识点，加深历史的贯通感，对培养学生的高阶思维也颇有意义。

那么，如何打通历史知识的纵向联系、横向联系呢？

一、纵向打通

几年前的一个暑假，孔繁刚先生和我应邀赴山东烟台讲学，主办方要求我们以当地教材为例，就教材处理谈谈我们的认识。当地是岳麓版教材，采用专题史。专题史本身就是对某一项制度、某一类问题作纵向梳理，因此岳麓版教材的历史纵感很清晰，特别是政治制度演进的轨迹一目了然。

比如选官制度史，按照岳麓版教材（必修1《政治文明历程》）的表述，中国古代选官制度的大致线索是这样的：

表1　中国古代选官制度大致线索

时　　期	选　官　制　度
西　周	世卿世禄制
汉武帝	察举制
隋	科举制

这条线索的交代是很清晰的，集中在第3课《古代政治制度的成熟》，本课专门有一目"选官制度"。

但是，有些问题并非集中在某一课，而是散见于好几课里。比如"丞相演变史"，散见于课本第2课、第3课、第4课。像这样稍微复杂的问题，教师要引导学生整理归纳。

有关"丞相演变史"，根据岳麓教材（必修1《政治文明历程》）第2、3、4课，可以这样归纳：

表 2　丞相演变史大致线索

时　　期	丞相演变概况
秦	"百官之首"
隋唐	三省六部制
元	废三设一
明	废丞相

通过这样的纵向打通，学生很快可以得出结论：皇权逐渐强化，而相权逐渐削弱，直至消失。这就是中国历史长达千年之久的皇相之争的轨迹。

可以说，纵向打通，对学生而言，是一项重要的学习技能，而对教师而言是比较容易的。

二、横向打通

相对于纵向打通，横向打通显得困难一些。因为纵向打通，只要把书本知识归纳整理，理清线索即可；而横向打通，则需要一双"慧眼"，因为有些知识在课本里是隐性的，有些知识甚至需要从课外补充。这就涉及教师备课的二次加工、再创造问题。

下面，分别举例说明。

（一）教学示例：三省六部制

还是以上面提到的"三省六部制"为例，可以设置如下表格。

表 3　"三省六部制"教学表格

时　　期	选官制度	背　景	内　容	利	弊
西周	世卿世禄制	分封制			
战国、秦、汉初	军功授爵制	适应战争年代的需要			

（续表）

时　期	选官制度	背　景	内　容	利	弊
汉武帝	察举制	适应和平年代的需要			
隋	科举制	……			

随后，设计如下：

第一步，对照上表，逐一解释选官制度与当时背景之间的关系。

第二步，重点分析科举制度为什么始于隋朝。岳麓版教材及教参并没有对这个问题进行深究，但是从培养学生历史思维能力来说，这是一道颇有价值的思考题。于是，我决定在这里设问，引发学生的深层思考，也借此引导学生打通横向联系。

引领学生探究之前，执教者自己对这个问题要搞清楚。以下是我对有关这个问题的阅读与思考。

1. 政治方面

（1）一统江山对人才的需要

汉以后四百年才复归大一统，隋朝统一后，一统江山对人才的需求格外迫切（出现"人才荒"现象）。

钱穆先生在《中国历代政治得失》中，是这样纵论选官制度的渊源的：

迨东汉末年，天下大乱，汉献帝逃亡，中央与地方失去联系，一切制度全归紊乱，乡举里选的制度（察举制），自亦无从推行。于是朝廷用人没有了标准……曹操以陈群为尚书，掌吏部用人事，陈群始创设九品中正制……这样一来，官吏之任命与升降，比较有一客观标准……至少在曹魏初行此制时，总比以前漫无标准各自援用私人好得多。一时制度建立，吏治澄清，曹家的得天下，这制度也有关系的。

从这里可以看出，钱穆先生对九品中正制的评价还是比较客观的，肯定了它刚刚诞生时的进步意义。钱穆先生的行文史论结合，鞭辟入里，我在读《中国历代政治得失》时，确实深受启发。

> 但究竟此制仅为一时的救弊措施。如同某药治某病，病愈即不宜再服。否则药以治病，亦以起病。迨及晋代统一天下，以迄于南北朝，对于陈群此制，都继续采用，不能加以更新，这样毛病就出了。

汉以后，曾有过短暂的统一，但是，西晋不是一个继往开来的时代，短命而亡，此后的东晋，更是半壁江山，所以钱穆先生说：

> 此下魏晋南北朝，始终没有像样的政府，因此也没有像样的制度产生。

因此，到了隋朝，复归大一统，一统江山对人才的需求迫切，以及新时代对旧制度的涤荡，为科举制的实行扫平了道路。

（2）加强中央集权的需要

对这个问题，华东师大版《高中历史（第二分册）》的《隋唐政治新格局》一课有明确表述，摘录如下：

> 先前的推举制，使推举人与被推举人之间结成特殊的施恩、报恩关系，地方门阀往往凭借这种盘根错节的政治、社会联系扩展自己的势力，对统一王朝构成潜在威胁。人才选拔、官员任用的权力完全收归中央后，经科举入仕的都成为"天子门生"，于是，门阀势力受到有效抑制，地方上的离心因素逐渐消解，中央集权得到进一步加强。

由此，中央政府通过科举制得以网罗天下俊才，扩大了政治统治的基础。

2. 经济方面：适应封建经济发展的需要

南北朝以来，随着封建经济和农业生产的发展，庶族地主阶级的经济力量不断加强，人数不断增多，形成了一股重要的社会力量，他们强烈要求在政治上得到相应的地位。而昔日按门第高低选拔官员的九品中正制，堵塞了他们进入仕途的道路。

3. 个人方面：隋文帝本人的因素

隋文帝的个人因素，也是科举制产生于隋朝的一个重要原因。中国的史书大多对隋文帝的评价并不是很高,大学教材里讲到了"开皇之治",中学教材里提都不提。

复旦大学樊树志先生在《国史概要》中是这样论述的:

> 581年,杨坚废周静帝自立,建立隋朝,取而代之犹如水到渠成,改朝换代在平静之中实现,这在中国历史上频繁的改朝换代中是不多见的。唐太宗曾说,杨坚是"欺孤儿寡母以得天下"。清朝历史学家赵翼也说:"古来得天下之易,未有如隋文帝者。"

有意思的是,倒是西方学者给予隋文帝以极高的评价。西方权威学者迈克尔·哈特认为,在中国,对世界历史影响最大的两个皇帝,第一是秦始皇,第二就是隋文帝。但是从他们的功绩来看,中国最伟大的皇帝无疑是隋文帝杨坚。杨坚是西方人眼中最伟大的中国皇帝,被尊为"圣人可汗"。

为什么会这样呢?原因有二。一是隋朝没有机会为自己"打扮"。因为隋朝短命,它根本没有时间为自己撰写历史,隋朝的很多历史都是由唐朝撰写的,所谓"不废不立",唐朝一定得批评隋朝黑暗,才能显示出唐朝建立的合法性。二是西方人和中国人评价问题的角度不同。这一点很关键。西方人更看重制度建设、工程建设,秦始皇统一中原,修建长城,而隋文帝创立科举制度、三省六部制等;而中国人更看重人,比如唐太宗时期"君明臣直"。这是法治和人治两个不同角度看待问题的结果。限于篇幅,这里不再赘述,感兴趣的老师可以读一读《蒙曼说隋》。

作为一代开国之君、有为帝王,隋文帝在隋朝建立初年创立科举制,当属情理之中。

综上所述,解释科举制产生于隋,需要打通政治、经济、个人因素等诸多方面,历史的"合力论"也于此可见一斑。有了通感意识,就可以把一些看似无关的知识点串联起来,整合成一个立体化的知识网络。

(二)教学示例:商朝的内服与外服

岳麓版必修1《政治文明历程》的第1课《从内外服联盟到封邦建

国》讲到了这个问题，教材是这样叙述的：

> 商朝的主要政治制度是内服与外服制度。内服是王畿，即商王直接统治的地区，外服则是附属国管辖的地区，商王控制着支配内服与外服的实际权力。

与之相似，华东师大版《高中历史（第二分册）》，也讲到了商朝的内服与外服制度。

那么，商朝为什么采用内服与外服制度呢？教材没有深究，其实这里是可以做一点文章的。

当时采取这样的管理方式，归根到底，是由当时落后的生产力水平决定的，具体来讲，受制于当时落后的交通、通讯等条件。可以想象，三千多年前，管辖一个大国（商朝是当时世界上的一个大国），怎么办？只能是商王自己管一部分，其他的地区交给其他人管。自己管身边的，远处交给别人管，这就是"王畿之地"与"外服之地"。这种管理方式，带来的负面问题是，势必存在着一种离心力，所以这个制度从一开始就埋下了分离的潜在威胁。但是，只能如此，这是当时唯一的选择。因此，商与周边方国之间存在着一种松散的联盟关系。既然是松散的联盟，那么脱离这个联盟也是容易的。所以，商朝末年，方国众叛亲离。

那么，你有什么好的对策呢？如何管辖好"外服之地"？让谁去管辖，自己才能放心呢？毫无疑问，当然是有血缘关系的人，这就是西周分封制的由来。但是，有了血缘关系，也并非从此高枕无忧。在短时间里，血缘关系可以信赖、维系，随着时间的推移，一代亲，二代疏，三代、四代就更疏远了，后来周政权的分崩离析就是证明。于是，统治者又面临着新的考验，怎么办？取消依赖血缘关系建立起来的世袭分封制，改为随时可以任免的制度，这就是郡县制。

可见，上述分析就是要揭示商朝的内服与外服—西周的分封制—秦朝的郡县制是如何一步一步演变的。我们的课堂要力图揭示出这一内在的联系，这就是历史的纵向通感。

（三）教学示例：为什么宋代科举发达？

隋朝开创的科举制，经唐朝逐渐健全。唐朝科举考试的科目很多，常设的为明经、进士两科，其中，进士尤受重视。学生也因此往往误以为，唐代科举制臻于鼎盛，其实不然。

华东师大版《高中历史（第二分册）》第13课《隋唐政治新格局》有这样一段话：

> 相对隋朝而言，唐朝的科举制已较健全，但尚不完善。当时虽原则上规定平民阶层皆可应试，但仍然讲究门第，名门望族子弟仍居优先地位。考生与考官并不回避，士子往往事先向考官呈送诗文，趋附巴结，求取赏识，利用私交影响考试成绩，甚至出现泄漏试题、冒名顶替等科场舞弊现象。士人考取进士后并不立即授以官职，还须再经吏部考试，合格者才可正式入仕；而且从官员总数看，非科举入仕者仍占很高比例，科举取士并未成为选拔官吏的主要途径。上述状况直至宋代方有明显改观。

这段话清晰地表明，在唐代科举取士并非选拔官吏的主要途径，科举制尚有许多不规范的地方，科举制的真正完善是在宋代。为什么呢？原因很简单，这与宋代重文轻武，推行文官体制有着直接的因果关系。比如，针对上面讲到的唐代科举中的舞弊现象，宋代科举制度的操作更加规范严格，创设了"弥封"[1]"誊录"[2]等制度规则，以保证科举考试的公正和公平。"弥封"与"誊录"制度的出现，从一个侧面说明了宋代科举制的发达。如此梳理，则知识的纵向、横向通感自然打通了。

值得注意的是，并不是所有的横向打通都需要长篇大论，有时只需要一两句话的点拨。比如：

---

[1] 弥封：要求考生在答卷时把考试卷上的考生姓名、籍贯等个人信息密封起来，防止考官在批卷时徇私舞弊。
[2] 誊录：为了弥补弥封之不足，防止考官辨认考生笔迹或考卷上的特种记号而舞弊，由专人将考生的答卷抄录成副本，再由考官进行批阅。

都江堰、长城是同被列入"世界文化遗产名录"的中国古代重要工程。著名学者余秋雨先生在《文化苦旅·都江堰》中写道："我以为，中国历史上最激动人心的工程不是长城，而是都江堰。"

那么，学生有没有想过都江堰为什么只能出现在春秋战国时期？能不能更早一些呢，比如出现在夏、商、西周？不行。为什么？这与当时铁器的使用有关。有了铁器这样的工具，大规模水利工程的出现才有可能，靠以前的石器、木器工具是挖不出都江堰、郑国渠、白渠那样的工程的。这样，就把铁器的广泛使用与水利灌溉、经济发展联系起来了，且着墨不多。

横向打通，不仅要打通历史学科内的知识，甚至是跨学科的知识。

岳麓版高中教材中有这样一段话：

> 商朝是个弥漫着神权色彩的王朝……商王……以人作为祭品，以敬酬鬼神。

与之类似，华东师大版《高中历史（第二分册）》第3课《商朝与青铜文化》中也有这样的表述：

> 青铜器上铸有浅浮雕的动物纹饰，商代人相信这些动物能帮助他们与祖先或神灵的沟通，以庇护其在世间的权力和财产。青铜器被赋予了沟通天地和支持政治权力的功能。

其实岂止是商朝，整个夏商周三代，这种祭祀思想都很盛行。讲述这段历史，可以和学生学过的语文知识进行迁移。学生在初中语文课里学过《曹刿论战》：

> 十年春，齐师伐我。公将战。曹刿请见。其乡人曰："肉食者谋之，又何间焉？"刿曰："肉食者鄙，未能远谋。"乃入见。问："何以战？"公曰："衣食所安，弗敢专也，必以分人。"对曰："小惠未遍，民弗从也。"公曰："牺牲玉帛，弗敢加也，必以信。"对曰："小信未孚，神弗福也。"公曰："小大之狱，虽不能察，必以情。"对曰："忠之属也。可以一战。战则请从。"

课堂上,"牺牲玉帛,弗敢加也,必以信"寥寥数语,把历史与语文的联系打通了。在古代,祭祀是十分神圣的事情,于是,为了神圣的事业而献身,谓之牺牲。祭祀常用牛,于是,"牺牲"两个字以牛为偏旁部首。"文史不分家",跨越文史两学科的知识迁移,往往会激发学生的学习兴趣,让我们的课堂熠熠生辉。

新修订的《普通高中历史课程标准(2017年版)》以唯物史观、时空观念、史料实证、历史解释、家国情怀为历史学科的五大核心素养。何为历史解释?"是指以史料为依据,以历史理解为基础,对历史事物进行理性分析和客观评判的态度、能力与方法。所有历史叙述,在本质上都是对历史的解释,即便是对基本事实的陈述也包含了陈述者的主观认识。人们通过多种不同的方式描述和解释过去,通过对史料的搜集、整理和辨析,辩证、客观地理解历史事物,不仅要将其描述出来,还要揭示其表象背后的深层因果关系。通过对历史的解释,不断接近历史真实。"我以为,具有穿透力的历史解释,必须将看似零散无序、杂乱无章的知识点用一条主线串联起来。那么,如何发掘这条主线呢?毋庸置疑,打通知识的纵向联系、横向联系,是一条行之有效的路径。

2015年8月,习近平总书记致第二十二届国际历史科学大会的贺信中说:"人事有代谢,往来成古今。历史研究是一切社会科学的基础,承担着'究天人之际,通古今之变'的使命。世界的今天是从世界的昨天发展而来的。今天世界遇到的很多事情可以在历史上找到影子,历史上发生的很多事情也可以作为今天的镜鉴。重视历史、研究历史、借鉴历史,可以给人类带来很多了解昨天、把握今天、开创明天的智慧。所以说,历史是人类最好的老师。"可见,从以史为鉴的角度看,也需要我们加强历史教学的通感意识。

刘玉华

　　刘玉华，1970年生于上海。1989年毕业于原上海市教育学院（后并入华东师范大学）历史系（2011年获硕士学位），之后在原南汇县（区）万祥中学、万祥学校执教，2001年秋调入原南汇区教师进修学院，先后担任中学历史教研员、骨干教师培训中心主任、党总支副书记等职，2006年调上海市实验学校附属光明学校担任校长，2016年调上海市南汇第二中学担任校长兼书记，2019年兼任浦东新区教育发展研究院附属中学校长和书记。2011年获上海市特级教师荣誉称号，2018年被评为上海市特级校长。2018年起，担任上海市第四期名校长名师培养工程攻关基地主持人。目前兼任浦东新区教育学会理事、浦东新区教育学会历史专委会副主任、上海市初中教育管理专委会常务理事、上海市普教党建初中专业委员会理事。

　　1998年在上海市历史教学研究会《历史教学通讯》上发表《新世纪历史教学模式应注重"情能并重"》一文，开始提出历史教学应该"情能并重"。2006年后，强调"生动而深刻"的历史教学。"生动而深刻"的历史教学是"情能并重"的深化和完善，它更加关注历史思维能力和学生学习方式的培养，引起不少同行的关注。

先后主持"历史课时代特征人文精神培养的实践研究""教师专业发展校本平台的构建及运行机制的研究"等市级课题。分别在《历史教学问题》《上海教育》《现代教学》等刊物上发表论文数十篇，如《在历史课教学中渗透人文精神》《历史课应上得生动而深刻》等。参与《中学历史课堂教学中研究性学习及案例》《历史教学叙事研究》《基石》《学校的改进》等书的编写，写有专著《学校教育的历史使命》。

历史课应上得"生动而深刻"

一、我心中好课的标准

我们为了上好课,经常在寻找或者归纳确立好课的标准而从之,以我三十年的从教经历,我认为好课固然有公认的共性标准(其实只具有共性标准的课应该只能称为合格课),但能被认作好课的,恰恰是教师在完成共性化标准基础上实现三维目标的教学认知和教学手段的个性化体现,个性化是因人而异、没有标准的。另外,为适应时代的需要,不同的历史阶段有着不同的好课标准,不同的教育理念也有着不同的好课标准,而且每个教师心中也有着自己的好课标准,随着自身的成长,教师心中的好课标准还会有所变化和发展,所以,我心中的好课标准也是不断地演进和充实丰满的。

我在20世纪80年代末进入上海市教育学院历史系学习,有幸聆听到几位非常有特点的教师的课,其中有当时上海市历史教材的主要编写者林丙义和郭景阳等教授。当时林丙义教授带有福建腔的普通话,生动幽默,现在似乎还在耳畔萦绕;郭景阳教授每次上完教材教法,把黑板上看似随意书写的板书用线条勾勒和规整后,就是一张非常完整的历史线索图或表格。在实习时，我和同学们听到当时上海中学孔繁刚老师的课，那慷慨激昂和言之凿凿的说理，让我由衷佩服。于是，大学时代的我认为一堂好的历史课，教师生动幽默的语言表达、结构式的板书和扎实的历史本体知识是必不可少的。

  大学毕业后，我进入一所农村学校教历史，我是这所学校第一位历史专业的教师。记得当时没有单独的历史教研组，历史、地理和生物三门学科归并成史地生教研组（在初中，这种现象目前还非常普遍），教研组长是生物专业的一位老教师。显然，在这样的教研组我是无法得到专业的历史教学指导的，不过，我能听到不同学科教师的课，在职业生涯的起始阶段，我的课堂教学视野没有拘泥于一个学科、一个专业，我无意间站在更宽的起点上，用现在的话说，我在跨学科教研组中得到滋养，当然滋养主要在于教育教学方式方法上。1993年，上海市教研室举办中青年教师教育教学评选活动，我就凭着大学里对好课的认识，以及几年的课堂实践，在县里拿了一等奖第一名，代表南汇县参加市里的比赛。应该说，几年一次的上海市中青年历史学科教育教学评选活动，每个区县都是非常重视的。我得到了当时南汇县历史教研员黄建初老师和整个县优秀历史教师的团队指导，在反复的磨课中，我对历史好课的认识有了提高：厘清每堂课的中心，力争一课一中心（包启昌的观点），用情景和问题引起学生的兴趣并组织教学，注意课堂教学环节的起承转合，把握好上课时间。还记得，我上市级评选课《科学、文学和社会生活》，讲完最后一句话，下课的铃声正好响起，让我着实得意了好一阵子。

  2000年，我担任南汇县的初中历史兼职教研员。2001年正式调入南汇区教师进修学院担任初高中历史教研员。这时，上海的二期课改正如火如荼，课程改革呼唤着课堂教学的改变，历史课不能成为"死记硬背的课"，历史课要注重能力培养已逐渐成为共识。作为一期课改的一线教师、二期课改的教研员，我提出历史教学应该"情能并重"。所谓"情能并重"，主要是指在历史教学中既要注意培养学生的能力，又要注意对学生进行情感教育，两者不能偏废，力争做到情能结合、情能转化，即在对学生进行历史情感教育中培养学生的能力。之后比较长一段时间里，我一直关注历史课堂教学中人文精神的培养。

2006年，我兼任上海市实验学校附属光明学校的校长。经历了教师、教研员、培训师和校长岗位历练后的我，对历史好课有了更清晰和全面的认识，那就是：历史课应该上得"生动而深刻"。何谓生动？《辞海》的解释是："活泼动人"；"具有活力能感动人的"。在这个概念下，我谈一下自己对于"生动"的理解和剖析：生，我理解为鲜活、存在；动，我理解为师生的身心参与。生动就是教师要还原历史，带着学生积极旁观或参与其中，使历史人物和事件栩栩如生，让学生感觉到这个历史事件似乎就发生在今天，获得近乎身临其境的感受。何谓深刻？《辞海》的解释是"透彻深入"。建构主义学习理论认为，情景、协作、会话和意义构建是学习环境中的四大要素，学习是个体积极主动建构的过程。情景、协作、会话即生动，意义构建则指向深刻。没有生动，课程内容就无法很好地吸引学生，学生在学习中的主动性也就很难得到发挥，学生主动建构知识的过程就会被削弱。而当一堂课连基本的历史知识目标都不能落实时，方法的习得与正确的情感、态度和价值观的体验也就无从谈起，生动对于历史课的重要性由此可见一斑。同时，历史教学应该揭示纷繁复杂的历史现象背后的本质，只有这样，我们的孩子才能有效地汲取古人的经验和教训，才能更好地了解过去，立足现在，服务未来。

二、我的教学实践

我对历史好课的追求从模仿到自己提出一定的标准，特别是从"情能并重"到"生动而深刻"，这里有变化，更有传承，应该说，"生动而深刻"的历史教学是"情能并重"的深化和完善，它更加关注学生学习的方式和历史思维能力的培养。

历史课的"生动而深刻"，既有预先设计的，也有课堂临时生成的。

预设的早在教师的掌控中；而课堂临时生成的，它不限于时间和环节——这可能也是历史课生动的一个重要方面，当我们发现一个闪光点可以让我们将知识点引向深刻的时候，我们教师的职责就显现了。

（一）历史课"生动而深刻"的方法和途径

要把历史课上得"生动而深刻"，方法和途径有很多，下面我提供两个我在教学实践中的案例（一个预设，一个生成）供大家讨论：

1. 借情境预设激发学生的情感

历史具有过去性的特点。由于时间跨度大，有一些教材内容比较抽象，很难理解，再加之部分内容枯燥，缺乏趣味性，如果缺少必要的学习情境，学生就很难很好地完成对这些历史概念、规律的理解和掌握，这一定程度上影响教学目标的实现。

在讲授《甲午战争》时，可以利用电影《甲午风云》的片段，再现丁汝昌、邓世昌等人的形象及致远舰和吉野舰战斗的场景，把学生引入黄海海战的激烈战斗中。当学生看到邓世昌和全舰官兵毅然冲向吉野号，最后中了鱼雷，壮烈牺牲的情景时，一种保土安民、反侵略的爱国主义情感就会油然而生。

由此可见，生动的历史情境，可以使学生置身于历史之中，与历史人物一同思维、一起行动，从而激发学生积极而深刻的情感。而这种情感的出现，又会促进学习。

2. 以课题探究触发学生对历史事件的深刻认识

这个案例是我在做教研员时指导一位青年教师利用课堂中生成的小课题，及时引导、深化学生思维的例子。

一位青年教师在进行乡土历史教学时，组织学生参观学校附近的张闻天故居。在这一过程中，几位学生突然发现张闻天的妻子刘英在张闻天追悼会上笑。这一违反常理的情况引起了学生的热议。当时，我们意识到这是一个激发学生思维的好时机，便及时抛出"刘英为什么笑"这一问题，引导学生课后进行探究。一个星期后，综合大多数研究小组的意见，得出了以下几点结论：（1）给张闻天开追悼会，这是党和人民对张闻天一生的肯定，是值得欣慰的事情；（2）张闻天在1976年被迫害致死，1979年就得到平反，是最早得到平反的老一辈革命家，历史是公正的，曾经对人民作出过贡献的必将得到历史的肯定；（3）"文革"结束了，刘英看到了祖国的前途和希望。

经过这样的探究过程，学生们对"文革"有了更多的了解，对"历史是公正的"这样的结论有了更深的理解。

由此可见，教师根据课堂教学内容预先设计或临时生成一些小课题，引导学生在课后对一些历史现象进行比较深入的探究，这样的历史课也一定是生动而深刻的。

（二）以学为逻辑的课堂教学流程再造

应该说，在很长的一段时间里，我对"生动而深刻"的历史课的追求，大多局限于教学内容的选择和呈现方式的"微"改造。随着二期课改不断推进，课堂从"教"堂到"学"堂的转变逐渐成为共识，"生动而深刻"的历史课也从"教得精彩"逐渐转变为强调"学得精彩"。为了让学生更好地参与"生动而深刻"的历史课，在强调"以学为中心"的今天，原来"以教为逻辑"的课堂流程也应该有所改变。

2010年起，我开始研究"以学为逻辑"的课堂流程，下面，我以我的一节研究课——初中《美国南北战争》的实录和反思为例，谈谈"以学为逻辑"的课堂流程的再造，供大家参考：

1. 先学后教，充分关注学生的基础

初中生已有了一定的历史知识储备（虽然有些历史知识可能是错误的），这些知识来自网络、电视、电影、报刊等。在以往的历史教学中，我们往往忽略学生已有的这些基础。如何发现和利用好学生已有的学习历史的能力和相关的历史知识，这是新时期历史教学必须要思考的问题。

我在《美国南北战争》的教学中，进行了这样的尝试。我先将课文的提纲用PPT呈现给学生，请学生根据提纲用两分钟的时间浏览课文。接着，我用七分钟让学生交流自己所知道的与本课主题"南北战争"相关的历史信息，根据学生的交流内容，我归纳整理出一个初步的结构式板书。然后，又花了九分钟，让学生对看不懂的地方及需要进一步了解的内容进行提问，我将其归纳在学生生成问题中。

在事后的评课和交流中，学生肯定这种"先学"的过程，我也发现了值得探讨的问题。例如，通过阅读课文获得历史信息有比较浓的语文讲解课的痕迹，假如学生没有预习或预习不到位，仅仅依靠课堂上两分钟的快速阅读，要了解一篇约两千字的课文中与主题有关的历史信息，是不太可能的。而不深入读懂课文，自然也就不会产生什么有价值的问题，造成教学环节中的学生生成部分流于形式，最后只能按照教师预设的问题来教学。有的教师针对预习提出这样的对策：可以让学生准备一本本子，把每节课前预习中产生的问题写在本子上，教师课前提前收起来。这样一方面有利于督促学生进行预习，更重要的是可以让教师在课前掌握学生的问题，并把这些问题以及解答相关重点问题的资料制成课件。做到这一点，需要导学案的介入。如果教师事先准备好一份导学案，督促和引导学生在课前进行自学的话，课堂的效果就会更好。

2. 以教导学，合作破解学习的难点

在完成"先学"这一教学环节后，学生对本课的教学内容已经有了一定的了解，教师对学生的学习情况也有了一定的掌握，课堂进入导学环节，也就是教师如何为学生搭建阶梯解决课堂中生成的问题。

经过归纳、整理、筛选和重新排序，《美国南北战争》一课学生的问题如下：南北战争为什么爆发？奴隶制的存废为什么是焦点？林肯怎么限制奴隶制？《解放黑奴宣言》和《宅地法》起到什么作用？林肯为什么被刺？在备课时，教师应该对学生可能提出的问题有所预测。所以，我在备课时就预测了下列问题：美国内战的原因是什么？什么是废奴运动？为什么林肯当选成为导火线？林肯政府采取什么措施扭转了战局？南北战争的历史意义是什么？林肯留给世人什么？

我用PPT呈现我准备的一些资料，引导学生结合我提供的材料——解决他们自学中碰到的问题。最后，我再对学生忽略的"废奴运动"这一知识点的情况进行了简单的补充。在课后的反思中，我认为导学阶段最精彩的是"两部法令作用"一问的解答：学生提出问题—教师出具材料—学生利用材料解答问题，全部过程一气呵成，简约精准。但是，我发现在教学中出现了这样的问题：用我预设的问题"覆盖"学生的问题并展开教学，这样到底好不好？表面上我是在依据学生的学习逻辑组织教学，可实质上我"穿新鞋走老路"，还是回到了用预先挖好的"问题陷阱"来组织教学的老路。另外，毕竟学生的问题跟我预设的问题有些不同，而PPT上的材料都是根据我的问题预设的，所以在材料呈现的选择、顺序和匹配性上都有些问题。这一环节，我用时20分钟。

经过本堂课的实践，我对如何处理学生生成的问题，如何组织资料帮助学生解决生成的问题以及如何协调教师预设问题和学生生成问题，都有了新的认识：

（1）对学生生成问题的归纳、整理、筛选和重新排序必不可少。特别是筛选和重新排序，因为学生的提问是散乱和无序的，教师根据教学目标对学生问题进行必要的筛选（在筛选时尽可能尊重和保护学生的求知欲），根据历史事件发生的时间顺序或历史事件之间的逻辑关系进行排序，是教师发挥主导作用的重要体现。

（2）教师可以预设问题，但不能围绕预设的问题组织材料。因为即使我们使用教学案后，已经掌握学生要提的主要问题，但在实际课堂教学中，还会有新的问题出现。既然教师预设和学生生成问题的不一致不可避免，那么我们就以不变应万变，我们应该根据课文主题设置若干个专题组织材料，如在《美国南北战争》一课中可以围绕南北战争（含原因、过程和结果）、废奴运动、林肯三个专题组织材料，这样，当"防不胜防"的问题出现时，我们就可以比较自如地从相关专题中寻找相应资料帮助学生解决问题，也就能够避免用教师的问题"覆盖"学生问题组织教学这一现象的出现。

（3）当学生有提问盲区时，教师必须要用预设的问题来弥补。因为教学毕竟是有目标和有任务的。

（4）在解决问题时，教师要尽可能地用预先准备的资料，为学生提供解决问题的阶梯。即使是为了弥补学生提问的盲区而抛出预设的问题，教师也要给学生自己解决问题（含同学合作、师生合作）的时间和空间。

（5）教师在选择材料时，在保证材料真实性的前提下，尽可能选一些适合学生、能引起学生兴趣的材料，从而保证历史学科具有一定的生动性。

3. 少教多学，正确把握教师的角色

"少教多学"并非让教师投入得更少，而是要求教师教得更好。教学不再是开始于教师的备课和讲课，结束于考试和评价的过程，而是开始于学生的预学准备以及教师了解他们知道什么和能做什么，评价则始终与教学过程平行，课堂教学总是在了解学生的基础上有针对性地设计与改进。于是课堂教学将从动机到形式均以学生学习为中心进行组织，而不是以教师为中心。

在准备《美国南北战争》一课时，我用很多时间和精力去揣摩学生会问哪些问题，并围绕这些问题准备材料。在课堂中我始终关注学生掌握了什么，进一步想知道什么，我努力为学生提供解决问题的材料，协调学生的需求和教学目标之间的关系……最后，我通过结构式的板书，对本课进行了总结。

"少教"是强调"精心、精致、精彩"的精教。充分掌握学情是精教的前提。在导学环节，教师恰到好处的点拨和声情并茂的讲解少不了。最后的知识梳理能帮助学生将新知识纳入自我认知结构，提高思维和创新能力的层次，实现个人意义上的知识再生产。在课后的学生问卷调查中，有学生这样写道："在最后老师通过板书把课文的知识再梳理了一下，我觉得清楚多了。"

教是为了不教。许多教师一直不放手让学生自己学习，认为不是自己明明白白地讲一遍，学生就掌握得不好。但根据美国学习专家爱德加·戴尔的"学习金字塔"理论，通过听讲获得知识在两周后的平均保持率只有5%。可以这样说，两周后，教师辛辛苦苦的讲解基本失效。

2013年开始，我强化小组合作学习在历史课堂中的运用，通过努力，似乎找到了基于小组合作学习的、"以学为逻辑"的历史课的"串"字形流程，归纳如下：

"串"字由一"丨"两"口"组成，中间两个"口"代表学生与学生之间的两次小组合作，被"口"分隔为三段的"丨"代表三次独学。"三次独学、二次合作、五度生成"的"串"字形小组合作学习流程如下图所示：

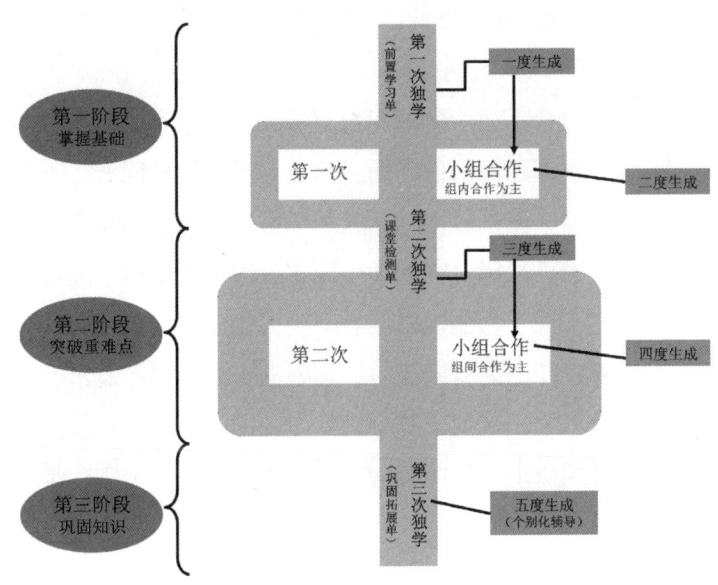

图1 "串"字形学习流程图

"串"字形小组合作学习模式的实施步骤：

（1）课前（也可以在课刚开始时），学生利用前置学习单、微视频等先导性材料完成第一次独学，并记录下独学中自己不能解决的问题及进一步想了解的问题（一度生成）。学生通过第一次独学，掌握应知应会的基础知识。其中，前置学习单具有导学、导思、导练的作用。学什么、怎样学、学到什么程度在前置学习单中有明确表述。

（2）第一次小组合作。第一次独学中小组成员遇到的问题，通过组内讨论和交流，学生互教互学，解决问题。组内有不能解决的问题可向全班求助（二度生成）。有独特学习收获的小组分享学习收获。

（3）课中，学生利用课堂检测单进行第二次独学，并记录下第二次独学中不能解决的问题及进一步想了解的问题（三度生成）。

（4）第二次小组合作学习（更深层的合作学习）。解决第二次独学中的问题或分享第二次独学中的收获。不能解决问题的小组向全班求助（四度生成）。通过组间讨论交流，进行思维碰撞，互相分析难点。教师则启发、引导和点拨，帮助学生解决共性问题，突破重难点。

（5）课后（也可以在课结束阶段），学生利用巩固拓展单，通过分层练习、实践运用，融会贯通所学的知识与技能，在原有基础上有所拓展和提升。记录下练习中不能解决的问题或想进一步了解的问题（五度生成）。由于学生个体的差异，基础较差的学生和学习能力较强的学生，难以仅仅靠课堂教学满足需求，教师可根据学生完成巩固拓展单的情况进行课外的个别化辅导，满足不同学生的需求。教师也可创建学习微视频，基础较差的学生在学习巩固过程中遇到问题时，可根据自己的学习需求选择性地观看微视频进行独学巩固，从而解决个别学习中的问题。学习能力较强的学生如有进一步提升的需求，教师可面对面地对学生进行个别化辅导，使不同层次的学生在自己原有的基础上有所提高，从而实现个性化教学。

历史好课的标准会因时、因地、因人而异，"有一千个读者就有一千个哈姆雷特"，当然，有些东西也许是永远不可能改变的，如教师一定要有扎实的历史本体知识、相当的语言表达能力、一颗爱学生的心等。我们要关注教育理念的变革，随着我们对人脑科学和教育规律的深入了解，我们的教育理念会发生变化，或许今天认为的好课，在明天是对学生大脑的"摧残"。还有，我们要引入新的教育技术，当生活都在被信息技术带来的变革影响时，教育不可能置身事外，要看到信息技术为人的个性化学习带来了可能，特别要注意当机器逐渐造得像人时，我们的教育绝对不能把人培养得像机器……

朱志浩

朱志浩,上海市中学历史正高级教师、特级教师,现任奉贤区教育学院中学历史教研员,兼任中国教育学会历史教学专业委员会理事、上海师范大学人文与传播学院特聘教授、上海市教师学研究会历史专业委员会主任、上海市教育学会中学历史专业委员会常务理事。

先后参加《上海市中学历史课程标准》《上海市高中历史教学基本要求》《上海市初中历史教学基本要求》等市域学科指导性文件的编制和修订;参加三本中学历史教材的编写;主持编制上海市中学历史教材配套练习册;主持上海市教委人事处、市教研室组织的"图像证史在中学历史教学中的运用"等四门市教材教法研修一体网络课程建设;参与市教研室"中学历史单元教学指南""数字化作业库项目研究"等项目研究。

目前担任统编初中历史教材配套练习册和地图册主编与统编《中外历史纲要》配套练习册主编,编制相关教材供上海市中学历史教师和学生使用。

例说图像证史在中学历史教学中的一般路径

历史学科的特点决定了史料在历史教学中的地位和作用,而图像史料是众多史料类型中经常在历史课堂运用的重要材料之一。英国著名史学家彼得·伯克把图像定义为 images,不仅包括各种画像,比如素描、写生、水彩、油画、板画、广告画、宣传画和漫画,还包括雕塑、浮雕、摄影照片、电影和电视画面、时装玩偶等工艺品、奖章和纪念章上的画像等所有可视艺术品。[1] 图像作为建构课堂和落实史学思想方法的重要载体,发挥着活跃课堂气氛、提升学生兴趣、促成历史思维从感性到理性飞跃的作用。

图像史料的运用是一个看似简单而实际复杂的问题。以下就文物图片、历史照片、历史漫画、影视作品等四种类型不同但又常见于实际教学的图像史料逐一以示例说明其一般的证史路径。

一、文物图片在教学中的运用

文物史料由于其"原汁原味"的特质,往往在教学中发挥着"扛鼎"

---

[1] [英]彼得·伯克:《图像证史》,杨豫译,北京大学出版社,2008年版。

之力。现代摄影技术的出现使原先无法移动的遗址遗迹、珍藏在博物馆里的各类文物都可以图片的形式呈现在人们面前，文物图片也就成为历史课堂教学中最常见的史料之一。以下案例较为典型地体现了文物图片在教学中运用的一般路径。

师：……我们可以发现从西周到东周，表面一字之差，背后却是天壤之别。昔日的宗法有序、等级森严、礼乐和谐一去不返，取而代之的则是王室衰微、诸侯争霸、礼崩乐坏。面对这样的社会动荡、这样的社会变革，我们不禁发问，历史何以至此？古人常说风起于青蘋之末，最剧烈的变革往往从最安静的地方开始。

出示材料：孔子弟子"冉耕，字伯牛""司马耕，字子牛"。

师：一位姓冉名耕，字伯牛；另一位姓司马，也名耕，字子牛。从他们的名和字中你发现了什么？

生1：人们很重视牛，因为名字一般都有特殊寓意或者美好寄托。

生2：我觉得应该是重视用牛耕地，因为"牛"和"耕"，一个作字，一个作名。

师：那牛耕技术被采用后可能会对当时的社会产生怎样的影响？

生3：粮食产量增加，新的土地被开垦，人口增加等。

师：很好。《论语》中看似普通的人名，却透视出时人对牛耕技术的重视。但是仅以此就认为牛耕技术在东周已推广显然不够，就大家所学所见，还有哪些材料可以用来印证？

师（在出示史料的同时口述）：这是现藏于上海博物馆的春秋晚期的青铜器牺尊。从哪些地方能看出牛耕技术的痕迹？

生4：鼻环！

师：牛穿有鼻环，说明在春秋晚期，牛力已经较多地使用于农业劳作。同时，如此精美的青铜牺尊反映出器主是如何认识牛耕技术的？为什么？

生4：非常重视。因为牺尊是礼器，地位崇高。带有鼻环的牛形尊反映的正是器主重视牛耕技术。否则他只要做一个牛形尊就可以了，没必要加上鼻环。

师：不错，大家从正反两个角度分析牺尊在当时备受重视的现象。青铜牺尊和《论语》人名共同坐实了牛耕技术在春秋战国时期出现并推广的判断。

梳理这一案例的思路大致如下：一是描述文物背景，包括文物的时间、馆藏和基本特征；二是引导学生观察文物，挖掘文物的表层信息（鼻环）和隐性信息（礼器）；三是以文物史料和文献史料相互印证牛耕技术的出现和推广问题。环环相扣且富有逻辑性，比较清晰地呈现出了文物图片证史的一般路径。

二、历史照片在教学中的运用

照片是历史瞬间的记录。我们不仅能从中看到过去的影像，大致还原当时的历史场景，还能通过对这些影像本身及其拍摄背景的解读，探索它们背后潜藏的历史信息。然而，照片毕竟是摄像者拍出来的，那么照片就要分为无意抓拍和有意摆拍两种，不同种类照片证史的路径自然是不一样的。

（一）无意抓拍：《苦难的眼睛》

本案例中，教师在作了必要的有关国民党统治危机的宏观铺陈之后切换至微观视角。

师：国民党政府的倒行逆施，会对当时的社会造成怎样的影响呢？我们来看一张图片《苦难的眼睛》。这是一张法国摄影师布列松拍摄的1948年国民党政府的核心城市南京市民买米的照片。你看到了什么？

生1：一个无助、可怜和发愁的小孩子。

师：只有一个吗？

生1：哦，不。准确说是一群。

师：一群小孩因为吃饭问题挤成一堆，面带愁容地排队等吃的，说明了什么社会问题？

生1：底层民众生活的艰苦。因为哪有父母不疼爱孩子的？孩子出来讨吃的反映出了底层民众生活的窘迫。

师：这种窘迫的生活状态会使南京人民对待国民党政府的态度产生什么影响？

生1：失望，甚至仇视，希望其尽快下台。

师：大家同意学生1的推断吗？

学生集体点头。

师：仅凭一张照片就能下论断？不知大家是否考虑过这张照片的真实性问题。

学生唏嘘一片：照片不可能造假！

师：有没有可能是反对国民党的人士让孩子化妆后的摆拍？

生（有愤悱的神态）：呃……是的……不过……

师：大家想想，我刚才提到过照片的作者是哪个国家的人？

生2（兴奋）：对啊，法国的摄影师应该是中立于当时中国各种政治势力之外的，他没有抹黑国民党政府的动机啊！

师：从动机的角度分析问题，颇有新意。不过这还只是合理的推测，要想充分论证，还得有更有力的支撑。该照片的作者布列松在自己的著作《决定性的瞬间》中旗帜鲜明地写道："经过加工或导演的照片，我没有兴趣……相机是素描本，直觉与自发性反应的工具，是我对疑问与决定同时发生的瞬间驾驭。"这句话可以支撑我们同学的判断吗？

学生点头，笑而不语。

师：布列松瞬间的抓拍为我们打开了一扇窥破国民党政府因腐败统治而丧失民心的窗口。那么小孩子可怜的眼神中透露着布列松怎样的内心活动？

生3：对小孩子的同情，还有可能对国民党政府的失望。

师：你何以得知？

生3：偌大的南京城，可抓拍的意象繁多，如果不是这一幕震撼了布列松，那么他完全可以去拍别的呀。

师：非常好。这位同学也用了通过移情布列松给出了合理的推测，但这是我们依据照片作出的合理推测，要想判定还需要——

生：其他史料印证。

本案例是历史照片中"无意抓拍"类型运用的示例。案例中教师的思路清晰可循：第一步，交代照片产生的背景、作者、拍摄时间等基本信息；第二步，引导学生挖掘表层信息和深层信息；第三步，质疑并释疑照片的真实性；第四步，切换角度，发掘作者的心理活动。其中比较精彩的是第三步，在学生本以为已经落定的地方生出重大疑窦，然后用布列松的工作理念拨云见日，培养学生"集证辨据"的能力效果良好。

（二）有意摆拍：《攻克柏林》

《攻克柏林》这张照片是一个用"有意摆拍"的照片证史的典型案例。

在对第二次世界大战进程进行必要铺陈后，教师切入到大战的尾声，导出苏军攻入柏林：1945年4月底，苏军已经挺进柏林，对负隅顽抗的德军进行最后一击……30日21时50分，苏军终于攻上了国会大厦的楼顶，用裤带将红旗固定到大厦楼顶雕像王冠上。《攻克柏林》再现那个瞬间。

师：方寸之间，你都看出了什么？

生1：我看出了苏联士兵的兴奋，爬到那么高，都不怕摔下去，也要把红旗插上墙头。

师：不错，这位士兵内心肯定是兴奋的、激动的。大家视野放宽至远处，能看出什么？

生2：远处硝烟弥漫，到处都是废墟，路上还有坦克车。说明战争的余波还在继续，但是苏军已经稳操胜券了。

师：你如何得知？

生2：如果苏军没有控制局势的话，那个士兵是不敢贸然爬上国会大厦的。反过来说，士兵爬上了象征意义巨大的国会大厦，本身就说明战争的主动权已在苏军手中。

师：很好，两位同学从士兵和远景两个角度都得出苏军胜利在望的判断。可是，我们同学的判断是事实吗？

生1（情绪略激动）：肯定是事实啊，照片是直接史料，它又不会撒谎。

师：没错，照片不会撒谎，可是拍照片的人会撒谎！结合我出示照片前的描述，试着找出这张照片的"不实之处"。

学生开始整理思路，思维困顿产生。

师：我刚刚在交代照片背景的时候告诉大家，士兵是什么时候攻克国会大厦，并且插上红旗的？

生3：21点多。

师：所以，看出"玄机"了吗？

生3：哦，我知道了！这张照片所呈现的场景是白天，能见度很好。而苏军攻克国会大厦的时间是晚上近22点，所以这张照片并不是当时瞬间的抓拍，是假的！

师：分析得很到位。得知攻占了国会大厦，朱可夫元帅立即下达命令，要求战地摄影师拍下这一名垂千古的时刻。这个任务交给了塔斯社摄影记者叶夫根尼·哈尔杰伊。然而，此时柏林市内的激战仍未结束，原来树起的那面旗帜也被德国狙击手给射落了。而且哈尔杰伊认为那面旗有些小，索性乘坐专机飞回莫斯科去找一面够大的旗帜。5月2日，哈尔杰伊飞回了柏林。他挑选了伊斯梅洛夫等三人来到国会大厦楼顶，其中两个人着战士装，一个人着军官装，为防止发生事故，他让一名战士抓住上边人的脚，以把旗帜尽可能地插在最高处。哈尔杰伊从不同角度、不同姿态整整拍了一个胶卷。为了让人们感觉战争仍在继续，哈尔杰伊在底片上还制作出黑烟的背景。除了时间对不上以外，一切看起来都是完美无缺的。

生：原来如此。

生3：那这张照片就不能用作证明苏军攻克德国国会大厦的直接史料了。

师：没错，或者可以用作间接史料和其他的史料共同印证证史。那么摄影记者叶夫根尼·哈尔杰伊为什么要"作假"呢？

生4：这是上峰的命令，他不敢不做。同时，从他专门飞回莫斯科找红旗的做法可以发现他也想把这个伟大的时刻拍摄得尽善尽美。

师：他为什么要如此尽善尽美？

生4：成就他自己，名垂青史。（其他学生笑）

生5：放在报纸上，鼓舞士气。

师：很好。《攻克柏林》虽然不能用作证明苏军攻克德国国会大厦的直接史料，但是它不与反法西斯国家胜利在望这一基本事实相悖。同时，若是我们转化视角，它就转化成了探究哈尔杰伊，甚至苏联军方（因为整个过程是朱可夫元帅同意的）内在动机的直接史料。

该案例是关于"有意摆拍"的正面示例，思考路径归纳起来有四步：第一步，交代照片所反映内容产生的背景；第二步，从照片中挖掘显性和隐性信息；第三步，分析照片的形成过程，这是本片段的高潮，方法类似上一案例，得出《攻克柏林》是摄影师有依据地造出来的；在第三步的基础上，切换角度，分析摄影师的内在动机，窥视苏联军方对攻克柏林乃至"二战"的看法。这一做法可以引导学生形成一种史学思想：因为探究视角和对象的不同，史料的性质或者证史价值是可以发生转化的。

当然本案例中哈尔杰伊虽然"撒谎"，但是照片所呈现的意向与事实是一致的，都是为了记录那个伟大的时刻、鼓舞士气等。教学过程难免遇到一些相悖的照片，但是证史的路径是一样的，只不过在第三、四步的时候探究的重点就变成摄影师为什么要"撒谎"和"谎言照片"与历史真相之间究竟差多少的问题。

三、历史漫画在教学中的运用

历史漫画通常是时人以具体历史事件或历史人物为对象,并较为鲜明地体现创作者自身情感、态度或价值观的艺术作品。历史漫画大多具有直观性、时代性和讽刺性等特征,引入课堂颇为常见。

一般而言,运用历史漫画进行教学最基本要做到从创作者、漫画名称、作品表达三个层面提取漫画信息,再深入一层,则需要通过史料互证来获取真实信息,因为漫画所绘是作者对历史事件认识的产物。以下以《五子登科》漫画教学片段为例加以说明。

师:……可是,这种希望没有维持多久,随着国民党政权对原沦陷区日伪政权和资产接收的进行,民众非常失望,就有人用漫画来讥讽国民党接收官员的贪污腐败了。

师:这是上海著名漫画家丁聪于1945年创作的一幅漫画,名字叫"五子登科"。《五子登科》是当时人们对贪腐的国民党接收大员的讥讽。哪一个是接收大员?哪一个是民众?

生1:胖胖的那位是接收大员。被接收大员踩在脚下的、跪着的那一个是民众。

师:画中有哪"五子"?

生1:金子、车子、房子、女子……

师:还有一"子"在哪里?

学生答不出来。

师:同学们看那个脚踩民众的大员,手拿委任状,这是官位,位子,也是面子,也是他们抢着当官抢劫民众的"挡箭牌子"。实际上丁聪的漫画中,将国民党的大接收描绘成了"大劫收"。(板书:大接收——大劫收)

师：但是漫画毕竟有夸张成分，需要其他史料来证明，如比较有力的证据是蒋介石的电文："据确报：京、沪、平、津各地军政党员，穷奢极侈，狂嫖滥赌，并借党团军政机关名义，占住人民高楼大厦，设立办事处，招摇勒索，无所不为……——1945年10月蒋介石电文。"（《蒋公总统思想言论总集》）

师：这是蒋介石接到关于接收中严重舞弊的报告后，给接收区军政长官的电文。蒋介石的电文中有没有丁聪漫画中说的贪腐行为？

生2：有，"借党团军政机关名义，占住人民高楼大厦"。

师：他还列举了哪些贪腐行为？

学生2：穷奢极侈、狂嫖滥赌、设立办事处、招摇勒索。

教师：电文里有一个词是蒋介石用来概括这些接收官员贪腐行为的，是什么词？

学生2：无所不为。

师：蒋介石在电文中用如此词汇来概括，说明了当时接收官员中贪污腐败怎么样？

生2：非常严重！

师：以上只是孤证，孤证是不立的，你还能在课文中找到证据来证明吗？

学生阅读教材提供事实与漫画相互印证。

师：漫画是人们用来表达自己心中想法的艺术形式，如果用来证明历史，需要我们用其他的史料来互证。

这一教学片段的示范价值在于提醒我们，即便我们从漫画中能获取较为客观的历史信息，也应该要多带一个"疑"字，因为它终归是艺术作品，教师应通过史料互证的方式带领学生进一步求真。

值得注意的是，漫画家在创作伊始就心存特定的讽喻指向，作品一经发表，创作者的情感、态度、价值观就会对阅读者产生影响力。这种影响力，也是需要我们在教学中去充分挖掘的。如蔡若虹发表于1937年9月

20 日《救亡漫画》杂志上名为《全民族抗战的巨浪》的漫画，描绘了日本侵略者被卷入了中华民族全民族抗战的巨浪中不能自拔、行将灭亡的景象，然而这一景象与当时日本在中国的嚣张残暴并不一致。显然，作者已将漫画作为一种斗争的武器，期望通过这一作品，号召全民族团结起来，从而凝聚成抗战的巨浪，与日本侵略者抗争到底。这些"抗战漫画"在战争期间成为重要的精神斗争武器，发挥着巨大力量。

漫画的证史价值兼具主观性和客观性，因此要辩证看待，运用时须谨慎对待。对于漫画的证史路径，大概可归纳为：从创作者、漫画名称、作品表达三个层面提取漫画信息，通过史料互证来获取真实信息，结合时局来探究其社会反响。

四、影视作品在教学中的运用

影视作品基本可分为历史纪录片、历史正剧和戏说历史剧三种类型。从证史效度看，三者是依次递减的。

在日常教学中，不少教师往往会把历史纪录片和历史正剧作为史料直接应用于教学，这种做法值得商榷。譬如纪录片，其本质是艺术作品，是单个影像的集合，或许单个影像有其客观性，只是当导演、剪辑师将单个影像连缀成影片时，这种"连缀"的艺术最终决定了纪录片的艺术特征。因此，纪录片也反映出创作者对该历史事件或历史人物的主观理解，并不完全等同于历史真实，亦不一定能呈现出历史全貌。所以在运用纪录片时也要有合适的路径才能充分发挥其证史的效用。以清末民初的"剪辫"教学片段为例加以探讨。

师：对于普通百姓而言，他们对剪辫的情感是复杂的。我们来看一段纪录片的片段，这个片段来自中央电视台拍摄的大型纪录片《百年中国》，这部纪录片通过对中国 20 世纪的回顾，延请多位研究中国近代史的专家作为历史顾问，收集大量珍贵历史资料，力争为大家展现一个民族的近代化史。（播放视频）

师：该纪录片反映的内容与历史真实的关联度高吗？它的观点是否可靠呢？我们一起来分析一下。

首先从作品的创作背景分析（板书：纪录片，创作背景），该片摄于21世纪初，史学氛围宽松，史料资源多样，使其能拥有较为可信的诸多材料。由此判断，这部纪录片的创作背景是否可靠？

生：可靠。

师：接着，从纪录片所依据的史料价值分析（板书：史料价值），刚才的纪录片中都使用了哪些具体的史料？

生：历史照片（孙中山、鲁迅）、历史档案（包括公文、报刊等）、亲历者口述。

师：它们都属于哪种类型的史料呢？

生：照片属于实物史料；档案、报刊等属于文献史料；亲历者的叙述是口述史料。史料类型丰富。

师：运用了这么多类型的史料，那么这些史料的价值如何呢？

以照片为主的实物史料，以档案、报刊为主的文献史料，在这里都是原始史料，史料价值较高；以亲历者口述为主的口述史料，虽是原始史料，但受口述者主观影响，史料价值不及前两者。总体而言，史料价值都较高。因此，我们要高度重视纪录片中的这些史料。

师：刚才提到纪录片中有人主动剪辫，有人被动剪辫，这样的结论究竟是如何得出的呢？换句话说，结论生成的方法是否科学呢？（板书：结论生成方法）

师：举一个例子，本段纪录片中，运用了孙中山、鲁迅等主动剪辫者的照片，以及一则报刊上的报道，即举行剪辫大会且盛况空前的史料，相互印证了当时社会上有相当一部分人是主动剪辫的。运用史料互证的方法得出结论，较为科学。因此，这段纪录片总体来看，对历史的呈现是比较真实的，其结论是比较可信的。

师：但我们知道，纪录片是它的拍摄者对历史的一种看法，也就是说是对历史的一种解释，虽然这一种解释确实是比较可信的，但这一种解释是否能代表历史的全貌呢？（PPT播放《申报》材料：有人因不愿剪辫而猝死）

师：这里呈现了历史的另一种面貌，是对历史的另一种解释，是对之前我们所看纪录片的补充。可见，一个纪录片可不可能展现历史全貌？

生：不能。

师（板书：是对历史的一种解释）：所以，从这个角度说，一段纪录片呈现的只是对历史的一种解释，反映出创作者自身对历史的认识。

通过本案例我们可以发现，运用影视史料至少要考虑三个维度：其一，创作背景，包括创作的时间、地点和创作者素养；其二，创作内容，包括资料来源、内容呈现、表现手法、拍摄技巧，甚至宣传方式；其三，社会影响，包括各界评论和观看数据。如此，可以把片中的真实尽力剥离出来，达到预期的教学效果。

综上所述，中学历史教学中运用图像证史应遵循的路径为：一是考察图像的背景材料，如时间、地点、作者的个人信息，图像流传过程中是否被毁坏或者篡改等现象；二是充分挖掘图像内容中的显性和隐性信息，要想坐实所提取的信息往往需要多种材料相互印证，避免孤证论史；三是考证作者有无刻意美化、丑化、扭曲甚至造假等现象，如果存在，则论证史实时须谨慎，但这些被歪曲的照片可用作探究作者内心动机的直接史料；四是注意图像流传的方式和广度，这往往可以折射出不同社会、时代对图片所承载的内容、所表达的意思、所反映的作者思想等方面的价值判断。

左卫星，湖南衡阳人。1988年毕业于湖南师范大学历史系，1996年晋升中学高级教师，2002年由湖南湘潭市一中调至上海市静安区教育学院任历史教研员，2014年被评为上海市特级教师。

就职以来，在历史教育领域精耕细作，1995年获湖南省中学课堂教学竞赛一等奖，教学论文数次荣获省级一等奖，2005年获上海市教研员评比综合优秀奖，多项课题成功结题，多次参与省级高中毕业会考命题工作。

就任教研员以来，被聘为上海市中小学课程教材改革第二期工程历史教材评价专家、历史教材日常修改工作组专家，参与了上海两版历史教材建设全过程，并主编和参编《初中历史图解》《"一带一路"教育读本》等教学资料数部。开发"国培"、"市共享课程"、"市网络课程"、中国教师网"信息技术应用于历史教学"网络课程、华东师范大学"基于史料实证的高中历史教学"等十余门培训课程，先后在全国各地授课、讲座数十次。

作为一线教师，被聘为"全国中小学信息技术提升工程"文科专家、北京师范大学"国培"方案评审专家、人民教育出版社统编教材培训专家。

教学研究重点为历史学科能力培养研究和教学评价研究，分别在全国专业刊物发表有关历史概括能力、历史阅读能力、历史思维能力等五十余篇专业论文，专著《历史之远与教育之近》2012年由上海教育出版社出版并入选《中国教育报》2013年教师阅读推荐书目。

在追求高效历史课的路上

何谓高效的课？让学生终生难忘的课才是高效的课。

衡量一堂历史课效益的高低，不只是看教师知识的渊博程度、课堂演绎的流畅程度，不只是看学生课堂学习时的参与度与课后练习的正确率，而是要全面地去看，看这堂课让学生往积极方面改变了多少，积极改变得越多越高效。不仅改变了，而且投入收获比高，即以同样的投入（含时间与精力）而获得更高的收获（知识的更新、能力的提高、素养的养成），或是同样的收获所付出的投入更少的课才是一堂高效的课。从这个意义上讲，一堂让学生终生难忘的课才是教师的追求，而且是无止境的追求。

一、结构化——为高效历史课奠基

（一）知识结构化

历史课程中有许多知识，如果这些知识是零散的、孤立的，那学生掌握起来就会十分困难，学生也常常会因此而挫伤学习历史的积极性。基于此，大多数优秀的历史教师都会尝试将那些孤立的众多知识通过某种方式建立起联系，这种联系起来的知识就变成了结构化知识。

以人教版高中教材中的《第二次科技革命》教学为例。这次科技革命诞生了许多科技成果，教师可以就这些科技成果建立起合理的结构，从而形成严密的知识体系。

图1就是教学中所形成的知识结构图。本图将第二次科技革命的成果归纳为三个方面：新能源的开发和应用、新机器和新产品的创制以及电讯技术的新发明。单从这张结构图看，知识体系的结构性尚不明显，随着课程的进行，结构图渐次展开，知识间的结构就清晰地呈现出来了。

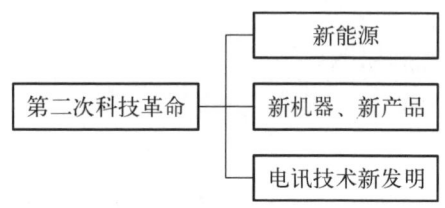

图1　第二次科技革命的成果结构图（1）

（1）新能源实指电和石油。事实上电才是真正的新能源，而石油只能说是传统能源的新利用。

（2）新机器和新产品中，包含两个方面：基于电的有电动机、发电机（这两种机器有着内在的联系，以学生现有物理学知识可以建立起联系）以及电灯泡，电动机和发电机可以称作机器，而电灯泡只能称作新产品；基于石油的新机器有内燃机，此处正好说明何为传统能源的新利用，因为石油经加工后置于气缸内部燃烧产生动力，所以称作内燃机（教材中所说的柴油机，只是内燃机中以柴油作燃料的机器，是内燃机的一种）。

（3）以内燃机作为动力，应用于交通，又催生一系列发明。陆上交通产生了汽车，空中交通产生了飞机。

（4）由于电的应用，电讯技术迎来了崭新的局面，主要表现在电报和电话两方面。而电报在第二次科技革命中，有线电报和无线电报相继取得进步。电话则局限于有线电话，无线电话那是第三次科技革命以后的成果了。

（5）当这样的结构呈现后，第二次科技革命的主要成果基本以结构化体系呈现于学生面前。同时，当教师在说电的时候，强调电（此处实质为交流电）的发明和应用是基于电磁感应原理的发现；当教师在解释电讯技术尤其

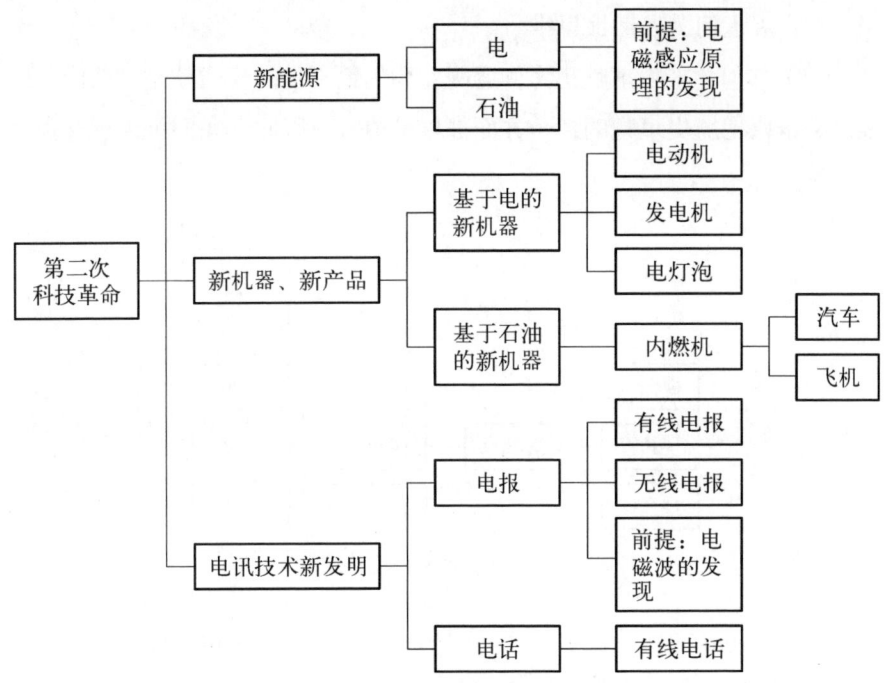

图2　第二次科技革命的成果结构图（2）

是无线电报的进步时，强调它基于电磁波的发现。这时便可总结出此次革命为何称作"科技革命"——技术的进步大多建立在科学突破的基础之上。

（二）能力的结构化提升

现代教育环境下，能力、素养早已成为教育的重心。历史学科能力、历史学科核心素养的培育，同样可以结构化提升。以下案例（《历史评价的基本思路》）以高三专题复课的形式来反映历史思维能力培育的结构化路径。

诠释评价历史事物是历史学科的核心能力。本案例以历史人物李鸿章为例，展示历史思维能力培养的路径。

（1）图3的结构图是课堂最终结构图，它是忽略细节后的总体思路的体

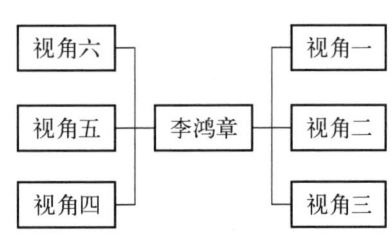

图3　李鸿章人物评价的思路结构（1）

现，意在展示何为发散性思维。

（2）如何才能发散性思考问题呢？我们最常见的模式就是"全面"思维法，争取把历史事物的各个方面都尽量纳入。因此，我们可以展开视角一（见图4）。

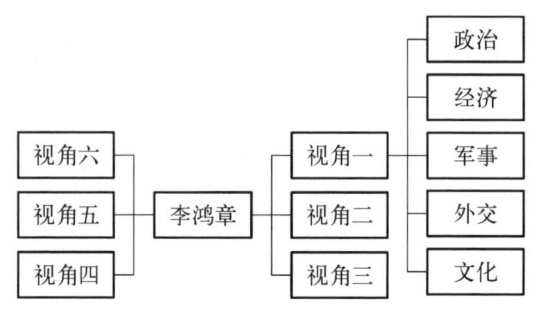

图4 李鸿章人物评价的思路结构（2）

（3）教学中可以选择有关李鸿章的政治、经济、军事、外交和文化等方面的史料，引导学生从各个侧面来全面看待这一历史人物。事实上，现在的教材体系基本上都支撑以上角度。

（4）视角二（见图5）事实上是引导学生以不同立场去看待评价对象，即通常所言的阶级分析法。同样，教师可以选择体现清政府立场的材料（如李鸿章去世后清政府的表彰令）和《马关条约》签订后广大人民对李鸿章"卖国"行为的谴责材料。

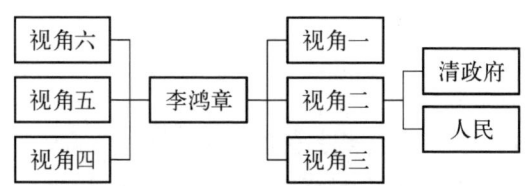

图5 李鸿章人物评价的思路结构（3）

（5）视角三（见图6）是从主、客观的视角来看待历史人物。如可以选择兴办洋务时李鸿章的设想（如《筹办洋务始末》中李鸿章上的奏

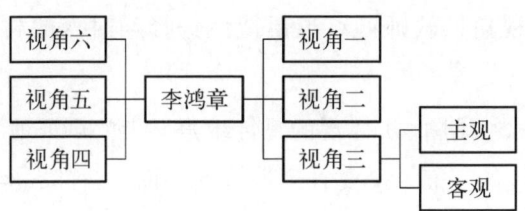

图6 李鸿章人物评价的思路结构（4）

折），这自然是主观层面的问题，同时为了呼应这一主观愿望，可以选择有关洋务运动的结果方面的材料，证明它一定程度上实现了与洋人争利的主观目的。

（6）视角四（见图7）是视角二的变种，也是思维过程中常见的国内、国际的视角。同样，教师可以选择国内怎么看李鸿章、国际上怎么看李鸿章（如俾斯麦对李鸿章的相关言论）的材料。

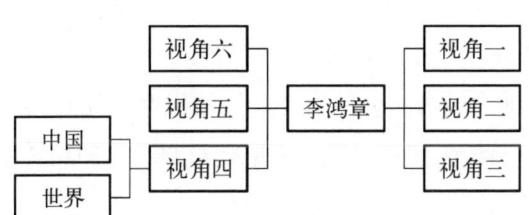

图7 李鸿章人物评价的思路结构（5）

（7）视角五（见图8）是引导从当时人和后来人不同的视角看待历史事物。这也是传统意义上的历史评价法，即对历史事物的评价应该置于特定的历史条件下进行，力求杜绝以今人的眼光去苛求历史人

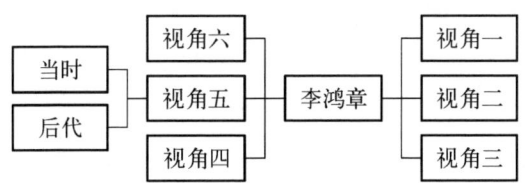

图8 李鸿章人物评价的思路结构（6）

物。有关这一视角,教师可以很便捷地选择当时人的材料和后人的研究成果。

(8)视角六(见图9)体现的是传统意义上的辩证地看待历史事物,即既要看到积极的一面,又要看到消极的一面。自然,经验丰富的教师绝不会因此而忽略评价的重心,即在突出"两点论"的同时,也不排除"重点论"。

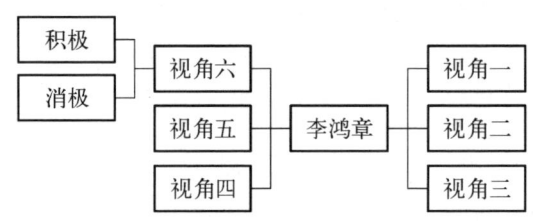

图9 李鸿章人物评价的思路结构(7)

(9)能力是可以迁移的。本案例谈历史人物评价,可以迁移为历史事件、历史事物的评价,方式方法是共通的。

(10)如果加大能力培育的力度,还可以在引用材料上多下功夫。如对不同类型的材料搭配使用,既使用原始材料,也使用转手材料;既使用文字材料,也使用图片、音像、数据材料;既使用严肃的史料,也使用通俗的材料;既使用当事人、当时人的材料,也使用后人的研究成果;既使用赞美性的材料,也使用谴责类的材料;既使用中国的材料,也使用他国的材料等。以此探讨不同材料的证史价值,探讨材料立场对评价历史事物的影响。

(三)学科体系的结构化

结构化不只对单课效益的提升有所助益,也可以帮助学生构建学科知识体系,既可以实现局部内容的结构化,也可以实现整体课程的结构化。

表1所示案例(华东师大版《历史·七年级第一学期》第四单元)旨在说明通过内容主旨的概括提炼来实现单元结构化。

表1 《繁荣昌盛的隋唐文明》内容结构

课　题	主　旨	与单元的关系
第13课 统一的隋唐时代	制度为盛世奠基，英雄为盛世护航	以三省六部制和科举制来阐述促使盛世到来的制度因素，同时涉及英雄人物对历史发展的贡献
第14课 繁盛的经济	经济的繁盛促成了大运河的开凿与长安城的繁华，大运河的开凿与长安城之繁荣又进一步推动了隋唐经济的进一步发展	以大运河和长安城来说明盛世的盛况，同时说明经济发展与盛世的关系
第15课 民族团结与中外交流	政治的稳定和经济繁荣，促进了各民族的团结，促进了中外文化交流；反过来，民族团结和中外交流为盛世带来新鲜血液和新的动力	探讨盛世为民族团结和中外交往创造条件，而民族团结和中外交流则助推盛世的演进
第16课 唐代的诗与画	盛世促进诗画繁荣，诗画反映盛世胜景	从社会存在与社会意识角度探讨盛世与文化的关系

在本案例中，一个单元就在单元主题下构建起统一的结构。每一课都呼应单元中的"繁荣昌盛"，每一课都建立起与单元主题的有机联系。这样，一个单元也就变成了一个整体。

二、趣味化——为高效历史课添彩

如果说良好的、严密的课堂结构是高效课堂的基础，那趣味化则是提高课堂实效的催化剂。

（一）严谨历史的通俗化呈现

中央电视台《百家讲坛》曾如此总结该栏目成功的秘诀：通过对阎崇年、刘心武、易中天等比较出彩的主讲人的综合分析，《百家讲坛》发现"受欢迎的主讲人都当过中学老师"，原来"甭管你是什么身份，坐到电视机前你就是个初中生"，所以《百家讲坛》一直都在苦苦寻觅学养深厚、平易近人又善于表达的主讲人。

这事实上揭示了一个残酷的现实：基础教育阶段，如果追求学科的严谨，容易牺牲教学的效益，而一定程度上牺牲学科的严谨，却可以极大地提高课堂效益。

下面以人教版初中教材中《明代专制主义中央集权的加强》相关内容教学为例，说明严谨历史的通俗化呈现。

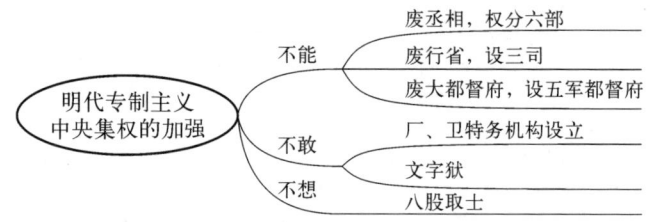

图10 《明代专制主义中央集权的加强》相关内容结构图

（1）教师将相关内容提炼为三个关键词："不能""不敢"和"不想"（或表述为"不愿"）。三个关键词通俗易懂，学生无论是理解抑或是记忆，毫无障碍。

（2）教师在讲述"不能"时，将明代一系列分权措施集中表述，得出一个结论：废丞相、权分六部是让以前那"一人之下，万人之上"的丞相权力渐次削弱，以至废除（虽废除丞相制度，但并不意味"相权"的完全消失），让最可能威胁皇帝的那个人不复存在，而原有的相权，由六部分摊，则任意一个部门在权力上都无法与丞相相提并论。废行省、废大都督府的做法与废丞相异曲同工，都是分割原有部门的权力，由多个部门分摊，都起到通过分权来实现集权的作用，是为"不能"。

（3）如果说分权让臣下没有能力对抗皇帝、地方没有能力对抗中央，那特务制度和文字狱则阻断了臣下、地方联合形成合力的可能。因为臣民和地方的活动都在特务（实质是皇帝和中央）的严密监视之下，任何联合的企图都可能被扼杀于萌芽状态。文字狱是另一种威吓，通过构筑因文字而起的狱案，震慑臣民，不能有任何精神方面的沟通和传播。这样，臣民"不敢"对抗皇帝，地方也"不敢"对中央持有非分之念。

（4）中央集权的"最高境界"是消除臣民对抗皇帝、地方对抗中央的念头，这则是通过科举改革、八股取士来实现的。八股取士分别从形式和内容两方面对选拔官员的科举制进行改革，考试内容不能超越宋明以来尤其是程朱理学对儒家经典的解读与注释，文章形式上则以"八股"来严加约束，如果儒家改造后的"忠孝"思想不入骨髓，则将名落孙山，如果登科成功，则早已奴化，是为"不想"。

（5）从结构上，教师将教学内容进行了通俗化处理。具体教学时还可以进一步通俗化。如介绍特务统治时，可以讲述大学士宋濂请客的故事：宋濂"尝与客饮，帝密使人侦视。翌日，问濂昨饮酒否，坐客为谁，馔何物。濂具以实对。笑曰：'诚然，卿不朕欺。'"（见《明史·宋濂传》）。也可以选择《明史·刑法志》相关记载："有四人夜饮密室，一人酒酣，谩骂魏忠贤，其三人嗫不敢出声。骂未迄，番人摄四人至忠贤所，即磔骂者，而劳三人金。三人者魄散不敢动。"以通俗语言来说这些经典的故事。至于文字狱，更有许多故事可以选择。

（二）遥远历史的生活化比附

历史已成过去，有些历史已经离现实十分遥远，但人类历史有许多共通之处，对遥远的历史以现实进行生活化比附，可以帮助学生进行历史的通俗化理解。

以下案例（统编版《中国历史·七年级（下）》第13课《宋元时期的科技与中外交通》），旨在说明如何将严谨的历史生活化。

（1）本课共三目，分别是"活字印刷术的发明""指南针、火药的应用"和"发达的中外交通"。为了让初中学生提起学习科技史的兴趣，教师在设计时力求严谨历史的生活化。即在学生阅读的基础上，围绕印刷术提出以下几个问题：活字印刷术发明前，人们怎么制作书籍？这种制作方式有何不足？活字发明后，原有的不足解决了吗？是否又出现新

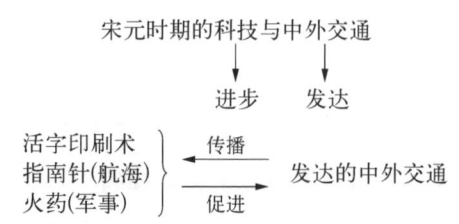

图 11 《宋元时期的科技与中外交通》相关内容结构图

的问题？

（2）当这样生活化处理后，学生基本上能知道雕版印刷的局限，如一块雕版若雕刻出错或一处损坏则会导致整版作废。而活字发明后，活字的质地会影响到印刷的效果和质量，排版也会产生检字困难等新问题，活字质地的问题会引发后续木活字、铜活字等改进，而检字问题正是王祯转轮排字法发明的直接动因。

（3）对活字印刷术的教学处理方式可以迁移至对指南针和火药应用的处理。即提出：指南针出现前人们怎么辨别方向？这些方法有何不足？当指南装置出现后，它们又有何局限？人们是怎么去突破这种局限的？唐代人们是如何在军事上运用火药的，这种运用方式有没有改进的余地？

（4）当以上铺垫实现后，学生基本上能体会到技术的创新往往建立在人们对于现有技术局限突破的基础之上。

（5）经过改造和探索，本课的主旨最终定为：宋元时期，在认识到雕版印刷缺陷的基础上，毕昇发明了活字印刷，王祯的转轮排版再次提高了印刷的效率；爆炸性管状火器的出现和应用于军事，延伸和扩大了人的力量；指南装置"针"形化并应用于航海，推动了交通的发展，而发达的中外交通又反过来促进了三大文明的外传。这就是从社会生活的角度来看待科技的进步。

（6）由以上探索可以看出：严谨历史生活化不仅可能，而且更有利于学生理解和掌握，甚至还能促使学生从现有技术使用中去寻找灵感，成为未来的发明家和科学家。

不只是初中阶段适宜严谨历史生活化，高中阶段同样有效。以下案例（人教版高中教材中的《明治维新》）旨在探索高中生的理性思维，这有别于初中生以感性为主的认识特征。

教师以"19世纪50—60年代，日本有哪些主要的社会阶层（或政治势力）？他们的社会地位如何？基于这样的社会地位，他们可能会有怎样的需求？这些需求最终满足了吗？"一组问题来引导学生阅读课本。有了这种引导，这堂课的结构就会有以下事实上的呈现：

表2　19世纪50—60年代日本社会主要阶层状况

社会阶层	社会地位	需　求	是否满足？
天皇 将军 大名 武士 新兴资产阶级 农民 ……			

（1）在这种结构下，学生很容易先找到天皇这一政治势力。天皇是名义上的最高统治者，但大权旁落已久，这个结论会十分自然地引导学生得出天皇的需求是什么。

（2）当一股政治势力相关问题解决后，其他政治势力相关问题的学习，在方法上是可以迁移的。

（3）当学生基本完成各政治势力的社会地位和社会需求后，明治维新出现的背景和原因就已经基本上解决了。

（4）在本案例的处理方式中，明治维新的内容看起来是弱化的，实则不然。明治维新中采取的措施事实上是天皇、大名、武士和新兴资产阶级的部分政治需求博弈的结果。只是以逻辑推理的方式而不是以记忆和背诵的方式来实现，这种方式更适合于要求理性思维的高中学生。

（5）有关农民的需求在明治维新的系列措施中未能得到体现，这为此后的教学内容埋下伏笔，即日本的这次重大变革基本上忽视了广大农民的政治需求，这导致此后日本国内市场的不足，间接促使日本走上对外扩张的法西斯道路。

三、结语

无论是结构化还是通俗化，都会在一定程度上牺牲历史学科的严谨性，因为历史本身并不存在这种结构，历史本身也不一定以通俗的方式存在。结构化和通俗化都是在学习历史过程中的阶段性、临时性举措。随着学科研究深度的增加，结构化与通俗化对历史严谨的损耗也会减少。因此，为追求历史课堂的高效，必须继续精研细刻，只有深入了才能浅出，这也正是一些史学大家三言两语可以点醒梦中人的道理所在。所以，对高效历史课堂的追求，在路上，永远在路上。

邵清

邵清，1968年生于上海。1990年毕业于上海师范大学历史系，1998年获得华东师范大学学科教学论（历史教育学）硕士学位，同年晋升为中学高级教师，2014年被评为上海市历史特级教师，2018年入选上海市普教系统名校长名师培养工程"高峰计划"，2019年当选全国教育学会历史教学专业委员会常务理事。

入职以来，先后任教于上海市金陵中学、格致中学、大同中学和上外附属大境中学。现任上海外国语大学附属大境中学党总支书记、副校长。主要兼职有：华东师范大学历史系硕士生兼职导师、免费师范生兼职导师，上海市中小学德育研究协会副会长，上海市人才中心教师资格认定面试专家，上海市历史学科德育协同研究中心项目主持人。

近年主要致力于历史学科德育的实践和探索。2011年提出了"德育课程链"的概念，倡导形成"拓展型课程—学生社团—社会实践"的德育课程链，并作为市级课题率先在历史教学中予以实践。2014年起，连续参与了市部合作课题"大中小德育课程一体化建设研究"第1—3期的研究，第1—2期研究成果入选《中小学德育课程的课程标准与教材衔接研究》一书。

  出版个人专著两本，参与编写书籍十本，主持课题六项，发表论文多篇，公开发表和出版的科研成果约四十万字。其中，主持的课题研究成果获得上海市基础教育教学成果一等奖，论文曾获中国教育学会中学历史教育专业委员会教学论文大奖赛一等奖。2017年，执教的《南北对峙与民族融合》一课，入选"一师一优课"，获得市级、部级优秀奖。

用心灵启迪智慧　让历史点悟人生

1990年，我从上海师范大学历史系毕业，开启了自己的教师生涯。在职三十年来，恰逢上海课改不断推进的三十年，我先后任教格致、大同、大境等三所示范性高中，依托这些学校浓厚的教改氛围，我有幸自始至终处于课程与教学改革第一线。广泛的实践与探索，使我由一个师范生逐步走向合格教师、特级教师。

"让历史点悟人生"是八年前我的专著书名，短短的七个字，实际上表达了我对历史教学的认识和我的教育理想。在我看来，每一个历史教师都应该强化历史学科的育人价值研究和实践，"点"到学生触情处，让学生悟出做人的道理，并转化为自觉的行动，贯穿于人生始终。

"让历史点悟人生"，我觉得最为关键的就是要探索如何"点"才更有效，"点"的目的是什么。为此，我不断进行教育教学实践研究，不断探索历史教学规律。自1998年起，作了以下三个阶段的探索：第一阶段，着重开展历史教学中的合作学习与问题探究模式的研究；第二阶段，致力于中学历史课程资源开发，以推动学生的研究性学习；第三阶段，致力于历史教学情感、态度和价值观目标的有效达成研究。三个阶段的探索实践，是我不断探寻历史教育教学规律的过程，虽各自有所侧重，但始终围绕着我的教育理想——"让历史点悟人生"——而展开，研究的是怎样"点"。"点"的目的是什么？在我看来，"点"应该有四个层次：即点睛、点明、点拨和点化。所谓点睛：坚持历史唯物主义立场，吸收各种史观之所长，着眼于学科的人文追求，使家国情怀成为历史学科的价值目标。所谓点明：用丰富的史料、层层递进的问题，推动学生神入历史情景，获得历史知识，把握历史本质。所谓点拨：关注学生思维发展，通过教师范例引领，推动学生基于史实置疑，组建学习共同体，运用历史学方法，追求客观历史发展进程与主观历史认识进程相谐，追求历史与逻辑的一致。所谓点化：开发调动整合各方资源，注重教师引导的定向作用，让学生在积极主动的参与中，加深对价值知识理解、接受的心理体验，最终养成相应的价值品质。

一、点睛

即基于唯物史观的立场，着眼于学科的人文追求和家国情怀的历史学科价值目标，确立教学主旨和立意。

历史是人的历史，史学是人的史学，历史教育是人在学习历史。从这个意义上说，历史学科所要传递的本质是一种人文精神，它的有效达成和价值取向，取决于教师的史识，决定于教师基于史识的教学立意。正如杜维运所言：史识是历史学家选择事实的能力。它是对于历史的看法观点，是研究主体面对研究对象时一种特具的历史眼光，是对历史的洞察力和判断力。"柔美的历史还是残酷的历史。内容不同的历史，所发生的影响迥异。"所以，从某种程度上讲，历史教师的史识决定着他在课堂上选择什么样的史实呈现，从而也影响着课堂的价值取向。教师正是在这个过程中积极创造有利于学习主体尝试选择、参与和体验的机会，让学生在这种尝试的实践行动中形成个性化的情感、态度与价值。

例如，以前的教材一直认为清末新政没有完成改朝换代的目的，本质上是一场骗局。但是如果以唯物史观、文明史观重新审视这段历史，我们会发现，清末新政虽然是以挽救王朝为目的，但客观上为20世纪的中国人更全面地拥抱现代化创造了条件。于是在教学设计中，我设立了这样的教学主旨：清末新政是清王朝在内外交困的窘境下为自救所推行的改革，虽然未能改变灭亡的命运，但客观上成为中国现代化历程中不容忽视的一步。在课堂上我首先引入了陈旭麓先生"新政是在于从假维新中演绎真改革"这一观点，让学生以辩证的视角认识清末新政。在讲述清末新政内容时，我引导学生解读相关文献史料（"江楚会奏三疏"、载泽《奏请宣布立宪密折》、《钦定宪法大纲》节选、清末学堂数量变化表、清末留学日本学生人数表等），观察历史图片（北洋官立造纸厂试办章程、上海仁昌缫丝厂旧照、张謇创办的通州师范旧照、杨斯盛创办的浦东中学旧照等），制作历史年表（1895—1905年新军发展年表、1902—1905年学制变化年表等），启发学生用比较和归纳、动机和结果等模式进行梳理，最后启发学生得出结论：清末新政是清政府为挽救统治而进行的最后的改革尝试，同时体现了现代化潮流的不可抗拒性；所以新政必然动摇旧的体制和秩序，激活新的社会因素，而腐朽的清政府对局面的控制力日益虚弱；随着新政推进到预备立宪阶段，力图维护皇权专制的清政府和立宪派、革命派等各种社会力量的纠缠作用，最终导致了预备立宪的破产和王朝走向毁灭；但是新政在教育、经济、法律、军事等各方面卓有成效，还开启了政治民主化进程，是中国近代社会发展中无法忽视的重要环节。通过视角的转换、立意的深化，我们可以看到，这节课不仅仅使学生对于清末新政有一个完整的认识，更使学生认识到任何历史现象都是在一定的社会背景下发生的，它的发生和存在都会对后续的发展产生影响，历史就是这样渐进发展而来的。在这样的教学推进中，主观动机和客观结果往往存在差异，多元联系发展等观念，也会渐渐影响着学生思维模式的发展。

再如，英国资产阶级革命是世界近代史的开端，在世界近代史上占有十分重要的位置，就我的教学对象来讲，学生们在初中时已经大体了解相关史实。如何在高中的课堂上推动学生思维进一步发展，尤其是关注学生核心素养的培育？我首先这样确立课堂主旨：英国革命揭开了欧美革命的序幕，革命后形成的长期稳定的政治局面为英国工业革命奠定了政治前提，也为后续国家的革命树立了榜样，提供了范例。导入新课阶段，我借用钱乘旦先生关于英国革命的"范例说"，顺势提出本课讨论的就是这个范例。在教学过程中，我围绕"传统"这一关键词，以传统的形成、传统的遗失、捍卫传统、传统的超越为线索，引导学生从经济因素、宗教因素和社会传统因素等方面，研究英国革命，认识英国革命。在教学过程中，我又以学生已有的知识储备为基础，精心选择多种类型史料，有史家评述（钱乘旦先生对于近代英国和英国革命的评述、阎照祥先生对光荣革命的评述）、历史人物的言论（詹姆士一世对君权神授的表述）、史籍记载（《权利法案》原文节选）、历史场景图片（《长期议会》《处死国王》《马斯顿荒原战役》《双王统治》）、历史人物的画像（《詹姆士一世》《查理一世》《克伦威尔》），等等。在呈现史料过程中，更是通过层层设问激发学生的思考，让学生在细节中获取信息（对处死国王场景的观察），在比较中得出结论，更在精读推敲中获得感悟。尤其在"传统的遗失"这一环节中，我更是强调了"斯图亚特王朝专制统治，违背了英国的政治传统，严重阻碍了资本主义的发展，损害了资产阶级和新贵族的利益，失去了民众的支持"这一内容。这一教学实践，使我认识到教学主旨设定坚持唯物史观是基本、是灵魂，而汲取各种现代史观所长，必定能够转换我们的视角，扩展我们的视野。在本节课的设计中，我以"传统"为关键词，引导学生不仅仅从生产力和生产关系的角度，而且从社会心理、政治传统的角度，去认识、了解英国革命，探讨社会变革与恪守传统的关系，渐渐感悟人类文明是世界各民族交融冲突、共同创造的过程，多样性、阶段性和普遍联系是其最基本特征。

二、点明

即运用多种形式的史料,推动学生神入历史情景,获得历史认知。

历史学科是讲述人类社会发生、发展的过程,是研究已经过去的人类活动。历史无法再现,远离现实,不能让学生去经历和体验。因此,我们必须让学生将历史人物、事件放到当时特定的时间、空间条件下进行考察,让学生神入历史,鼓励他们参与教学过程,通过积极的情感体验加深学习体会,从而收到良好的教育效果。引导学生神入历史的手段有很多,设置图片情境、问题情境、角色情境都是非常不错的做法。

例如,我曾经辅导青年教师上《新航路开辟》一课,怎样让学生理解航海家当时的艰辛,理解创业者的伟大呢?我们设计了这样一个情景:和哥伦布一起去航海。教师出了十几个小问题,引发学生思考:为什么渴望探险?为什么梦想出海?如何为远航筹集经费?你能驾驭航行中的船吗?你能安排好船上的生活吗?你会绝望吗?你们登陆后能生存吗?等等。初中生的思维比较具象、比较感性,带着这样一些问题,他们在思考的同时,仿佛进入了哥伦布的航海世界,体验了探险家的生活,感悟油然而生。

相较于问题情境,图片更具有直观性。在上《康乾盛世》一课时,为了让学生理解军机处在朝廷的地位和作用,我们出示故宫的卫星照片,让学生找到文渊阁、太和殿、养心殿、军机处所处的位置。在读图中,学生认识到了:太和殿是皇帝举行重大仪式的地方,内阁办公地点设在文渊阁,位于太和殿东南左翼门外;进入乾清门之后,便是皇帝及后妃的日常起居所在;雍正和乾隆的寝宫就设在养心殿,而军机处的位置就在养心殿以南,与皇帝的寝宫近在咫尺,真的是时刻"侍从左右"。

角色扮演也是进入情境的一个途径。在上《南北战争》一课时,为了让学生理解林肯的主要政治主张——"我的目标是拯救联邦",教师可以通过"如果你是林肯,你认为美国的哪些州有可能投你的票?""如果你是林肯,你就职演说的主题或者说施政纲领的首要目标应该是什么?""对啊,为什么林肯会这么说呢?""林肯为什么说'我相信我没有合法的权力……',又说'从宪法和法律角度看……'?"等插问,有意识地让学生身临林肯所处的环境,直面当时发生的问题,沿着林肯的思想轨迹作出相关判断。正是在这个过程中,学生不知不觉地神入了林肯的世界,进入林肯所处的历史情境中。

从这些成功的案例中,我们可以感受到引导学生神入历史,设置情境是前提,提供详尽的史料是关键,点到为止是要领。教师不应取代学生的作用,将结论直接告诉学生,而要通过提供史料来创设情境,用情境来牵引学生。史料越充分,就越容易让学生进入情境,并在此基础上"设身于古之时势,为己之所躬逢"。

三、点拨

即通过范例引领,激发学生主动探究,形成历史的证据意识。

葛剑雄先生在《历史学是什么》一书中指出:"真实的历史是历史学家永恒的追求,因为离开了真实,史学就没有任何价值,就不成其为科学。"可见,历史是从史料所提供的"证据"中构建关于过去的人和事的论述,证据意识是历史学家最重要的思维品质,也是历史教学重要的育人价值之一。

如何让学生形成证据意识呢?作为一种思维品质,我始终认为证据意识是很难"教"的,它更多的是通过教师的范例引领,在潜移默化中使学生领会和感悟。为此,在讲述一些史前历史时,我着意让学生循着考古学家的足迹,去体验研究人员的思路,从而强化"史由证来,史证一致"的历史思维习惯。

例如,在讲述华东师大版教材第一分册第1课《古代两河流域》时,在第一个环节,我首先出示《圣经》中关于美索不达米亚伊甸园的描述、古希腊典籍和传说中关于古代两河流域的记载,告诉学生,近代以来,人们最先从《圣经》中两河流域曾经有过"人间天堂",而后又在希腊人的记载中了解了空中花园、通天塔等古代两河流域的重要历史遗存;在第二个环节,我主要向学生们介绍近代对两河流域的重要考古发现,如何发现楔形文字的泥版,如何发现亚述王宫,如何发现尼尼微遗址,等等;第三个环节,介绍楔形文字如何被发现、被释读,从而最终通过楔形文字,揭开了古代两河流域文明的神秘面纱。

在这一教学过程中,我没有按照教材的逻辑从政治、经济等角度展现古代两河流域的风貌,而是遵循19世纪两河流域文明被发现、被考证的轨迹,带领学生逐渐走近古代两河流域。先从文献资料着手,再以考古发现与文献双重印证,通过文字的被释读,更实质性地了解古代两河流域的历史沿革和基本概貌,失落的文明被重新拾得。这个轨迹是考古学家探究古代文明遗存的过程,在教师的引领下,学生沿着这个轨迹像考古学家那样体验探究的过程,从而在不知不觉中经历着一次证据意识形成过程。

四、点化

即开发与统整各方资源,让学生加深内在体验,养成相应的价值品质。

历史学科核心素养有一些是指向人文精神层面的,比如唯物史观、家国情怀等。钟启泉认为:"情感、态度、价值观必须有机地渗透到课程教学内容中,并有意识地贯穿于教学过程之中,成为教学过程的灵魂。"因此,在历史教学中,涉及情感、态度、价值观的内容不能仅靠知识的传授、过程方法的示范,更需要的是感染、熏陶,而且这种感染和熏陶的过程不应局限于课堂,应该是多渠道的、贯穿于整个教育教学过程的。为此,教师应该善于调动课堂、学校以外的资源,与课堂的教学形成合力,营造氛围,催生学生的人文情怀。

例如,在上《文学》这一课时,怎样达成"文学以艺术的方式再现生活,是人类精神的需要,是人类精神文明的结晶,又推动人类情感世界和精神文明的发展,以历史视角认识文学家和文学作品"这一情感、态度和价值观目标呢？我在课前设计一个环节，让学生从祖辈或父辈中了解一下，曾经感动他们的文学作品是什么？为什么？从学生的反馈信息中，我发现了一个共同点：他们的祖辈或父辈都提到了同一本书——《钢铁是怎样炼成的》。这是一个很好的素材，于是我在课堂上展示了祖父母和父母们的感言，和学生一起分析了为什么长辈们会同时受到这部作品的影响，从而使学生从历史的角度对文学和时代的关系有了进一步的感悟。

通过《文学》这一课的尝试，我意识到：情感、态度和价值观目标的达成十分重要，学生人文素养的培育也必须强化，但不能靠简单的说教和粗暴的灌注，而要通过不着痕迹的"点"，让学生体悟，从而"化"为其内在的品质。要做到这一点，局限于教材的内容是不够的，需要教师有效开发、合理统整课堂与学校内外的各种资源，让课本上冷冰冰的文字"活"过来，让已经逝去的历史与现实联通起来。教师是无法替代学生去养成相应的价值品质的，教师能够做的是引导、感染和促进，为此，教师必须抓住联系点、寻找动情点、激活升华点。以《文学》这一课为例，长辈与学生之间有着天然的亲情，他们共同提到的文学作品很容易获得学生的认同，从而建立情感上的联系。当课堂上展示出长辈的感言时，学生的情绪被充分地调动了起来，心绪到达了高潮。此时，让学生想一想长辈感言背后的原因，和他们共同剖析长辈的人生道路与心路历程，能够真正地将情感、态度和价值观目标落到实处。可见，充分挖掘人文资源、有效营造人文氛围，对学生人文素养的培育才能是水到渠成的。

与此同时，我还和同伴们一起进行了历史学科德育课程链的探索和实践。我们首先开设了拓展型课程"中国文博视界"，通过课上的知识熏陶和兴趣培养，培养一批对于文物有兴趣的学生。这些学生组建文博社团，在教师的带领下体验上海博物馆的文化活动，并借助"社团进社区"以及全校性的"传统文化创意大赛"等活动，形成历史学科德育拓展型课程链。这一课程链让学生走近了中国传统文化，产生了兴趣和热爱，在与同伴的分享中不仅传播了传统文化，而且培养了社会责任感。2012年我们依托上海博物馆的一个走向校园活动"纸向何方"开展了一系列课程链活动。首先社团学生积极参与，随后社团学生邀请周边的小学生、初中生走进校园，他们便成为义务讲解员，在带动小伙伴共同活动的过程中，学生们自身的认识水平提高了，与人分享、关爱同伴等的道德意识和道德情感也在悄悄滋长着。

综上所述，通过点睛、点明、点拨和点化，强调以唯物史观为灵魂，在教学上从传授知识，到关注学生的思维发展，进而关注学生情感、态度、价值观的变化，这些探索推动我不断改进教学方式，统整课内、课外、校内、校外的一切资源，让学生在神入历史中感悟，在主动探究中领悟，在人文浸润中体悟，有效达成历史学科的育人目标，完成核心素养培育的任务。

李峻

  李峻，1971年生于上海。1994年毕业于上海师范大学历史系，之后在复旦大学附属中学执教至今，现为复旦大学附属中学党委副书记兼国际部主任、工会主席。2012年获同济大学中外政治制度专业硕士学位。2014年获上海市特级教师荣誉称号。2018年被评为中学正高级教师。曾在全国中学历史教学、说课、论文三项大赛中斩获一等奖。曾获上海市园丁奖、上海市三八红旗手、杨浦区专业技术拔尖人才、复旦大学优秀共产党员等称号。

  从教以来，以学生为本，强调课堂教学的"三重"，即重思维、重方法、重情感，形成以历史阅读与写作为抓手，重在培养学生历史思维能力的资优生课程，引导学生运用史学方法"在自己的心灵中重演过去"，孕育批判性思维和知真求通的人文素养。此项教学研究成果，即"指向语境还原的历史阅读教学的实践探究"课题获得2017年上海市基础教育教学成果一等奖。2018年承接上海市教育考试院的"高中学业水平评价纬度与指标体系研究"课题，为高考改革背景下的考试命题工作提出新的思路和标准。

出版《思维、情感、方法——高中历史教学三论》《从上海走进历史》专著2本；主编《中学历史阅读与写作概论》《高中历史教学哲思录》等著作4本；参编《上海市中学历史课程标准解读》《修炼——百位特级谈教师专业成长》等著作20本。在《历史教学》《中学历史教学参考》《中国教育报》等报刊上发表文章70篇，《关于历史细节运用于教学的思考》一文被选录《中学（学科）教与学（人大复印报刊资料）》。

追求卓越，从每堂课开始

2019年是我从教第25年，从踏入复旦附中的第一天起，我一直站在三尺讲台上，不管担任什么行政职务，都要上好每一堂课，这是我最投入的一件事。面对上海各区选拔进来的资优生，怎样的历史课算是一堂好课？这也一直是我在思考中实践、在实践中反思的问题。每个时代的学生群体因时代特征不同而有其特有的时代气质和特点，这些"时代"因素或多或少也会影响到"好"课的评判标准，比如20世纪90年代，是否用电脑上课是一堂"优课"的评估标准之一。当下的"优课"评估也会关注多媒体信息技术的运用，但评委不会只看是否运用了外在的信息化技术手段，而更多的是评估这些多媒体技术运用的有效性和价值性。如果抛开时代变化因素，面向未来，从以学生为中心，以人的全面培养这个教育目标出发来诠释一堂好课的话，那不同时代的好课是有共性的，那就是：教师首先要能点燃学生思维的火花，其次是点亮学生解决问题的能力，再次是点化学生正确的"三观"。

从20世纪70年代末我的第一批学生到如今的"00后"学生，我深刻感受到三十年跨度在复旦附中学生身上表现出的不一样的时代特点，但即便如此，作为资优生，他们身上还是有许多共同的特点，如聪明、好学、自信、广博，不轻易相信说教，具有批判性精神，喜欢把老师问倒。在这样一个学校，面对这样一群高智商的学生，只有把课堂教学提升为课堂教学艺术，才能被学生打心底里佩服。而这个教学艺术体现在我的课堂里，那就是教师的教学要重思维、情感和方法，将三者融会贯通，达到大道至简的教学境界。

重思维，即培养学生在已有知识和经验的基础上，对现实或历史等问题采用分析、判断、推理等形式进行理性思考，进而形成自己的观点。重情感，即引导学生用历史的眼光去评价历史人物的性格特征、行为和动机，用基于社会道德观的角度去分析个体的价值观和行为对他人造成的影响，常怀包容之心。重方法，即引导学生秉持实证精神和科学方法去探究问题，注重历史研究的跨学科探索，有意识地将历史与文学、化学、地理、心理学等学科结合起来，培养学生知识贯通和迁移的能力、释史求通的能力。可以说，重思维是历史深度的课堂体现，重情感是历史温度的人文折射，重方法是历史效度、信度的技能支持。"三重"某种程度上与教学三方面的目标（知识与技能、方法与过程、情感态度和价值观）相吻合。

一、发现问题，点燃学生思维的火花

"问题学习"是新世纪的一种学习方式，即从"教"走向"学"，学习者提出"我的问题"，并与同伴协同学习，在教师引导中去解决真实的问题，由此完成自身知识的建构。当学生把"发现问题"变成自觉行为的时候，把似乎无疑的史实、观点变成有疑的探究点，推动自己把课堂的"真实问题"转变为课堂内外思维碰撞的时候，一堂历史课的生命力就不仅限于课堂里了，历史课的魅力就不言而喻了。如何培养学生"发现问题"的意识？这需要教师的启发和持之以恒的培育。

在讲授英国资产阶级革命时，教师们一定会提及《大宪章》。2015年恰逢《大宪章》诞生800周年，英国皇家造币厂发行了一套纪念币，铸币

上印着约翰王，一手握着羽毛笔，一手拿着宪章文件。我问学生，这个纪念币反映了设计者的什么想法？学生一致认为纪念币表达了设计者这样的想法：1215年，约翰国王签署了《大宪章》。接着，我展示了《大宪章》文本的照片（2015年2月2日，为纪念《大宪章》发布800周年，四份官方抄本在大英图书馆展出），请学生找找里面是否有国王的签名，学生发现没有。那到底约翰有没有签署《大宪章》呢？这个问题是教师课前有意设计的，目的在于让学生无疑之处生疑，进而激发他们探索的欲望。

  学生通过查阅英国专业网站资料，咨询相关领域专家，最终找到了答案：约翰王的确没有在《大宪章》上手写签名，但是以盖章蜡封的方式表明《大宪章》有效。据说，当时约翰手上戴着一枚戒指，而这种戒指是专门设计用来替代签名的。因为当时国王不识字的较多，所以他们只需要将熔化的蜡油滴一点在要签字的地方，然后将戒指往上一按即可，这个印章也就是皇家御玺（有蜂蜡和树脂封蜡）。更有意思的是，学生还发现有的史料说，一开始《大宪章》的确是国王和贵族们之间的口头协定，文件是口头协议之后起草的，约翰王可能没有亲自盖上王室印章，而是身边的官员盖上的。而目前四份《大宪章》的版本是1215年的，当时这份协议出台后，其副本抄送至各地，由皇室官员以及各主教保存。事实上，在1215年之后《大宪章》又经过了六次修订，我们今天所熟知的内容其实是来自约翰王的儿子亨利于1225年所颁布的版本，该版本也明确了国王不得随意征税的规定。通过这个源于情景的"真实问题"，学生们知道了"签署"并非都要签字，加盖王室印章也是表示国王认可的一种方式，而加盖印章是中世纪欧洲文件生效的一种传统方式。当然，学生理解英国皇家造币厂发行的纪念币应该是历史场景理解的错误，当代人不能用当代人的想法去覆盖历史的真实性。

  其实，早在21世纪初期，曾有学生提出过这个"签署"问题。他到英国去旅行，父母带他去看了索尔兹伯里大教堂展出的1215年英国《大宪章》的羊皮手抄本，这个手抄本上没有英国"无地王"约翰的签字，但他听到的和看到的都说《大宪章》是英国国王和英国贵族签署的文件,那手抄本是真的还是"签署"的说法是错的?抑或是约翰王口头答应贵族这份文件呢?对于这个问题,我当时无法回答,因为我没有看到这份《大宪章》的真实版本,但我相信学生说的是真的,他的确没有亲眼看到约翰王在羊皮纸上的签名。我的直觉判断这是一个非常值得探讨的问题。之后,每讲到这段内容,我总喜欢拿这道问题去激发学生主动探究、关注身边历史的兴趣。这个有关《大宪章》签字问题的学术研究,其未必与高考有关,但它背后启发我们去关注习以为常的历史细节,在历史细节中发现问题,并打破了用现代语境去理解过去历史的思维习惯,学生们在释疑的过程中加深了对《大宪章》的真实解读,接近了历史的真实。而这也正是历史学科核心素养之时序观念的培养目标,即让学生明白,任何历史事物都是在特定的、具体的时间和空间条件下发生的,只有在特定的时空框架当中,才可能对史实有准确的理解。

围绕这个"签署"问题,学生在史料搜集、史料实证中还提出了他们感兴趣的或者网络上就《大宪章》的讨论而产生的问题,比如为何这份文件是用拉丁文写的,为何不用当时贵族通用的法语或者平民使用的英语来撰写?是否民间还有其他语言版本的《大宪章》?《大宪章》在当时的影响力到底有多大?《大宪章》的准确颁布时间是哪一天?这些问题都是基于学生课外对《大宪章》的解读之后产生的,这些问题又进一步激发了学生打破砂锅探究到底的精神。因此,一堂好课不仅仅在于课内解决什么问题,更重要的是课内如何去发现问题,发现问题之后课外还能解决什么问题。

二、精选史料,点亮学生历史思维的能力

在历史教学中发现问题,在史学研究中解决问题,这是历史教师教学的指导思想。学习历史对"人"的培养来说,其重要之处在于培养学生的历史思维能力。历史思维能力有高低之分,且随着对历史学习的深入,有

一个由低渐高的发展过程。参考英国、美国《历史学科国家课程标准》对历史思维能力的界定[1]，我认为其可分为历史时序思维能力、历史理解能力、历史分析与历史解释、历史研究能力、分析历史问题并作出决策的能力。这五个方面的历史思维能力能够让一个人具备用历史眼光审视、宽容过去，用人文情怀理解、正视现实，用理性思维憧憬、构建未来，并具备"一种向里看，并且追问'我是谁'的能力"。如何培养历史思维能力？重要阵地当然是课堂，而课堂的重要载体是史料的阅读、分析、理解和阐释。课堂时间是有限的，但教师用来辅助教学的史料是无限的。一堂好课不在于史料用得多，而是看史料是否用得精、用得巧。因此，"精选史料"进行有效教学，这是体现教师史学素养和教学技能的重要方面。

孔飞力曾写了一本《叫魂——1768年中国妖术大恐慌》的历史专著，讲述了18世纪乾隆盛世下，发源于江浙但波及全国的叫魂案，从普通百姓、大小官僚和乾隆皇帝视角描述了原本一种民间妖术所带来的恐惧如何从地方蔓延至全国，如何从地方上升到中央的政治事件，最后，谣言演变为一场自上而下席卷全国的除妖运动。这个真实的历史事件似乎和中学历史教学没有关系，但这段历史却能说明一个道理，即康乾盛世表面上是极盛的年代，但实质是一个镀金年代，除妖运动折射了清朝的落日辉煌，隐含着清皇权高度专制下的悲哀。这本书不可能在课堂上整本阅读，因此，我选择了"叫魂案"的一些生动史实案例，引导学生认识到乾隆盛世表面上的强大昌盛掩盖不住社会内部的各种矛盾和危机，即便乾隆皇帝已稳固江山，也难免有一丝政权被汉人推翻的担忧。

比如，我引用书中的一个史实：

在暑热的7月18日晚上，他（姓孟的农夫）睡在自家茅屋的后房，而他的妻子则与孩子们睡在前屋，前门敞开着以图凉快。孟对官

---

[1] 周仕德，李稚勇：《美国中小学历史教育培养学生能力问题研究及启示》，《外国中小学教育》，2013年第2期。

府说，天快亮的时候，"我身上发颤，就昏迷了。我女人叫我不醒，忽见我的辫子没了四五寸"。被惊醒的孟妻听说过，把割剩的辫子都剃净并洗一下头，就能躲过灾难。因此她叫来理发匠把昏迷的丈夫的头剃了并洗了头。

剪发在清朝是一个犯大忌的事情，《大清律例》中明确要求老百姓留发辫，这种剪发辫的行为似乎在挑战清王朝的剃发制度。虽然是因为对妖术的恐惧，老百姓不得不剪发，但乾隆皇帝认为有人正利用"剪辫妖术来煽动汉人对大清帝国的仇恨，并阴谋挑起反满叛乱"。在乾隆皇帝的高压下，整个官场的官员被调动起来，进行一场除妖的清剿运动。"叫魂案"在"康乾盛世"章节中的运用，既反映了"历史就是整个社会的历史"，也反映了"每个社会都以自己的方式对政治权力的限度作出界定。没有哪个社会愿意长期容忍不受限制的专权"。

戊戌变法是中学历史教材中的重要内容，它作为以近代先进知识分子为主策划的改革运动，虽因维新派自身的孱弱和理想主义，以及封建旧势力的强大而壮志未酬，然而它的"唤醒"与"警世"意义，却在民族复兴道路上留下了无法湮没的"回声"，也为苦苦求索中国现代化之路的国人留下了一段悲情记忆和宝贵财富。在分析戊戌变法失败的主要原因时，维新派的宣传、发动停留于上层知识分子而忽视下层百姓的参与，是一个比较重要的原因。我在讲授这段内容时，选择了19世纪的"不缠足运动"的史料。

"不缠足运动"是和维新运动一起发展起来的，郑观应、康有为等把"不缠足运动"和救国保种、国民智育挂钩起来。梁启超还说："缠足一日不变，则女学一日不立。"为宣传"不缠足"思想，维新派发行报刊、组织学会、开办女学，这也是后来维新运动开展的主要方式。不缠足协会分布广东、湖南、上海等多地，人数有几十万人，而且得到了张之洞、陈宝箴等官员的支持，这些运动的轨迹也和维新变法运动的历史足迹极为相似，只不过维新变法得到了光绪皇帝的支持。"不缠足运动"似乎就是早期维新运动的缩影。当透过这次运动光鲜的表面,我们会发现,各地不缠足协会的发起者都是男子,参加不缠足协会的会员也都是男的。据统计,"湖南那1 060列名不缠足会的人,没有一个女性"。真正应该被解放的妇女并没有参与其中。有时候,妇女的保守思想比男人更胜一筹。吴玉章曾说:"上海成立了天足会,我和我的二哥便成为反对缠足的激进分子,我的大哥也同情我们,……但是我的大嫂却无论如何也听不见我们的话,竟自把女儿的脚给缠上了。唉,变什么法?维什么新?就在自己家里也行不通。"这种现象其实反映了中国封建传统思想的根深蒂固。但维新派很理想主义,严复说,只要皇帝亲自下一封诏书,给老百姓讲清楚缠足的坏处,并且对缠足者严加惩罚,废除缠足其实是一件很容易的事情。康有为甚至估计只要三年时间就可以做到。这种形而上的"不缠足运动"遇到了理想主义和无实权的皇帝,运动随着百日维新的失败而偃旗息鼓也就可想而知了。戊戌变法失败的因子其实在维新变法运动早期——维新派发动的"不缠足运动"——中可以窥见一斑。

以上两个案例是以小见大、由表及里去理解历史事件、历史发展背后的深层问题,将现实中的人带入历史场景和情怀之中,让现实中的人与历史中的人和事隔空对话、包容理解。我遴选出凸显细节的史料资源,通过史料叙史见人,见微知著,释史求通。

三、阅读名著,点化学生正确的"三观"

在课堂中的史料教学,教师一般采用片段式的、碎片化的史料展示给学生,这一定程度会带来对史料解释准确性与否的问题。最典型的例子是法国元帅福煦在《凡尔赛和约》签订后说:"这不是和平,而是20年的休战。"大家对此话的理解是:福煦觉得《凡尔赛和约》条约严厉制裁了德国,埋下了德国人仇恨的种子,可能在未来引发另一场战争。但据丘吉尔在《不需要的战争》的回忆录里记载,福煦的这句话是对法德两国未来的担忧,而非针对凡尔赛体系。因此,教师在运用史料时,要在历史语境中去定位史料的证据价值。史实史料的准确性是一条不能失守的底线。"它告诉学生:我们来自何处;而价值观与历史观更不能魂不守舍,因为它告诉学生:我们将去向何方!"[1] 由此,为避免对名家观点的误解,整本书的阅读,尤其开展名著阅读,在阅读中进行文本、作者和读者的心灵对话,这对培养学生在历史语境中去体会、感悟、理解历史过往,客观分析历史人物,有着极其重要的作用。课外的"阅读名著",对一堂好课来说,会增强课堂师生教与学的共鸣。

我曾结合"第二次世界大战"的学习,指导学生阅读了由法国历史学家马克·布洛克撰写的《奇怪的战败:写在1940年的证词》一书。这本书是20世纪最具影响力的历史著作之一,意在剖析法国在1940年的战败。这本书既是学术著作,也是口述回忆录。在指导学生分析阅读《奇怪的战败》的章节时,我结合教材内容,设计了以下系列问题:

(1)作者在这章节中要表达的个人思想和情感是什么?请简要概述。

此问题背后的阅读能力目标是培养学生历史理解和叙述能力。

(2)在这章节中你获得的历史信息有哪些?请列举3—5条。

这是培养学生基于关键词、关键句的挖掘,汲取历史表层和深层信息的能力。在抓关键词句、复述作者观点和论据的过程中,教师引导学生关注作者建构论证的过程,提醒学生在章节的页边写上自己阅读时产生的问题、疑惑或者观点,写下自己是否赞同作者的推论和观点。

(3)这章节中,有没有令你质疑的信息?如有的话,你如何集证辨据?

这是培养质疑意识和分析问题、解决问题的能力。同时,针对学生的质疑或者疑问,教师引导学生合作探究,建立学习共同体。

(4)在这个章节中,有你无法理解的历史叙事吗?如果有,是哪些?

---

[1] 虞云国:《历史教学中的价值观、历史观与史料史实》,《历史教学问题》,2011年第2期。

这是引导学生经历从阅读文本到阅读作者进而阅读自己的心路历程。因为任何文本都带有作者主观意志和时代烙印，所以通过这些"无法理解"让学生了解作者没有写出的，或者故意不写的东西可能是什么，其中的原因会是什么。这些问题内化为个人的阅读思考意识后，学生就会在阅读中神入历史，进入作者的内心世界，进而倾听自己的心声。

（5）通过这个章节的阅读，你觉得布洛克在历史叙事方面给你什么样的借鉴或者启示？

这个问题是有意识让学生学习大历史学家布洛克的写作思路、方法，为自己撰写相关文章或者论文提供借鉴。

在读完《奇怪的战败》最后一个章节后，我提出思考题：

如果你是……（经历过这场战争的人或者战争后出生的人），读了布洛克的"一个战败者的证词"，你会如何看待这份证词？如果你是历史学家，你会用这份证词来研究什么？并简要论述研究的框架。

以上这些问题似乎与教材知识点没有很大的关系，但其背后是对人、对事的辩证思考。学生写给布洛克的话，充满了思辨和人文情怀。

学生1：您的分析内容，让我受益匪浅，尤其是在第三章中对于自己包括所有法国人的反省。敢于如此批判自己以及自己的祖国而又合情合理、义不容辞的人是极少的。然而对于您所批判的现象是否仅仅限于当时的法国呢？它在今日似乎依旧存在，正确而深刻的认知永不会过时，它并不像那些法国指挥官的那些过时的战术思想，对于人与社会的幡然醒悟是一个恒长的话题。

学生2：现在的法国已经不再是您那个年代时的战火纷飞，取而代之的是文化艺术上的领先地位，以及经济等各方面的快速发展，成为欧洲一颗闪耀的新星，相信如果您能看到的话，也必然会感到十分的欣慰。不过，或许会让您失望的是，时至今日，在这世界之中，硝烟依旧弥漫，叙利亚的炮声还在响起，令人揪心。不过我还要告诉您一个不怎么让您愉快的消息，那就是在几周前，ISIS（一个恐怖组织)在法国巴黎实施了多地的恐怖袭击,在巴塔克兰剧场、法兰西体育场等各地,骇人的枪声打破了人们星期五的休闲平静。或许您无法想象在这个大部分地区早已步入现代化的年代,这样一种打击带来的不仅仅是一个城市、抑或是一个国家的忧虑,而是整个世界的震惊,ISIS也不是您当年遭遇的类似于德国法西斯这般纳粹主义,而是这个新世纪中遗留下的恐怖因素组合成的巨大怪物。我知道您不仅仅是一位史学家,更是第一次和第二次世界大战的亲历者,自然是对于枪弹十分熟悉,然而早就和平发展的法国居然遭遇如此打击,着实令人唏嘘。

  学生3:不知怎么的,您对于那时法国公民的描述让我觉得有些似曾相识,我在当今的中国社会中似乎也看到过那时候法国民众对于战争的态度。他们都有一种共同的认识:战争是军队的事情,与我们无关。这无疑是令人心痛的。

  中国在"二战"中也遭受了巨大的损失,无数抗日先烈们抛头颅、洒热血,才换来了我们今天的和平。那个时候,中国相比于日本侵略者,装备落后、技术落后,正是依靠着军民一心、全民抗战,才取得了胜利。可见战争的决定性因素在于"民",只要全民族坚定信念、众志成城,为国奉献,就一定能战胜侵略者。您的这本书如同敲响一次警钟,提醒着我们应把国家利益放在高于个人利益的位置上。

  尽管世界大战的硝烟已经过去,但在全球各地,暴力冲突仍然此起彼伏。就在前不久,您的祖国首都遭到了恐怖袭击。但我相信总有一天,所有恐怖分子都会被绳之以法,因为正义必定会战胜非正义;人类,也必定会朝着真善美的方向发展前进!

  学生4:我们现在应该质问的不是国家,而恰恰应该是自己。"反省自己,如果有错,那么即便是平民百姓我也不使他受到惊吓",这是先贤孟子告诉我们的。在批判国家的爱国教育出了什么问题之前,先想想自己是不是根本没有"国家"的概念。或许,只有这样,我们才能不那么鼠目寸光，成日拘泥于自己眼前的忧虑，而是为一个更大的命题而奋斗。大概如此吧。

　　对于历史教学来说，有厚度的历史课堂不是教师单方面的 40 分钟课堂教学就能体现的，师生在长期课堂内外的广泛阅读以及阅读后产生的观点碰撞、同情之理解，这才是我们需要的历史温度，才是历史价值观、史学视界要达到的境界。当然，并非读一本书就可以解决一个问题，围绕"二战"，米尔顿·迈耶的《他们以为他们是自由的》、汉娜·阿伦特的《平庸之恶》、勒庞的《乌合之众——大众心理研究》都是可以推荐学生进行整本书阅读的名著。作者虽不是历史学家，但基于口述历史和真实案例，他们对第二次世界大战的群众集体心理和行为进行理性的描写和分析，让我们换个视角和思维方式去接近和审视一段熟知的历史，这些无疑都会增加学生对历史过往的理解和宽容。培养一个理性的、有人文情怀的人，这不是历史教学完善人格教育的有力体现吗？

　　俗话说，台上一分钟，台下十年功。教学行为某种程度上属于心理学范畴，教师的教学行为受到教师对学科教学价值标准、定位认识的影响，教师的专业成长也受到教师本身内驱力、教育情怀和教育环境等多种因素的影响。因此，即便同一堂课由同一个教师在其不同成长阶段演绎、展示，好课的评估标准也是即时即刻的。好课的"好"是永无止境的，这就需要教师终生去努力、思考和实践，因为未来已来，因为教学本身就是一门永无止境的艺术，因为每个教师都有时代责任去培养好祖国的栋梁。

郎宇飞，1961年10月出生于江苏南京，中共党员，本科学历。2001年，作为教学骨干从安徽省某省重点中学被引进上海市敬业中学至今。

现担任上海市名校长名师培养工程高中历史攻关基地主持、黄浦区历史名师工作室导师。曾任上海市教育学会中学历史研究会理事、华东师范大学教育硕士研究生兼职导师。

2014年获上海市特级教师荣誉称号。曾获得上海市园丁奖，黄浦区园丁奖，上海唐君远教育基金会"杰出获奖教师君远奖"，被评为黄浦区专业技术拔尖人才，黄浦区第二、三届学科带头人，第八届教育科研工作先进个人，是上海市名校长名师培养工程凤光宇名师培养基地首批学员。

《人民民主专政的巩固和国民经济的恢复》一课获得全国中学历史课堂教学评比一等奖，《世界反法西斯战争胜利的影响》一课被教育部基础教育一司评为全国中小学"学科德育精品课程"。为日本NHK电视台记者、中国香港通识教育上海考察团开设教学示范课。六篇论文获得中国教育学会历史教学委员会论文评比，教育部基础教育课程教材发展中心、上海市教育学会中学历史教学研究会论文比赛一等奖。参与教育部人事司专项课题、教育部重点课题各一项；主持并完成两项市级课题，《见微知著，画龙点睛——"历史细节"在中学历史课程中运用的研究》获上海市教育科学研究院第六届学校教育科研成果一等奖。参与十余部书籍撰写；近年来，在《历史教学问题》《历史教学参考》等国家级专业核心期刊上发表十余篇论文。

我的"运动员"与"教练员"的职业生涯

特级教师不只是荣誉,应是具有高尚师德的教书育人的楷模;是不断优化课堂教学,提高教学效率的优秀"运动员";是积极推进课改,发挥辐射作用的优秀"教练员";是研教结合、有思想的基层专家。

一、做优化课堂教学的优秀"运动员"

我的教师生涯起步于课堂,课堂教学丰富我的生命历程,三尺讲台是我从"运动员"成长为"优秀运动员"的运动场。

从教 30 多年至今,我周课时平均 15—16 节,任教高三历史近 30 年,经常多达 20 节课。先后与"70 后""80 后""90 后""00 后"初、高中学生共同学习成长;我得到了钱君端、聂幼犁、凤光宇等恩师的倾心栽培和精心教诲;遇到了本区、本校同行的互助,从一名自以为是的"青葱"教师成长为基层专家。

(一)关于比赛课

如同运动员要经历赛场一样,"赛课"过程充满酸甜苦辣。无论人们对"赛课"或褒或贬、或抑或扬,不可否认的是,"赛课"是许多教师职业生涯中经历过的刻骨铭心的历程。我最早公开展示自己的教学水平、教学能力、教学素养的途径便是"赛课"。1990年，我的《人民民主专政的巩固和国民经济的恢复》教学录像获得安徽省优质课录像评比一等奖，又被选送参加全国第二届历史课堂教学研讨会的评比。是年，各地选送教学录像54部，一等奖7名，我的录像课获一等奖。准备这节课的一个月，寝食难安。我深知，这节课是我教学水平、教学能力的公开展示和竞赛，不可懈怠！从通宵查阅资料、反复修改教案、精心设计板书、放学后在教室里一遍遍书写板书、制作幻灯片到一次次摄制录像，学校领导的支持、学生的密切配合给予我很大帮助，也使我感到责任重大，必须呈现最好水平。这次"赛课"对我产生一定的影响。其一，备课过程使我认识自己——无论是知识水平还是教学技能，都需要提升再提升。其二，比赛结果似乎是给予我的教学能力、教学水平的肯定评价，于是，省、市、校不断加派任务，不同规模的公开课、展示课接踵而至。

（二）关于公开课、展示课

为了上好每一次公开课、展示课，我必须在平时不断自我强化，学习先进的教学理念和优秀的教学设计，使我的课堂教学能够体现一定的教育教学规律，传播一些较为前沿的教学理念，能够为提高同行专业素养发挥绵薄之力。因此，自我强化、自我加压，逐渐形成一种习惯。

黄浦区教育基于"打造海派文化精品教育"的发展定位给我提供了舞台和机遇，敬业中学丰厚的底蕴和学科传承是我发展的沃土。已故前辈包启昌老师与北京的时宗本老师曾被中学历史教学界称为"北时南包"，包老师的"一堂课一个中心"教学理念至今是我备课遵循的原则。特级教师钱君端，不仅在为人处世方面对我产生很大影响，更是在专业发展上为我指点迷津，提供平台，不断"加压"。

任教敬业中学的近20年中，在课堂这块主阵地上，我不断探索、实践。多次承担市教委教研室委托或布置的工作，开设了15次市、区级以上的研究课、公开课、展示课。如：为全市高三历史教师和各区县教研员开设教学研究课；为日本NHK电视台记者开设教学展示课，为中国香港通识教育上海考察团开设展示课，并与之座谈、交流；参加上海市课改办主办、市教委教研室和黄浦区教育局承办的贯彻"两纲"教育公开课，上海市普教所教科研30年纪念活动的教学展示课，教育部教育一司的学科德育精品课；为长沙骨干教师、贵阳骨干教师开设展示课和专题讲座，多次为本区高三历史教师开设公开课；为安徽金寨一中高三学生和黄浦区等级考学生开设公益讲座课。

印象最为深刻的是为日本NHK电视台记者开设教学展示课，以及课后组织学生和日本NHK电视台记者座谈交流。这是市教委外事办、教研室的任务，需要全程摄像，制成新闻专题片。外事无小事，从接到市教研员於以传老师下达的任务到上课，只有两天准备时间。我用两个通宵重新备唐朝《中外文化交流》一课、制作课件，两个白天的课间辅导学生，顺利完成任务。

（三）应对学生课堂上的质疑与"挑战"

美国教育家、演说家伊丽莎白·布鲁瑞克斯所著《好老师应对课堂挑战的25个方法》一书，对教师经常遇到的场景给出不同做法，分为正例和反例，最后总结出小策略来应对课堂上最常见的各种挑战。但有些挑战是场景之外、始料不及的，教师应对挑战不仅要发现学生身上独特的价值，更要分析产生质疑及"挑战"教材的原因，要发挥教师的教学机智，不断改变自己教学的过程也是教学相长的过程。

我在进行《中日甲午战争》一课的教学时，分析北洋舰队失败的原因，依照传统，归为"清政府的腐败"。但吴同学课堂发言就认为"腐败"太笼统，"清政府失败的真正原因是缺乏能够指挥近代海战的帅才"，一语惊人！我鼓励他："说得好！继续说！"他侃侃而谈，通过中日海军力量的对比，又运用了中日史学界的不少研究成果得出黄海大战的失败是由于李鸿章战略认识上的错误、丁汝昌战术指挥上的遗恨……他近20分钟的论证，激起了许多同学积极参与和思考，开拓了大家的视野——

不唯书本、不唯权威，独立思考、互相探讨，鉴证识史、论之有据，大胆假设、小心求证……这一节课，我感到学生距离甲午战争那段历史更近了，对北洋舰队失败原因的分析，情感更真了，态度更明了，价值观也更实了。

经过这一"挑战"，我重新认识吴同学，他酷爱战争史，对曾号称"东亚第一舰队"的北洋海军怎么会在"一夜之间"全军覆灭感到疑惑，把研究的课题定在对北洋海军覆灭原因的思考上，切入口定在黄海海战上。在研读、分析与李鸿章同时代的美国海军军事家A.T.马汉《海权论》、戚其章《甲午黄海之战始末》、日本川崎三郎《日清战史》以及毛泽东《中国革命战争中的战略问题》的基础上，通过对中日海军力量的对比，运用分析、综合、比较、归纳的方法，推论出黄海海战的失败原因并不能笼统地用"腐败"说明。这也逼迫我去读《海权论》《甲午黄海之战始末》《日清战史》。

《抗日战争》一课的教学中，有位学生举手提问："老师，课本为什么不写国民党八十八师抗战？""共产党在抗战中到底有多大作用？"显然，学生在"挑战"教材内容。我控制住惊讶的表情，平静地从"九一八"以来中国共产党领导东北抗日武装坚持抵抗讲到正面战场、敌后战场的全民族抗战，用了30分钟时间进行解释，但该学生依然表现出口服心不服的神情。

为此，我重新进行《抗日战争》一课的教学。课前，给学生布置了一个"过程"性的探究任务：自愿组成小组，搜集有关资料，并选定不同角色"投入"抗日战争。课堂交流时，"军人组"的标题是"外御其侮"，展示了全国抗战重大战役和敌后抗日根据地形势图，播放了《血战台儿庄》《武汉保卫战》《滇缅作战》《百团大战》《平原游击队》《地道战》等影视片段和照片，以及《敌后抗日根据地分布示意图》，补充了周恩来为徐州会战献计献策，蒋介石训令卫立煌、阎锡山策应百团大战等史实。另外，还有"国际组""艺术家组""民族工商业组"等。整个课堂回到了中华民族那最危难、最悲壮的年代，大家与历史人物一起喜怒哀乐、悲欢离合，理解了何谓"全民族抗战"。

教学中，教师对历史现象、历史事件、历史人物的解释、评价，都是在向学生传达一定的历史观和价值观，都会对学生产生直接或间接的影响。如《美国南北战争》一课，如果从尊重生命、拯救联邦的角度，评价林肯政府对待南方战败者的宽容态度，值得肯定。但历史是复杂的，美国的移民社会特征、历史文化传统、1787年宪法、战后重建任务……都需要林肯政府慎重对待南方战败者。教师如果不能深刻理解，就无法应对学生将美国南北战争与中国人民解放战争进行类比的"挑战"。

二、做推进课改、发挥辐射作用的优秀"教练员"

作为教研组组长，我指导青年教师课堂教学、同课异构；指导本组老师进行论文撰写、课题研究；不断解决教学中的难题，改进课堂教学；研究高考、学业水平考命题，提高命题能力；建立试题库、课件库，编写《敬业中学历史教材校本化实施方案》，制定敬业中学作业标准，编制八册敬业中学历史学科"合格考""等级考"学案。

作为特级教师，在崇明支教的三年，指导、带教城桥中学、扬子中学七位中青年教师，听随堂课，了解教学情况，课后与他们交流；担任教育部"一师一优课"的评审专家。

作为黄浦区两期名师工作室导师，我带领学员通过蹲点听课、相互交流等方式，蹲点指导黄浦区初、高中十多所学校；对初次进行高三教学的教师，坚持长期互相听课，讲解难题，从备课、课堂教学、命题等方面指导青年教师公开课；参加华东师大"聚焦课堂——教师专业发展研讨"，与部分省市教师同课异构，获得一等奖。

作为第四期上海市普教系统名校长名师培养工程攻关基地主持人，我将继续充当好"教练员"的角色，为筑高上海基础教育教师队伍发展高原添砖加瓦。

作为上海市教委教研室教材编制和审读专家与学科德育专家，我多次接受市教研室、区教研员的指派，对全市高中教师进行新教材培训辅导；就历史学科贯彻"两纲"教育（主要是生命教育），多次为上海市历史德育实训基地学员、上海市师德与育德能力历史学科培训者培训班开设专题讲座；在每年高三复习的关键，对全区高三老师进行不同内容的专题辅导或公开教学；所开发的《"知识产权法"常识》为区级共享课程。

参与编写了高一历史教材（苏智良教授主编）《教师教学参考用书》、华东师大版《高中历史》第七分册练习；参与撰写了《中学历史学科教学贯彻落实"两纲"的实施意见》和《中学历史教学实施"两纲"的实践研究》《上海市中学历史学科德育教学指导意见》以及《历史叙事研究》。

三、做"研""教"、有思想的基层专家

教师在尚未涉足教育科研之前，对教科研大都存在认识上的误区，认为教育科研与己无关、对教学无用、增加自己的负担；也有教师认为，教科研太难，没有条件，是专职人员从事的。

（一）妄自菲薄，认为科研高不可攀

起初，我也认为科研高不可攀，始终关注的是用自己的教学赢得学生、家长、学校的赞誉，努力的目标是每年高考学生考出好成绩、任教的学科排上好名次，加上自己长期在高三教学第一线，压力大、任务重，认为科研活动会影响教学成绩，同时自己缺乏理论基础，又没有研究能力，教学任务繁重而烦琐，无法进行研究，再说，自己的研究能够得到认可吗？但这实质上是借口，根源还在于妄自菲薄，认为科研是专家、教授的事情。这些偏见与妄自菲薄，使我远离了教育科研。

（二）重新审视，登山之路就在脚下

我从事课题研究，始于参加钱君端老师主持的教育部人事司规划课题"中学历史问题教学法"的研究。进入上海市首届名校长名师培养工程凤光宇历史名师培养基地后，在导师的指点、鼓励下，我开始踏上独立

申报、承担课题研究的科研之路。进入基地学习初期，我聆听了胡宝兴的《教师的教育科研》、张民生的《课改背景下的教师专业发展》、苏忱的《什么是教科研活动》等报告，专家们用大量生动的实例解释了"什么是教育科研""教师专业发展与教育科研""教师研究应注意的问题""课题选择的策略""课题设计时应注意的问题""科研活动的一般程序"等一系列困扰我们的问题，使我茅塞顿开。我利用业余时间认真阅读了《现代教师：走近教育科研》《教师的教育科研与专业发展》等书籍，对教育科研有了一定的认识并产生了兴趣。市教委确立了上海市普教系统名校长名教师培养工程教育科研专项课题，鼓励每位学员确立、申报课题；历史名师基地班聘请了华东师大的教授、特级教师为我们做历史学科教育科研的专题报告。这些活动为我独立地进行教育科研提供机会，使我感到科研之山离我们并不遥远，登山之路就在脚下。此后，"课题引领，以教促研，以研优教"便是我一直坚持的研究路径。

（三）实践探索，教育科研别有一番洞天

当我真正把教育作为科学、艺术时，就会不断地在教育教学实践中捕捉困惑、解决问题、完善认识、产生理念、创新方法、追求真谛——这就是教师的教育科研。

我抓住上海市科教党委和市教委对全市基础教育推行"民族精神教育和生命教育"的契机，申报课题"跨越时空的生命对话——高中历史生命教育的实践与探究"。从选择课题到确立、申报课题，导师始终对我高标准、严要求。在导师的启发下，我围绕着历史教学中"如何渗透生命教育"这一始终困扰我的问题，重新确立研究方向。这一课题被上海市科学教育规划办批准为专项课题，申报成功。但如何完成研究任务？我感到前所未有的压力。有幸的是，我在研究过程中不断得到聂幼犁教授的指导与鼓励。

在撰写课题申请报告、进行课题研究的过程中，我提升了对"以学生发展为本，坚持全体学生的全面发展，关注学生个性的健康发展和可持续发展"课程理念的认识,深化了对教材的理解。我以"世界反法西斯战争胜利60周年的思考"为题,向全市的教研员和高三教师开设了一节市级公开课,从尊重生命、珍惜和平、国际和谐等方面讨论、复习世界反法西斯战争以及战后的国际关系,得到专家和同行的好评。我从渗透生命价值观的角度对"审判制度""人权""地区冲突"等教材内容进行重组,并撰写了《宏观思考,微观切入——由"刑罚"课例探讨教材资源的整合与开发》《追求和平,创造和谐》《"察言观色",因势利导》等教学论文,逐渐培养了课后反思自己的教学,及时改进、调整教学方案的习惯。我趁热打铁,又申报了上海教育学会教育科学研究项目"实践与探索——三维目标指导下的中学历史教学反思"科研课题。

针对学生喜欢历史不喜欢历史课的现状,我思考,如何通过提高课堂教学的有效性,使学生通过历史学习逐步形成正确的价值观念、必备品格和关键能力?我申报了"见微知著,画龙点睛——'历史细节'在中学历史课程中运用的研究"课题,被批准为上海市教育科学研究课题。我带领课题组成员阅读17部史学著作,观摩2008—2010年全国中学历史课堂教学大奖赛和展示课录像,组织了9场不同类别的同课异构、随堂课20余节,涉及初中、高中(普通完中、实验性示范性高中),市中心城区、近郊崇明,贵州贵阳、宁夏银川,积累了大量课堂观察的素材。在听课、议课的基础上,课题组成员分头进行案例分析,将分析结果与问卷结果、水平考结果相互印证,多渠道考察课堂教学运用历史细节对优化教学的作用。围绕课题研究,课题组成员开设公开课、示范课、专题讲座7节(场),在国家级刊物发表论文3篇,成功申报区重点课题1项;获上海市教育学会中学历史教学专业委员会论文评比二等奖1名,市历史学科课堂教学大奖赛二、三等奖各1名,上海市中学历史教学录像评比初中组二等奖1名。

我有幸参加由时任上海市副市长翁铁慧领衔的教育部哲学社会科学重大课题攻关项目"大中小德育课程一体化建设研究"的子课题"基于大中

小学德育课程一体化的德育教学指导意见研究"二期的研究，参与由上海市教委教研室承担的《上海市中学历史学科德育教学指导意见》的撰写，其中，"学科德育教学策略"之一便是"细节陈述，情景渲染"。该策略强调借助科学、典型、形象、富有穿透力而又详略得当的历史细节，再现历史情景，激发学生对于蕴含于史实中的德育核心目标的感知、体悟，达到"润物细无声""随风潜入夜"的育人效果，得到专家组的较高评价，认为是凸显学科特点、落实"学科育人"的有效策略。专著《见微知著，画龙点睛——"历史细节"在中学历史课程中运用的研究》获上海市教育科学研究院第六届学校教育科研成果一等奖。

我与钱君端老师共同主编的《以生为本　促成优化——基于初高中学生历史学习力差异的教学衔接研究》一书已由黄山书社出版。

由此可见，科研与教学是相互依存的共同体，是教师教育教学实践中不可或缺的环节，是我们由经验型教师逐渐转变为研究型教师的必经之路。导师的严格要求、严谨治学，专家的及时点拨、授之以渔，同行之间的切磋、讨论，大大推动我一步一步攀登教育科研之山。中学教师通过一定的努力，完全可以进行科研活动，关键是要善于学习，学习教育科研理论、专业知识，勤于思考，及时捕捉思想的火花，不断发现与总结自己教育教学过程中出现的成败得失，从而指导教学活动，在教学与科研中与学生共同成长。我们担负着繁重的教育教学任务，又要进行科学研究，无疑是自我加压，但是，只要有目标、能吃苦、不断请教和学习、持之以恒地努力，一定会有收获，在完成科研任务的同时促进教育教学水平上一个新的台阶。当你真正登上教育科研之山的时候，你会心旷神怡，顿时感到"这边风景独好"。

　　吴国章，1963年出生，1981年至1985年就读于上海师范大学历史系，现任上海市青浦高级中学历史学科教师。2014年获上海市特级教师荣誉称号。青浦区第三、四届学科带头人，青浦区历史学科教师研修基地主持人，青浦区中学历史特级教师工作室主持人；兼任上海市教育学会中学历史教育专业委员会理事、青浦区教育学会理事；参加历史学科上海市高考、学业考及上海市中青年教师课堂评选等专家组工作。

　　坚持以课程目标解读教材的理念，以唯物史观为指导，讲好人类历史大故事。通过持久的教学，培养学生对历史整体认识的会通意识，养成关注历史细节支撑的求真态度，升华在体验中感悟历史的情感，努力寻求育智养德的统一。长期支持和参加上海市中学历史二期课改，通过录制教学录像、提供教学设计文本及讲座等形式，为区、市级学科活动提供素材。曾获上海市中青年教师课堂评选活动一等奖。

　　坚持教学与研究的结合，以教研提升素养。参与二期课改《中学历史课程标准解读》编撰，担任《中学生学习辞典·历史卷》副主编，参编《百年中国德育经典集萃》《高中历史拓展型教材：教师参考用书》《澳门历史教材：中国历史教师教学用书（高中年级·必修）》《高中历史学生练习册》等作品，参加《上海市高中历史学科教学基本要求》等审读工作，在《历史教学问题》《现代教学》等期刊发表论文。教学论文曾获中学历史学会优秀论文奖。

厚实基础　锤炼课堂

教师生涯，"上课"一词几与职业名称同义。正因为如此，课上得怎样，往往成为对教师最直观的评判标准。学科教师寻求上好历史课，既是追求，也是过程，借用一句熟悉的话，即所谓"台上一分钟，台下十年功"。就个人体会，其"功"包含着诸多方面的努力与因素。

一、扎实基础，从高起点起跑

人生有很多起点，从教也是如此。以时间视角看，从即将入职的准教师到刚踏上工作岗位的新教师，往往被看作教师的起点。事实上，随着时代的发展，以教学改革的视角看，教师无分新老，在同一起点起跑的状况时有发生。

（一）树立目标登讲台，从准教师到新教师的转型

1985年，我踏上工作岗位。当时的目标很单纯也很纯朴，就是要做个合格的历史教师。作为师范院校的毕业生，毕业前所学的教育学、教材教法等知识，成为我们这些准教师直接的理论与工具。为迎接教学实习，中学教材成为我们必读课本。除历史专业课外，硬笔书法、语言表达、教

学挂图的制作以及徒手画教学示意图，等等，成为我们这一代师范生深刻的记忆。

在教学实习中，学科带教老师的示范指导至今仍历历在目，犹如昨日。什么是"基础"，什么是"目标"，现在回想起来，带教老师的言行早已为我们作了诠释。《圈地运动》是带教老师示范课中留给我印象最深刻的一课。老师从本体知识出发，从分析圈地运动的影响中形成了对学生分析能力和情感的培养，教学目标和达成目标的路径，已经走在了当时教学理念的前沿。听这一课，我体会到了什么是中学历史教师的功底。

新教师怀揣梦想，带着大学所学的知识踏上岗位，但真正的教学并非自己的想象。中学历史课程理念和教学要求与固有梦想和知识之间的结合，需要持久的磨合。中学历史教学，无论初高中学段，从低年级到高年级教学的前两个"周期"，应是新教师扎实基础，实现理想目标的关键期。按照上海一位资深历史特级教师的说法，教师教学就像工人挖井，要把井挖深，让井中水持续增加。我的理解和体会是，要让井中水滋润学生，教师的基础是重中之重。备课，备整套教材、备单元、备课文、备练习册、备学生；上课，重细节、练板书、控语速；作业（练习），析题目、辨答案、启思考。在此基础上，跟随一位有经验的带教老师，系统听课，勤于展示，在反思中改进。

（二）与时俱进研课改，从新起点再起航的保证

自走上工作岗位以来，中学历史教育课改不断深入。在课改的新理念、新课程、新教材和新课堂面前，教师无论新老，只有紧随把握，才有可能从高起点再次起跑。

21世纪的第一个十年，正值一期课改向二期课改的转型期。二期课改，上海中学历史教育从课程标准到使用教材，前后经历了几个发展阶段。原有的积累、积极面对的心态和课改的机遇，自然地将我推到了历史教学探索的前沿。

研读和实践课程标准理念。作为一线教师，我对于课程标准关于课程

性质、基本理念、课程目标和课程内容等一系列阐述，确实感到有些生硬深奥，但我坚持了下来；更重要的是，我的备课、上课，尽最大可能对照课标理念、目标展开。在此过程中，我应学科教研员要求，多次面对区、市同行开设公开课，以供教研之用。同时，我也研读教材，理解教材编著的理念与体例，从宏观把控开始，到专题、章节，理顺关系，把握脉络，从学科教育设计的高处俯瞰具体课文。这些实践与积累，也使我能有更好的机会深入课标的研究，2005年，我有幸参加了《上海市中学历史课程标准解读》的编写工作。

在教研中积累再发展基础。无论是文明史教材，还是中外合编通史教材，上海中学历史教学在二期课改以来坚持以历史本体认识为立足点，开展了一系列围绕课改目标与内容的活动，如"彰显史学思想方法""把握课程内容主旨""完善历史学习方式"等，并以"史学思想方法目标的分解、分配、分层与路径提炼""叙事见人，论史求通，学史重法"等为主题，开展教研。作为积极的参与者，我受益匪浅。至如今，随着部编课程标准和统编教材的使用，我从这些教研活动中积累的素材和经验，将成为对接和贯彻落实新课标学科核心素养的重要积淀，更是作为下一轮高起点发展的基础与保证。

二、立足课堂，在锤炼中成长

上好历史课，关键还是上课，只有在教学第一线滚爬摸打，才能在实践中锤炼出上课的"吹拉弹唱"功夫。

（一）经得起检验的常态课

上课是教师最基本的工作。按照一般惯例，学科教师走上讲台必须"手上有活"，教材、练习册等自不必言，教学设计或教案应完整备齐，无论是新教师的"详案"，或是老教师的"简案"，包含着备课、上课、作业、辅导、评价等教学基本环节的预先准备，应到位就绪，这是完成一堂常态课的系统保障。

上课应经得起检验，包括自我检验、他人检验。自我检验应该从备课环节做起，所谓手中有粮心不慌；自我检验也包括课后反思，因为上课的得失，事前预设与实际效果往往并不完全相符。在我个人的经验中，课后反思除了对本课教学设计检讨、教学目标达成、教学策略执行等进行总体回顾外，更值得反思的是课堂生成或课堂"意外"。记得在教学有关新文化运动的内容时，有学生在回答问题时，将其读到过的有关陈独秀私生活的内容饶有兴致地向全班同学介绍，虽然我及时转移了话题，化解了"意外"，但课后想来，在信息发达、学生阅读来源广泛的今天，学生已经不是教师以其所谓的"博学"就能征服的，教师应更多考虑如何正面回答学生在阅读中碰到的问题，这样既能保护学生的阅读兴趣，又能借势引导学生如何去辨别、评价所阅读的内容。因此，及时的反思会有意想不到的收获。

他人检验，一般是面对同行的听评课活动和带有检查意味的课，如"督导课"等。同行的听评课是教学教研的组成部分，教师个体的发展离不开团队的互补共进。我的态度是，欢迎随时推门听课。随着年资增加，青年教师常以自谦之态来听课，我感觉这是让同行检验教学的好机会。至于"督导课"，则是建立在常态课基础上的偶尔之举，但对于教师却是接受了更高层面的检验。我的记忆中，最匆忙的"督导课"通知，是在上课前不到十分钟的时间内传达给我的，而"经得起检验的常态课"帮助我坦然面对，代表学校、代表学科，也代表自己，顺利圆满完成。

（二）展示阶段性成果的公开课、评优课

教学、教研、教改（课改），教师的发展离不开在这三者的循环中前行。在此背景下，把握机会，以公开课、评优课等形式，展示自己对教改（课改）理念的理解与践行，也是上好历史课的重要途径。

二期课改以来，不同编撰体例下的历史教材曾给教师们带来挑战，也创造了教师自我挑战的机会。关于人类求生存、求发展的文明史教材，我曾以《服饰》《人权》《三权分立》等课文开设公开课，作为当时市级教研

的素材。其中《服饰》一课参加了上海市中青年教师课堂评优活动，荣获一等奖；《人权》一课的教学录像，由市远程集团录制光盘发行；《三权分立》《法系》等课，为网络课程录用。关于从分散的区域文明走向整体的全球文明的中外历史合编教材，我先后以《隋唐政治新格局》《戊戌变法》《改革开放》《上海的新发展》等基础型和拓展型课程开设公开课，为区、市级教研及市级历史学科培训基地提供研究素材，还远赴新疆、重庆，以《戊戌变法》一课展示交流。

三、勤于学习，在充实中提升

如果说脚踏实地上每堂课是"行走"，那么，勤于学习则是"动力"保障。在我聆听到的前辈们成功的经验中，"学习"是最具共同点的要素。

（一）抓住机会"回炉"学习

变化与更新，是走出大学校园后经常面对的问题。中学历史教师如何掌握史学研究的动向与发展？如何以知识的更新、理念的更新解读历史，跟上史学研究发展的脚步？培训学习是便捷高效的方法。我和其他教师一样，工作后参加了许多培训学习。对于现在的青年教师来说，学习的机会更是越来越多，平台越来越高。就我自己的体会，对于学习，一是积极参加，所谓机不可失；二是学有所获，在汲取中提升自己。

除临时、短期的学习培训外，我曾参加过华东师大继续教育学院主办的中学历史骨干教师培训班、上海市高中历史学科德育实训基地、上海市新农村培训师培训班等分别持续一至二年的学习班，在这些学习班中，来自大学历史系、人文学院、教育研究机构的教授、专家，以及中学历史特级教师们，通过不同的方式，将他们有关史学前沿理论、学科本体知识，以及教育发展方向、学科教学理念与实践等研究成果，通过不同的方式传递给我们。回想当时情景，我们这批来自中学历史教学一线的教师，在周末的清晨挤着公共交通，为的就是赶到学习点聆听教授、专家们的讲座，并主动请教有关史学、教学等问题。

培训学习的目的是提升自己的学科素养和教学能力,所以我比较关注自己接受培训的成效。所谓学有所获,重要的是在汲取中结合自己的教学加以思考,用更新的知识与理念反哺教学;如果可能,将两者之间的结合形成文字,作为自己的教学心得或教学论文。二期课改初期,我个人形成或发表的教学心得与论文,基本都是在日常积累后,通过培训期间的学习点拨凝聚而成的。

(二)不失时机问道前辈、师长

向前辈、师长请教,向同人请教,这是学习中最为直接且即时性最强的方法。传统意义上,历史学科是小学科,但正是这个"小",也显示出我们的优势,就是历史教师与历史研究者或历史教学引领者的接触反而有更多的机会,加上现在各级教学研究指导机构的有效组织,历史教师聆听专家报告,甚至直接接受专家指导的机会也为数不少。

记得某次教学展示,我以拓展型教材的"上海的新发展"为课题,向一位专家请教。在听取了我的教学设想后,专家花了近两个小时的时间,帮我分析教学。分析的内容远超我教学的内容,从教学的立意把握、资料运用,到教学的主线贯穿乃至教学中学生情绪的调动,以及基础型课程与拓展型课程教学的共性与区别等,几乎是一堂完整的学科教育教学理论课。此次指导我至今难忘,当然当时的教学设计修改和事后的上课效果也令人满意。另有一次,我在开设某堂关于文明史的教学公开课时,有两个细节难以搞清。我专程请教了几位专家:本区的一位资深历史教师为我解决了教学环节转换的问题;两位编撰教材的大学教师,更是从教材编撰理念出发,给我阐述教材与课标、教材与课文之间的关系,真可谓高屋建瓴,使人茅塞顿开。因此,得到专家的直接指点,既能解决直接教学问题,更重要的是,其启发指导作用远远超过一堂课的意义。

直接得到学科专家指导,当然是幸事。事实上,所谓"三人行,必有我师焉",日常教学交流中,问道同道不失为一个良策。学科同人,无论长幼,都有自己独特的教学长处。其中,听评课活动就是一个极好的机会。开课教师的设计与课堂行进，听课老师的中肯点评，专家的点拨妙语，这些教学研讨的"头脑风暴"，会在日后逐渐积淀，为我所用，成为自己发展的助推动力。因此，以同人的情怀与学识充实自己，能使自己更快提升。

四、形成风格，在凝练中完善

（一）在总结中认识自己

作为历史教师，我经常将自己定位为"讲故事的人"。年轻时，我也曾经勾勒过理想中的场景：讲者，叙述着故事；听者，心绪随之而动，时而追求故事的真假，时而打探故事的版本；动情处，或有感慨，或有激愤。故事既有基本结局，更有余音回荡。当然，这只是我对职业与学科的幼稚遐想。

随着职业生涯的发展，曾经的幼稚和遐想却在一个偶然的时机又突然浮现，并且促使我自问："我是一个讲故事的人吗？""我是怎样讲故事的？"事情的原委是我所在学校组织校庆活动，作为教学年资较长的教师，我被学校点名做一次关于自己学科教学思想的汇报讲座，这促使我静下心来梳理过往，总结教学点滴并使之连贯。

现在想来，我的总结与交流，确有当年幼稚遐想的影子。我认为，自己的历史教学可用"通""细""行"三个字概括。"通"，是指历史的通感，是对历史发展相互联系和规律的认识。历史教学应该向学生讲述"人类历史发展的大故事"，揭示历史发展的大趋势、大联系。我曾在《戊戌变法》一课教学中，尝试以19世纪中后期的特定时空为背景，展现中国人对民族危机险象的抗争、对世界资本主义发展潮流的回应、对中国现代化道路的探寻，突出横联世界、纵贯中国的历史场景，以此引导学生形成对戊戌变法的宏观认识。"细"，是指历史的细节和评判，是以史料贯通历史、解释历史的思维和方法。如在《从史前时期到夏商王朝》单元教学中，我侧重两个层面：一是通过史料辨析，求证中国农业起源、夏朝历的存在和存疑以及商朝历史是信史等基本结论；二是建立农业起源、聚族定居和中华文明起源之间的内在联系，试图建构生产力发展推动社会进步的基本图像。"行"，是指由学习而生的情感与行为，是对知行合一教学效果的高层次追求。如上述《戊戌变法》《从史前时期到夏商王朝》教学中，既有对仁人志士为救亡图存而慷慨赴死的情感追念，也有对中华文明源远流长的认同感和自豪感。

（二）在分享中突破自己

经历一定教学积淀的教师，其教学风格、教学思想是对学科的贡献。教学与时代同行，突破积淀寻求新的发展，需要教师的情怀。我认为，学会分享，在分享中突破自己，是教师再发展的新起点。

集体教研活动是学科教研的传统，教研主题的策划和教研素材的提供，是教师融入身边教学团队最好的方式。我校历史教研组曾被评为区优秀教研组，这是我所在团队集体努力的结果，但其中有关教研主题的策划和实施，以及接受相关专家现场验收等环节，我毫无保留地贡献自己的思考。教学公开课常常被看作展示，但在我看来，公开课是教师对教学理念理解的公开解读，特别是教师为开课而做的一系列准备，包括资料积累、教材重组乃至板书设计等教学环节构思，都是开课者的创造性劳动，这其实也是一种分享，尤其是不带功利的公开课，分享的意味更浓。分享的收获往往是意外的，听课者在赞誉你的长处时，也会真诚地提出他们的见解。我曾为上海市名校长名师培养工程历史班开过高中教材的《改革开放》一课，在点评环节中，围绕本课主旨、设计、落实、达成等一系列教学问题，听课教师各抒己见，犹如将本课重新演绎。这堂听评课，经常被我当作范本，讲解给我学科工作室的年轻教师们听，因为我仅仅分享了一堂课，却收获了一堆教学思考。也许正是这些收获，就是我能够继续下一次分享的又一高起点。

我曾经在一篇自我介绍中写道："分享经验，是他在前辈们一路扶携中收获的宝贵财富。他主持区历史学科教师研修基地和特级教师工作室工作，为学科教师专业提升，特别是区域学科核心团队和特色教学人才的脱颖而出分享自己的经验，提供自己的心得。因为他得到过前辈们无保留的传授，他深知，这是历史传承。"确实，我个人的影响和实际指导能力有限，但在分享经验的过程中，我从他人特别是富有活力和开创精神的年轻教师们身上却是收获无穷。

如何上好历史课，考察的视野并不局限于一文一课；优秀的历史课堂，反映的是历史教师的厚积薄发。历史教师生涯的启航、成长、提升和完善，从上好历史课开始，而"好"的标准，则动态向上无止境。

汪辉，1969年生，上海市奉贤中学历史教师，1991年从上海师范大学历史系本科毕业，中学高级教师，上海市中学历史教育研究会理事。2014年获上海市特级教师荣誉称号，先后获得奉贤区历史学科带头人、奉贤区名师称号。自2004年起常年担任上海市中学教师高级职务任职资格评审委员会历史学科评议组评委、奉贤区教师中级职称评审历史学科评委。

认为"习于智长，优与心成"，始终坚持以自己的言行影响、感染学生。尊重学生的个体差异，对不同特点的学生采用不同的方法，根据学生的不同爱好，鼓励学生全面发展。总是用发展的眼光来看，用"放大镜"来看学生的优点和进步，以长善救失，是一个深受学生喜欢的好老师，被学生亲切地称为"辉哥"。

长期教学中，始终坚持和发展史料探究的教学特色：教学中坚持用图像证史及图文互证方法培养学生实证意识；教学中充分发掘史料的显性及隐性信息，让学生思维符合历史逻辑发展过程，揭示历史发展的内在规律；层层深入设问，结合史料引导学生思考探究问题。

富有理性的史料探究风格，使学生深受启发，也在区内外乃至外省市有知名度。先后受聘参与编撰上海市二期课改历史学科初、高中教材（练习部分）和"教学基本要求"。多年参加秋季全国普通高等学校招生统一考试（上海卷）的命题或审题工作。作为上海名师，曾先后受邀在浙江、江苏、河北等省开设展示课。

务实求真，坚守风格，做教而有长的教师

1991年我从上海师范大学历史系毕业，先后在奉贤区四团中学、曙光中学任教，2008年7月进入奉贤中学任教至今。从初中到高中，从区县重点到市实验性示范性学校，在长期的中学一线历史教学中，我始终以超越自我、追求卓越的精神，站在上海历史课程教材改革的前沿，以务实求真的工作作风致力于中学历史教学实践。2002年底被评聘为中学历史高级教师，连续获得奉贤区名师称号，2014年获上海市特级教师荣誉称号。这里就我20年的从教经历谈谈如何做一个教师，如何做一个历史教师。

一、以师德表率作理想，超越自我求楷模

一名光荣的人民教师，不仅要有学识的魅力，而且首先要具备人格的魅力，不仅要具有广博的知识，更要有高尚的道德。教师该如何培养崇高的职业道德呢？正如有人说的那样"要人敬重必先自敬，重师重在自重"。教师要自敬自重，必须先提高自身的职业道德素养。通过师德师风的学习，我认为素质教育事实上首先应该提高教师自身素质，教师的素质不

高，肯定难以教出高素质的学生。良好个性体现何在？那就是，合理地进取，合理地忍让，适当时敢于竞争，关键时能顾全大局。

教师的世界观、人生观和价值观，通过这样或那样的方式，对学生的各个方面产生影响，乃至影响学生领悟和体验生活与艺术，让学生学会不仅用眼睛而且用心灵去感受真善美。教师的一言一行对学生的思想、行为和品质具有潜移默化的影响，因此，教师只有严于律己，以身作则，才能让学生心服口服，把你当成良师益友。

教师的人格力量某种程度上取决于教师的学识。教师不仅要对所教课程有精深的认识，还应有广博的知识。所谓"精"就是要"知得深"，对专业知识不仅知其然，而且知其所以然；所谓"博"就是要"知得广"，能触类旁通，具有相关学科的有关知识。这样的要求总起来说，是要教师成为走在时代前列的人。我始终潜心钻研教材，学习先进的教育教学理论，不断用现代教育科学理论知识充实自己，并在自己的教学实践中尝试性地应用这些理念、理论，逐步形成有自己特色的教学风格。

做学问，我始终坚守"板凳要坐十年冷，文章不著一字空"的信念，十多年如一日，潜心问学、刻苦钻研、严谨治学、热爱学生，默默地、一丝不苟地履行着一个教师的职责，低调、务实、求真，用心血做学问。这些可能不是学者人格魅力的全部，但肯定是最重要的。

"习于智长，优与心成。"亲其师，则信其道；信其道，则循其步。我关心爱护每一个学生，努力以自己的高尚品格、师德垂范去感染学生、影响学生，为学生作表率。教师首先自己要有高尚的道德情操，才能以德治教、以德育人，以高尚的情操引导学生全面发展。对学生，我总是努力做到动之以情、晓之以理，和学生心心相连，尊重学生的个体差异，不讽刺、挖苦、歧视学生，不体罚或变相体罚学生。面对各种差异的学生，我详细了解每一位学生的特点，深入了解每位学生的心理特点，做到因材施教，对不同特点的学生采用不同的方法，根据学生的不同爱好，鼓励学生全面发展。对于学困生，我总是用发展的眼光来看，用"放大镜"来看学生的优点和进步，以长善救失，是一个深受学生喜欢的好老师。我有很强的事业心和责任心，工作兢兢业业、任劳任怨、勇挑重担、锐意进取、勇于开拓创新。

二、不断修炼内功，始终能成为学生的高素质引路人

我们所生活的时代，知识更新速度之快、频率之高、手段之新，是前所未有的。我们不能预知明天的教育（包括历史教育）会怎样，但我们必须保证能够适应今天的教育形势，而不是用昨天甚至是前天的知识、认知、技术来教今天的学生。

我始终认为，长期以来制约自己向更高层次发展的最大瓶颈是教学理论素养的缺乏。在实践中，理论水平往往制约发展。教师要成为学生成长的高素质引路人，就需要不断地提升自身的专业能力和教育素养，使自己具有源源不断的"活水"。如果不强化"自育"意识，勤学苦练，要做到"问道在先""术业有专攻"恐非易事。自然，提升自身的专业能力和教育素养的方式多种多样，我也承认对于不同的人，有效的手段各不相同。所以在此不必面面俱到，我就我自己感受最为深刻的教师培训方面谈谈我的一点经历和体会。

我于 2002 年底评上高级教师职称，时年 33 岁，之后常年参加中级职称或高级职称的评审工作，2005—2008 年参加上海市高考命题工作。在当时，我自己都以为这应该是我教师生涯的顶峰了，还能怎样呢？但我还年轻，难道后半生就这样惯性发展了吗？恰在此时，机遇接踵而至，2008 年起，高层次培训机会接连到来：2008—2010 年，参加由历史特级教师周靖老师主持的上海市高中历史学科德育实训基地培训；2008—2011 年，参加由历史特级教师凤光宇老师主持的第二期上海市历史教师名师培养基地培训；2009 年 4 月开始，参加为时一年半的上海市新农村教师培训者培训；2010 年 11 月，被推荐参加由国家教育部和财政部主办、北京师范大学承办的"国培计划——中小学骨干教师研修项目"高

中历史班培训。密集培训使我一直奔波，累是肯定的，但这些高层次的培训，使我有了向专家学者学习、向优秀教师取经的机会，不断汲取学科教育教学营养，提高了自己的人文素养和综合素质。此外，我还广泛阅读有关中学历史教学改革的理论和实践书籍，积累了大量的阅读笔记，潜心钻研先进的教学理念和成功的教学经验，不断拓宽自己的教育教学视野，厚实自身的专业发展底蕴。

有修炼就有提高，有提高才有收获。2009年，我主持的研究课题"上海高中历史教科书（华师大版）的解读与研究"申报区级课题获得通过立项，2010年结题。2013年，《系统训练重点内容，提高综合应用能力》获中国教育学会《中国教育学刊》举办的"中国教育实践与研究论坛"评委会论文评比一等奖。2008年以来，我连续获得奉贤区名师称号，先后开设区级研讨或示范课十多节，形成广泛的影响，也通过带教的青年教师得以推广。2010年，我受邀请参加由浙江省教育厅和杭州师范大学主办的"浙派名师暨全国名师课堂教学展示"活动，向浙江全省历史教师开设《领主的庄园和市民的城市》公开示范课，2011年，为河北省高中历史教师开设一堂《王权与议会的斗争》的展示课（河北省教研室和衡水市教研室及衡水中学主办），均得到很高评价。2013年、2014年还受聘为上海师范大学历史师范专业学生开设专场沙龙讲座。

三、长期的一线历史教学积淀鲜明的教学风格

课堂教学是教师体现自身价值的主阵地，我一直在思考、实践着怎样通过课堂教学使历史在细致、生动的基础上充满思考和透彻。对于历史，对于历史教学，对于有效的历史教学，我始终不敢有丝毫的怠慢。

教学中，我始终坚持和发展史料探究的教学特色。（1）教学中坚持用图像证史及图文互证方法培养学生史料实证意识，积累大量教学案例，深入思考，形成经验总结和理论思考。如在《民国初年的社会与政局》一课中，运用两幅"剪发辫"的历史照片深入探究辛亥革命之后出现这

两幅神态不同的"剪发辫"照片及其深刻的社会背景,激发学习者的历史想象力,从而形成真实、客观的历史认识。并且我以此为案例撰写教学论文《去伪存真探照片,拨开迷雾见红日——由"剪发辫"照片风波谈"图文互证"》发表于《上海教学研究》杂志。(2)教学中充分发掘史料的显性及隐性信息,让学生思维符合历史逻辑发展过程,揭示历史发展的内在规律:从现象到本质,从原因到结果,从整体到局部,从具体到概括,从个别到一般,等等。如在上《文艺复兴》一课时,我运用相关史料,围绕四个问题展开课堂教学:文艺复兴在哪里展开,都有些什么人?为什么意大利会成为文艺复兴的中心?文艺复兴的巨人们都有些什么主张?这仅仅是一场古希腊罗马文化的复兴吗?通过层层推进,使学生更深刻地认识到这场运动的本质。(3)层层深入设问,结合史料引导学生思考探究问题。我发挥在训练设计方面的优势,在课堂教学中运用各种史料,用层层深入的设问,引导学生思考,揭示历史现象背后的深层次问题。如高三复习课《运用叙述方式进行组织的试题分析》中,我以"叙述"题的方式指导学生如何把积累的知识完整地表述出来,通过对学生的提问及对学生回答的分析归纳,把一个个教学环节联系起来,用提问的方式启发学生的思维,一层一层地完成自己的教学目标,充分体现了课堂教学的有效性。这种富有理性的史料探究风格,使学生深受启发,对历史学科的认识也发生极大的变化,因而受到历届学生的欢迎。

历史学科的核心素养对于"史料实证"是这样写的:"历史过程是不可逆的,认识历史只能通过现存的史料。要形成对历史的正确、客观的认识,必须重视史料的搜集、整理和辨析,去伪存真。"(教育部《普通高中历史课程标准(2017年版)》)就具体的课堂教学而言,历史不是曾经存在过的事物的完全再现,它是从没有加工的材料出发,通过智力的作用,勾画出一个可理解、可想象的世界。它具有以古鉴今、以往知来、以见知隐的前瞻性和将抽象思维与形象思维、形式逻辑思维与辩证逻辑思维结合的特殊的思维性,而其在时间、空间和内容上的综合性又决定了它特定的知识和能力的迁移性。

  所有这一切，都必须建立在充分而可靠的史实的基础之上。所以，一名历史教师，就是要在我们的中学历史课堂教学中，大量使用充分而可靠的史实材料，营造、构建一个学生能够想象和理解的、贴近真实的历史时空；让学生沉浸在这样的历史时空环境中，借此提高学生的思维品质与解决问题的能力（引导学生掌握初步的了解往事的方法——搜集、甄别史料和提取信息的技能，培养学生形成基本的思考往事的能力——分析与综合运用史料，理解、解释与评价历史和有关问题的能力），形成"论从史出，史论结合"的思维方式；进而促使学生形成在学习与生活中的主体意识，学会用实事求是的思想方法认识人类社会，为启迪学生的智能、开拓学生的视野提供范例，使学生汲取智慧、继承文明、陶冶品性、弘扬道德。

  《启蒙运动》一课是现行上海高中历史教科书第四分册第二单元中的第二课。本单元标题是"17—18世纪资产阶级革命"，共四课内容——《英国资产阶级革命》《启蒙运动》《美国独立战争》《法国资产阶级革命》。把一次欧美资产阶级思想解放运动放在三次政治革命之中，除了时代相近之外，还体现了编者认为这两者之间互为影响的观点。启蒙运动作为思想史，其内容是历史教学中的难点，其烦琐复杂而又深邃的思想体系始终使中学生感觉难以理解。所以，对这节课，我的基本定位是不纠缠于启蒙思想深邃的内容，更多地通过有限却又有效的教学资源厘清启蒙思想家的思想历程及其产生的社会背景。教学过程我是这样设计的：

  导入：你知道哪些启蒙思想家，谁能介绍一下你所知的思想家的主要思想主张？根据学生的讲述，书写思想家和他们的思想。

  （设计意图：从学生已有的认知出发，能较好地实现教学目标。）

  环节一：启蒙思想的共同点和差异。

  （1）阅读教科书及三则材料（《伏尔泰语录》、孟德斯鸠《罗马盛衰原因论》、卢梭《社会契约论》），归纳各自的思想主张。

提出问题：① 伏尔泰的思想主张是什么？孟德斯鸠的思想主张是什么？卢梭的思想主张是什么？② 他们的主张中有哪些是相同的？不同的又是什么？

（2）引导学生认识这些思想主张之间的相互关系。

（设计意图：本环节落实教学重点，从各位启蒙思想家的思想主张中找出共性和差异，进而理解这些思想主张之间的关系。）

环节二：为什么法国启蒙思想家都会强烈反对君主专制？

（1）出示材料（四位思想家的生平经历），参阅地图册 P12 启蒙运动形势图，让学生思考讨论。引导学生从地图中提取相关的历史信息，进而得出结论。

（设计意图：从四位思想家的生平经历中捕捉时代特征和共同经历，从而认识到时代背景和生活经历使他们产生了共同的思想主张，并落实态度、价值观目标。）

（2）出示以下材料，印证法国启蒙思想受英国资产阶级革命和社会发展的影响。

启蒙运动，其最初的种子是由英国人播下的。约翰·洛克（1632—1704）在名著《政府论》里写道："人类天生是自由的、平等的和独立的。人人都享有这些由上天赋予的、不可让与和不可侵犯的人权。"

1727 年 3 月，牛顿去世，英国以隆重的国葬仪式将他安葬在威斯特敏斯特大教堂。出殡的那一天，成千上万的普通市民涌向街头为他送行；抬棺椁的，是两位公爵、三位伯爵和一位官员。目睹了牛顿葬礼的法国思想家伏尔泰为之深深感动，他说："走进威斯特斯敏斯教堂，人们所瞻仰的不是君王们的陵寝，而是国家为感谢那些为国增光的伟大人物而建立的纪念碑。这便是英国人民对于才干的尊敬。"（《伏尔泰传》）

过渡：启蒙思想家的思想振聋发聩，但必然受到当局的特别关注和迫害。

环节三：启蒙思想家的艰难和刚毅。

讲述狄德罗编写《百科全书》和伏尔泰故居的故事。

（设计意图：历史细节的叙述，落实态度、价值观目标。）

环节四：启蒙思想家眼中的"自由"与"平等"。

参阅教科书中"文献选读"，"人生而自由"，但为什么说"他从此处处背负着锁链"？

（设计意图：使学生认识到即便是最激进的启蒙思想家也认为自由不是绝对的，必须受到社会秩序的约束，落实态度、价值观目标。）

环节五：何为启蒙思想？

通过以上的学习，请你为启蒙运动下一个简洁的定义。

教科书 P23 "知识链接"与康德的材料："启蒙就是人类脱离自己所加之于自己的不成熟状态，不成熟状态就是不经别人的引导，就对运用自己的理智无能为力。当其原因不在于缺乏理智，而在于不经别人的引导就缺乏勇气与决心去加以运用时，那么这种不成熟状态就是自己加之于自己的了。"所以康德认为，启蒙运动的箴言应该是："敢于认识！要有勇气运用你自己的理性！"（康德《什么是启蒙运动？》）

（设计意图：提高学生概述历史事件的能力，落实巩固教学重点。）

课堂小结：（出示油画《伏尔泰胜利的寓言》）这是一幅伏尔泰为自己盘点一生的画作。1770 年，伏尔泰请来画家，并将心中意图一一讲与对方。画家按老人的授意创作完成了这幅伏尔泰最为满意的油画作品之一。整幅画作气势恢宏，以浪漫主义笔调演绎了伏尔泰"光辉得意"的一生。……（油画内容描述略）从故居的历史中走出，我想起了雨果的那段话："伏尔泰生活的 84 年，处于君主制的极点和大革命黎明时期……他的摇篮可以看作是伟大朝代的最后一缕宝光，他的灵柩是那个地狱般的世界的第一丝微亮。"

（设计意图：由伏尔泰的寓言和雨果的话点出启蒙运动的影响，为以后法国革命的教学作铺垫。）

这一教学过程的设计，一反常规教学中"背景、内容、影响"的教学模式，而是从学生已有的知识出发，先讲清"什么是启蒙运动"，再沿着这样的思路分析"为什么会出现启蒙运动"，最后涉及"启蒙运动产生了怎样的影响"，有助于学生培养历史思维方式和达成情感、态度、价值观目标。教学中关注学生的历史学习方法和良好思维习惯的养成，在观察地图时能从学生的角度出发，挖掘地图中隐含的信息，鼓励、引导学生提出自己的怀疑和困惑，从而在课堂中充分体现学生的学习主体地位，并进一步提升了本课的教学思维深度。

历史教材是历史课程资源的核心，在历史教学中处于重要的基础地位。课程改革的突出特征之一，就是教材内容的变化，新教材知识跨度大、跳跃大、难度高、内容多。历史教师持什么样的教材观，怎样处理教材，将直接影响学生到底能学到什么程度。教材中现成的教学资源，许多还是可以加以利用的，从最现实的方面考虑，这样做可以为教师节省许多查阅资料、筛选资料的时间，从而能把更多的时间和精力用于对教材的分析把握和对学生的指导上。教材中现成的各种资源（名家史论、文献选读、知识链接、绘画、照片、地图等资料）往往能体现教材编写者的意图，而学生在学习中又往往忽视这种就在眼前的可贵资源，教师发掘学生学习的潜能首先从重视习以为常的疏忽开始。

新课程改革的理念要求，课堂教学重在引领学生展开探究，获得学习体验。由于每个学生知识背景不同，储备的知识状况不同，在学习过程中很有可能会产生一些疑惑、不解，甚至混淆，这些疑惑、不解、混淆恰恰为我们的课堂提供了可供探讨的问题，使学生在探讨学习过程中目标更清晰，解决问题更有针对性，学习更有实效性。这些可供探讨的问题正是学生在原始状态下产生的可贵资源，这些资源可来源于学生亦可来源于教师，学生和教师便是这一资源的创生者。它的存在是否有价值同样考核着教师是否极具慧眼（善于发现），是否极具敏思（有效捕捉）。如果我们立足于让全体学生实现有差异地发展，巧妙运用，也能使这种差异转化成一种重要的教学资源。

可见，教师在教学中要善于捕捉学生在课堂学习中产生的疑虑、不解或差异，使之成为疑点资源。这既是教师教学机智的体现，更是扎实落实教学目标、发掘学生潜能的重要手段。

20多年的教育经历使我深刻认识到：要成为一个有特色的专业教师，需要不断学习和积累，更需要奉献精神和创新意识！

付文治，1966年出生于宁夏。1987年毕业后在宁夏从教，1999年到上海做教师，融西北与海派之风，扎根教学一线，坚持研究和教学相长。积极参加华东师范大学科研骨干培训班及上海市德育实训基地、上海市历史名师基地培训。2014年获上海市特级教师荣誉称号。现为虹口区历史实训基地主持人，上海市复兴高级中学学术委员会常务副主任、历史教研组组长。

授课富于激情、长于思辨、鲜活生动，能点燃学生智慧，在教学实践中着力创新历史学科与学生成长的关联途径。聚焦课堂教学的思想力，在课堂教学研究和指导青年教师中十分关注"学生为何学习这一课""我为什么要上这一课"两大问题。聚焦统编教科书的实践力，立足单元教学设计，注重提炼主旨，紧扣主旨教学，瞄准素养生成与检测，在实践中取得较好效果。聚焦立德树人的学科功力，以"历史课堂中的人""历史教学中的图像"等着力点提升教学立意、结构、细节三要素的呈现力，影响了一批又一批学生。

从教32年，班主任经历22年，多次荣获三等功嘉奖、优秀党员和先进个人称号。编写《初中历史图解（八年级试验本）》一书，《宏阔博约　深思质疑　学好中学历史》一文收入《师道匠心——特级教师给学生、家长和教师的

60堂公开课》一书,《夯实学养,精彩课堂,名师培养基地促我成长》一文收入《深学笃行》一书,完成《中学历史学科核心素养实践研究》一书第一章,是《一带一路(小学版试验本)》副主编、《问道·求真——复兴高级中学学报》主编。在核心期刊发表论文30余篇。获得科研奖十多次,对年轻教师的带教培养和对一些学校与教师的课题指导也获得好评。举办专题讲座、学术讲座百余场,主持区级以上各种交流培训活动50余次,都产生了较大社会影响。面对当前的教育改革,正以饱满的热情继续耕耘在中学历史教学一线。

三议如何上好中学历史课

　　全球化以来的教育困惑越来越多，乱花渐欲迷人眼，一次次变革浪潮把年轻教师弄得晕晕乎乎，不知所以。经历了从"双基""素质教育""三维"到如今，我们是否认真思考教育改革要改变什么，什么不能改变或者无法改变？怎样上好历史课？这是一个一线教师没有最好答案，只有更好人生追求的旅程。但以教师专业素养创设的历史学习目标为指针的教学活动是决定一堂好课的关键，教师的专业素养，在三尺讲台上的创造性教学是如何造就的呢？提高教师的专业素养，增强教学的专业性，既是世界教育改革与发展的普遍趋势，更是中国基础教育全面提高教学质量的重要保障，这是教育教学改革不能改变的。增强还是降低教学的专业含量，是衡量教学改革基本方向正确与否的重要标志。直接决定教育教学过程有效性的关键，是教师在教学过程中能否自主地选择和运用教育专业的知识和技能，是教师处理教育教学问题时的专业判断、专业理解和专业技能。在教育教学过程中，对于课堂教学中的复杂问题，除了教师自身以外，无人能够提供现场性、即时性、有效性的援助，一切取决于教师自身的专业实践智慧和能力。因此，教学改革永远要关注"人"的意义和价值，并在改革中突显"人本""人性"和"人文",建立一种尊重人、理解人、解放人的教学,这也是教育教学专业性、规律性的基本特质。在具体的教育教学活动中,教师如何向专业化不断迈进呢?这离不开教师对教科书的深度钻研、对教学目标的孜孜以求、对课堂教学的专业化实践。

一、深度有效钻研教科书

当历史教师开始备课时便已经开始对自己讲课了,而学生学习是从拿到教科书才正式开始。教科书是依据课程标准编制、系统反映学科内容和国家意志的教学用书,是课程标准的具体化。历史教科书呈现的历史知识都是基础性、关键性、典型性的史实,既有认识价值,又有助于学生重点理解历史过程、举一反三全面把握历史进程与规律,还有利于深度学习历史,拓展学习内容,开阔历史视野,习得历史学科核心素养。教科书是学生进行学科学习首先接触的媒介,也是学生获取学科基本知识和课程目标与结构的直接渠道。近些年屡见中学历史公开课抛开教科书另搭戏台唱教科书以外的戏,这原本是为了克服曾经教教科书的不足之处,却走向了另一个极端,这种无视教科书的教学令人担忧。教师应该积极钻研教科书,把教科书与教学密切结合,引导学生利用教科书形成基本的学科学习方法,启发学生通过教科书与课堂积极思考并形成基本的历史思维能力。教师专业发展和教师素养的首要基本功应该是以专业水准运用教科书的能力,如果一名教师面对中学历史教科书无所作为,何谈以学生的学习为中心呢?具体教学活动的开端和基础应该是如何面对教科书。教师在研究教科书的过程中需要挖掘核心内容,厘清知识表象与本质,酝酿历史情感,要充分认识到研究教科书是以学生学习为本的教学开端。我以华东师大版《高中历史(第二分册)》第13课《隋唐政治新格局》为例,谈谈如何研究和运用教科书。

(一)研读教科书,把握核心知识与核心观点

唐继隋统一之后,不仅巩固了大一统局面,还创造出了中古历

史上辉煌灿烂的大唐气象。隋唐创立的三省六部等制度,"贞观之治"展示的统治者虚怀若谷、开明廉洁的形象,成为后世王朝效法的榜样。积建国八九十年的努力,终于成就了著名的"开元盛世"。大唐王朝以宽容开放的心态平等对待周边各族,吸纳外来文化,以其独特的魅力,成为东亚中华文化圈的核心,名震遐迩。

单元导言这段话凸显单元核心知识是"巩固大一统局面"进而"创造大唐气象",这大唐气象源于创新制度、统治者执政形象、经济社会出现盛世、宽容开放的心态、平等和谐的民族关系。阅读第13课教科书内容可以发现,这一节课的核心知识是:隋朝能融会南北之长,推陈出新,在制度层面作出了一系列"影响深远的改革与创设";唐朝在总结前人经验教训的基础上,继承发扬,推广改进,使得这一时期的政治格局呈现"新的气象和特点"。而要理解这两个核心知识,需要从秦汉以来的宰相制度、选官制度等方面查寻渊源。教师通过钻研还可以感受到教科书铺陈格局并非按照完全的时序,而是从中华文明特质的变化和学生历史思维特点呈现知识结构,与第一分册的世界区域文明形成对应,特别是同时期的法兰克王国、查理曼帝国的基督教和封建制度,阿拉伯帝国的伊斯兰教与乌玛制度。虽然过去教科书的历史分期也把隋唐单列一个单元,但是新版教科书吸收了当今中外的研究新成果,凸显了唐宋之际的中古社会文明特点,教学的着力点也就显露出来了。专家编写教科书严谨与周密的思路总会让我们研有所得,少走弯路。

(二)从教科书表述的历史现象里深潜下去,探究历史表象背后的纹理

隋唐创制因何成就?"李唐一族之所以崛兴,盖取塞外野蛮精悍之血,注入中原文化颓废之躯,旧染既除,新机重启,扩大恢张,遂能别创空前之世局。"[1]在这一课中,"野蛮精悍之血"当然是游牧民族之军事制

---

[1] 陈寅恪:《李唐世族之推测后记》,见《金明馆丛稿二编》,上海古籍出版社,1980年版,第303页。

度。"中原文化"重在君主专制中央集权制度，文学馆十八学士畅论政事典章制度是士大夫议政的中原文化之表征，凌烟阁二十四功臣入则为相，出则为将，不分文武，是北朝部落军事民主制度和柱国大将军的历史延续，赫然展示了历史传承的力量。

陈寅恪在《隋唐制度渊源略论稿》里对隋唐政治制度进行探源：

> 隋唐之制度虽极广博纷复，然究析其因素，不出三源：一曰（北）魏、（北）齐，二曰梁、陈，三曰（西）魏、周。所谓（北）魏、（北）齐之源者，凡江左承袭汉、魏、西晋之礼乐政刑典章文物，自东晋至南齐其间所发展变迁，而为北魏孝文帝及其子孙摹仿采用，传至北齐成一大结集者是也。

从魏晋到拓跋北魏再到北齐而下，线索背后的密码可以解答多少疑惑呢？从教科书上看，秦始皇统一全国定义为开创了中国历史"新时期"，回想秦始皇与李斯、王绾对分封制的议论，秦的"一"是统一六国，所以最有力的还是六国之传统力量；回想汉高祖刘邦对陆贾、叔孙通从不屑一顾到倾心听从，这时的"一"是统一反秦人马，忧虑是如何做成布衣天子；回想汉武帝质问田蚡、听取董仲舒意见，可知此时的"一"是一于天子，统一四海，积极有为，教科书定义为历史进入"新阶段"；回想隋文帝"开皇之治"，"一"是平定北周宗室三次反抗夺取鲜卑北周而代之，是顺势南下一统南北，遏制突厥，稳定新王朝，建大兴城还进一步加强南北联系，其忧虑是如何得民、如何得人、如何守边。唐朝巩固了大一统局面，创造出中古历史上的"大唐气象"，教科书定义为隋唐政治出现了"新格局"，这个"一"又是什么，还会忧虑什么？八百年历史沧桑，变的是什么，不变的又是什么？从汉武帝到唐玄宗，封建土地所有制形式一以贯之，那就是公田制即国有土地制占主导地位，均田、屯田、占田、名田、限田等田制、田令的规定，都因此而出，国家兵制、赋税、地方制度与此有着密切关系，上层建筑包括政治、哲学、文学、艺术等，都直接或间接地与土地制度的影响相关联。可以发现，许多所谓的新制度，都不是唐朝创造，而是历经汉、魏、两晋、南北朝、隋朝这八百年上下长期发展演变，最终定格在唐王朝。虽说是封建社会，但与西欧封建社会大相径庭，隋唐帝国对于土地享有真实的最高所有权或褫夺权，而同时期的西欧却发展成为以采邑庄园和契约原则为基础的社会，西亚阿拉伯社会以乌玛公社制度为基础。深度研究教科书让历史教师不会停留在呈现教科书表象的层面。

（三）钻研教科书，酝酿历史情感，提升教师眼界与境界，养浩然正气，成就历史好课

教科书单元导言下方有一幅图片展示唐代的舞马衔杯纹银壶，这是1970年陕西西安南郊何家村唐代窖藏出土的。这只银壶有两个方面令人震撼不已。一个是中外、民族间交织的高超工艺技术：壶的造型采用的是我国北方游牧民族皮囊的形状，壶身为扁圆形，一端开有竖筒状的小口，上面置有覆莲瓣式的壶盖，壶顶有银链和弓形的壶柄相连，壶盖帽为捶揲成型的覆式莲瓣，顶中心铆有一个银环，环内套接了一条长14厘米的银链与提梁相连，壶肩部焊接着一端有三朵花瓣的、像弓箭形状的提梁；壶身是先将一整块银板捶打出壶的大致形状，再以模压的方法在壶腹两面模出两匹相互对应奋首鼓尾、衔杯匐拜的舞马形象，然后再将两端黏压焊接，反复打磨至平，几乎看不出焊接的痕迹。另一个是壶的两面展示的唐代大型宫廷娱乐舞马游戏：舞马游戏来自中亚地区，是让装饰有金带绣衣的马群随着鼓乐舞曲做起卧跳跃、奋首扬尾、旋转直立等舞蹈动作，唐玄宗时有五百匹舞马配合着大量人工抬举进行表演，其场面令人难以想象，电影《妖猫传》中的极乐之宴都未能演示出来！由此我想到2018年中央电视台《国家宝藏》节目中展示的陕西博物馆《唐阙楼图》，这幅精彩的古代建筑艺术的写实作品，以山峦树木为背景，周围实绘城墙和即将出城的仪仗队。阙楼夹门而建，高大宏伟，画面壮阔，绘图工谨细巧、雍容典丽，令人动容。这就是大唐气象！

教科书中的"玄武门之变"只是讲一个月黑风高之夜的政变故事吗？

那神秘的玄武门代表了怎样的城市？李世民因此得政、得人、得军、得民心吗？这些是不是需要教师思考研究呢？

通过查阅资料可知，教科书中的唐代彩绘釉陶文官俑、唐三彩文官俑两幅唐代明器图片一方面体现了唐代陶瓷制作工艺（彩绘釉陶制作技术工艺复杂，是唐三彩出现之前陶瓷制作的最高技术代表），另一方面还能看出唐代官员参加重大礼仪活动时的朝服形象，服饰色彩谐和，有飘逸之风，容貌清秀，文雅斯文，恭谨肃穆，面含微笑，含蓄而不失威严。这也是大唐气象！

教科书中有一幅相传为唐代韩滉所画的《文苑图》，描绘了唐代文人平日钻研诗文的情景。但经过查阅资料也可知两个震撼人心之处：一个是现藏于美国大都会博物馆的晚唐周文矩作品《琉璃堂人物图卷》之后半部分竟然与此完全相同，这恐怕有很多故事；另一个是这幅画中人物的衣纹用笔曲折顿挫，画面引人入胜，令人遐想。更令人兴奋的是，画面所绘人物是"七绝圣手""诗家夫子"王昌龄，韩滉与王昌龄大体属于同一时代人，此情此景几乎写真，是唐代官员风采很好的展示。王昌龄于唐玄宗开元二十八年任江宁县丞，在县衙旁琉璃堂与文人雅士宴集酬唱。画面就是一副研诗颂歌的酬唱景致，我们会想到作为朋友的诗人"洛阳亲友如相问，一片冰心在玉壶""寒雨连江夜入吴，平明送客楚山孤"，作为将军的诗人"黄沙百战穿金甲，不破楼兰终不还""但使龙城飞将在，不教胡马度阴山"，生活中的诗人"乱入池中看不见，闻歌始觉有人来""忽见陌头杨柳色，悔教夫婿觅封侯"，作为地方父母官的诗人又是怎样？诗以言志，诗也怡情。这还是大唐气象！

教科书中的"文献选读"选取著名诗人孟郊的作品，许多教师在教学中都热衷于选读年过四十考取进士的诗人欣喜之下写作的《登科后》："昔日龌龊不足夸，今朝放荡思无涯。春风得意马蹄疾，一日看尽长安花。"师生与孟郊及第同心共喜，却那堪仔细查阅孟郊生平事迹令人唏嘘：贞元七年，孟郊41岁以故乡湖州举乡贡进士往京应试下第，浪迹江湖结识李观与韩愈；贞元九年，孟郊应试，再下第；贞元十二年，孟郊46岁，奉母命第三次应试，得进士登第；贞元十七年，孟郊51岁，又奉母命至洛阳应铨选，选为溧阳县尉，韩愈为此作《送孟东野序》；孟郊往往悠闲游历，徘徊赋诗，以致政务多废，自己穷困至极，之后于洛阳为水陆运从事，又遭丧子之痛；元和九年八月二十五日，暴疾卒于河南阌乡县，终年64岁，一生命运痛苦坎坷，却成为中唐诗坛的杰出诗人。其诗为大唐气象，其人呢？如何理解隋唐科举制呢？史家吕思勉有言："进士科是始于隋的，其初尚系试策，不知什么时候改试了诗赋，唐时，进士科虽亦兼试经义及策，然所重的是诗赋。"你会如何看待隋唐科举制呢？

（四）师生的质疑批判能力和精神从运用教科书开始

关于"大唐气象"，单元导言列举了四项内容，可是大一统的局面因安史之乱被撕裂，统治者虚怀若谷、廉洁开明的形象后来变成骄奢淫逸、党争内斗之朝局，社会繁荣的开元盛世后来也成为杜甫的追忆，兼收并蓄的对外关系格局走向了丝路断绝，和谐融洽的民族关系走向了新的北方民族战争，大唐气象也充满了幽怨、愤懑、战乱离苦、生灵涂炭，历史车辙重重碾压下的大唐气象，荡气回肠，让人凝眸反思。最有效的教学，要以教科书知识为依托引导学生质疑、反思。当前历史课堂充斥着许多史料，一些教师发现学生理解材料十分困难，问题出在哪里？仅仅是语文功底的问题吗？细心观察，可知教师对教科书的钻研运用远远不够，学生钻研教科书也不够，这导致学生读得懂材料的真意，却因为缺乏历史知识给予的方法、情感和背景资料而不知所谓。比如在《两宋的繁荣与元朝的统一》教学中，师生如果不研读教科书，就不明白两宋积贫积弱与两宋的繁荣背后的问题。两宋积贫积弱的观点如何而来？有着怎样的矛盾性历史情境？对两宋的看法既有两宋历史本身的多面矛盾性，更有后人处于国难当头之时为国运而殇咏，还有处于太平盛世为民族昌盛而歌咏。没有丢的是历史之同情，是历史对今人的默默关怀。研读教科书是为了把自己的眼界、境界跃升到教科书之外，这样距离历史学科

"求真"的目标更进一步,"真"不只是历史现象的"真实"、历史事实的"真相",更是历史饱含的那种高尚的真正的人文本真。历史本身就有震撼力、感染力,真正的人文价值不是外接发挥,而是内含于历史本身的,对历史说真话,才能对现实说真话,以批判质疑的精神看待我们的过往,我们才能作为人站立起来。

完全脱开教科书的知识背景去单纯分析史料是完全不足取的,教师授课所采纳的史料、所分析的问题应该尽量与教科书的知识和思维意蕴结合起来,做到透彻理解教科书知识,真正把握教科书的核心内容和史论思想,从而确定自己教学各个因素间的相互关联和影响。

二、高屋建瓴构建教学目标

教学目标是教学的出发点和归宿,是教师对学生达到的学习成果或最终行为的明确阐述,一切教学活动都是围绕教学目标来进行和展开的。教学目标对教学过程起着支配和指导作用,是教师进行课堂教学所有活动的基本依据。教学目标是指教学活动的主体在具体的教学活动中所期望达到的结果和标准。教学目标的分析与确定是教学设计的重中之重,教师要确定教学对学生学习所达水平程度的期望,一些教师不能准确描述自己心目中的教学目标,教学浮在空中,学生的学习找不到落脚点。因此,要明确教学方向,教学目标是教学的基本前提。

(一)完整厘清历史教学目标核心

历史教学,目标为首,教学目标是极具主观性的,但是历史学科教学目标必须符合历史学科特征。教学目标必须追求主观性目标与客观历史的统一,将史实与思考批判精神结合起来,将目标和达臻目标的路径结合起来,否则确定的教学目标就会存在严重误区。一方面,历史进步不是一个单纯的量化直线增进过程,人是历史活动的主体,是一切历史实践活动的生发者、人类各种文明的创造者,人的尺度是衡量社会进步目标的根本尺度,人类活动的根本目的是自由解放,因此目标既是实践的过程又是时间的结果。另一方面，从历史教学来讲，必须把学生放在历史体验之中，与教科书所能提供的经验和史论相比，为学生营造更直接或更拟真的体验目标，把学生触摸感知历史的温度和力量作为目标设计的组成部分，把学生学历史作为构建自己教学目标的基础，这会使得教学目标兼顾了历史的主体和学习的主体——人，教学的着力点就是人的动机、人的言行、人的行为结果，教学目标做到以人为核心，主观与客观也就自然统一了。在制定教学目标时还要知道，一定的目标必须有一定的教学路径，没有教学路径的教学目标是空中楼阁。大唐王朝因为政治新格局，但更因为历史群体的努力与奋斗，方可创造历史。每一个有作为之人，身处一时代必然有主观能动性，他会把洞察己任与时代融合，他会将周遭问题与历史传承巧妙衔接，从而演绎璀璨夺目的一生，为一个伟大时代作出自己的贡献。人既有醉心于物质文明创造的实践活动，也会在追求制度文明、精神文明中获取更新的力量，走向更高级的社会，产生更高的价值，教学活动中要将其历史性、现实性、个体性以最佳路径和方式呈现，才能让学生实现以人为主题的历史统一性认识，才能真正构建符合历史教学本真的完整的教学目标。

（二）抓住决定教学目标的两条红线

教学目标由什么决定呢？一个是我们的教育目标和学科教育目标，一个是教学内容。教学目标应该关照时代赋予的教育责任担当，更要关照历史学科以及教学内容的意义价值。"我为何而教""学生为何而学"这两大问题值得思考清楚。我们无法想象离开时代教育目标的课堂教学如何进行，有何价值。

那么，我们如何确定明确的、正确的目标？

《中国学生发展核心素养》项目组认为："学生发展核心素养，主要是指学生应具备的，能够适应终身发展和社会发展需要的必备品格和关键能力。具体包括9大素养、23个基本要点、70个关键表现。"学生发展核心素养是凝聚了当代教育家对全球教育发展所作的最有时代性和前瞻性的提炼，昭示着中国教育发展的基本方向，与世纪之交提出的素质教育一脉相承，对中学历史教育教学有着切实的指导意义。中学历史课程要将立德树人作为历史学科首要目标，要坚持引导学生建立正确的思想导向和价值判断，要以培养和提高学生的历史学科核心素养为目标，使学生通过历史学习逐步获得具有历史学科特征的正确价值观念、必备品格和关键能力。我们最终的教育目标不只是素养教育，而是建构每个人和谐成功的生活，建成完善的社会，这才是教育更应有的担当。通过对核心素养的定义以及学业质量具体的描述，细化课程教学所要达到的各个层级目标，这在制定每一单元、每一节课的教学目标时具有非常明晰的指导作用。教师在制订教学目标时要以这一红线指导自己。

教学内容也是教学目标指定的一条红线。不同的知识目标决定着不同的方法、情感、世界观的目标。关于隋唐政治新格局的历史演进原理与历史规律，机构设置、议事方式、选官制度、民族关系构成当时政治新格局，边疆问题也在影响着政治格局。总有人忽略历史知识的大概念、大问题，把目标放在小的历史概念上，把目标定在记忆和识别上。学习大唐气象，应该生成其形成的历史原因与规律以及其昭示的家国情怀和历史借鉴意义。在教学目标的制订中，既要低头拉车看清脚下，又要抬头看路追求高远。

（三）构建教学目标塔的三个层次

知识目标、学生学习行为目标、价值目标是教学目标的三个层面。很多教师对于知识目标的理解有误区，以为就是教科书中的二级标题或是教科书表述中的重要人物和概念。这些当然是知识目标，但并非最核心的知识目标。就《隋唐政治新格局》一课来讲，"三省""六部""政事堂""科举"是需要学生熟悉的名词，三省六部制、政事堂制度、科举制度是需要学生掌握的概念，但最核心的知识应该是隋唐政治新格局和形成的新气象。这个新格局、新气象究竟是什么？这是需要学生通过熟悉一些知识，掌握一些概念以后通过科学构建起来的目标。明确最核心的知识目标才会让教学有价值。

学生学习行为目标主要是指学生终身成长最得益的能力与方法，这是学生立身于世的基本本领。对此，一些教师也存在认识误区，认为根据时序、观察空间，搜集、鉴别、运用史料解读历史是历史学习的基本方法，通过这些方法的科学训练养成时空观念、史料实证、历史解释的核心素养。其实，学生养成核心素养是为了观察认识自我与社会。社会、世界、个人都很复杂，在地球村里如何认识世界、安放自我是一个基础的问题，是学生成为一个更完全的现代公民的重要基础，学生只有解决现实遇到的、发现的问题，学习才具有本质的意义。方法就是学习行为的重要目标，是自觉运用于生活实践的能力。大唐气象是政治新格局导致的，但并非唯一原因，还要考虑到统治者虚怀若谷、廉洁勤政的形象，中外民众跋山涉水创造财富的努力，一些求知者不远万里探求知识与真理，学习先进文明的曲折经历，各族人民为和平所做的种种努力……教师要让学生在多角度、多层次，在共性与差异中培育思维能力。

价值目标应该是历史教学最核心的、灵魂性的东西。民族大义、家国情怀、人性本真、人类命运、世界意识和国际视野，都是当今最重要的共性价值。当代公民不仅要有个人对社会、对人类命运的责任担当，也要个人自由全面发展，创造成功人生，因此，创新精神、健全人格对于个人与社会来讲具有重要价值。但是不要把这三个层级看成割裂的三个部分，它们是完全融为一体的。在新课程标准下，适应社会对新型人才的需求，教师要重视学生必备知识、重要能力与关键品格的塑造，把历史教学看成是鲜活的、整体的学习知识的过程，生成方法、情感、价值观的人生成长过程，这才是核心素养目标下历史教学应有之义。大唐气象与魏征、孟郊、王昌龄等人的个人价值、社会价值、历史价值如何统一起来？大唐气象与那些远行的驼队和船队，与那些日复一日制作丝绸、制作瓷器、建筑城池的工匠，与那些孜孜以求、宏愿教化、播撒文明的远行者是什么关系呢？过去的历史、逝去的故人以其特殊的方式把人类的精气神延续下来，这就是历史的真谛。

教学中不科学的一些惯性思维是什么？根源在哪里？容易突破改变吗？如果想破局，就从教育教学目标的理解和制定开始。教不是为了教，而是为了学习。有著名校长曾经言之凿凿地说不需要看教师教学设计，无论何种理由，这种言论都让人吃惊，这是把学生放在危险的环境下进行学习。教育目标和学习量规应当由细致的、有逻辑的学习目标与路径来决定，教师需要弄清楚：在一个单元、一节课中，哪些是发人深省的、有趣的，是为什么？哪些是枯燥的，又是为什么？方法还有几种选择？教学设计是基于目标，基于差距和认识冲突，还是无目标的教学流程？我们需要对学生学习的形成性进行分析，对学生学习历史起作用的和不起作用的因素进行科学反思。清晰的目标并不影响现场发挥，一味地强调现场发挥，恰恰否定了教育教学的科学性。

三、以学为主创设灵动的教学进程

中学历史教师的最大困惑是教师用心而结果失败，这样的困惑一方面源于课堂教学的复杂性，更大程度源于教师难以把握教学内容，疏忽课堂教学规律。教室里的纠缠不清不过是折射了教师内心的缠绕不解。教育是探索、是启蒙，而不是宣传和灌输；是平等对话与自由交流，而不是指示和命令；是丰富知识，而不是统一思想；是尊重和信任，而不是消极防范。一堂好课给人的感觉是，师生都是学习者，都在超越自我，教学相长，学生不但能看到教师思维的结果，还能倾心领略整个过程，得到教师智慧的引领和闪光的启迪。万千变化、极富个性的课堂教学总有一些共性的、必须面对的活动，对此体会越深刻，个性的成功教学就更能达成。

（一）追求理解的概念教学

概念教学要作为历史课堂教学的基础性环节。理解是通过有效应用、分析、综合、评价来明智、恰当地整理事实和技巧的能力。掌握一个事件、事物或场景的意义，就是要观察它与其他事物的联系，确定其产生的原因、发展方式和影响。而那些我们称作无意义的事情，是因为我们没有领悟到概念之间的关系。方法与认识的关系是理解概念的核心密码，也就是说，真正的理解不仅是知道概念本身的内在关系与本质，还要把这种方法迁移到其他学习中，从而实现学习知识与方法的目标。历史概念教学容易变成死记硬背，许多教师常常以名词解释方式来说明概念，无趣而又生硬。一般来说，采用历史事件中的纵横坐标法来解释核心概念更适合学生。比如三省六部制，如果学生能够梳理两个纵向线索，即相权变化和三省的历史实际演变过程，就已作了三省与宰相的区分；然后建立两个横向关系，即三省之间的区别与联系，三省与皇帝、政府的关系，进一步区分三者。三省六部制是隋唐制度结构之核心，但绝不是近代相互制约的宪政。教师通过一系列动词类的表达指令让学生在体验、联想中展开表现性的概念理解，此刻历史概念不是冷冰冰的词句定义，更多的是人们的思想、热情和力量凝聚的一个丰满的历史概念。

（二）营造良好的课堂学习生态

历史课堂是师生以历史为媒介的高尚的交换过程，历史知识结构与课堂教学进程的交融体现教师的课程执行力。一般说来，教学知识的表达通过名词确定、形容词陈述、概念辨析等让学生自然地将主要和次要的知识区分开来，在构建学生思维发展路径上，针对历史价值意义的挖掘设计问题爬坡，多重追问，反复渗透，良好的问题和研究问题情景的呈现就是最佳课堂生态。比如把分散的如隋朝统一、唐朝建立、三省六部制、政事堂制度、科举制度、玄武门之变等概念通过洞察关联在一起，形成历史知识、历史理解的网络，并结合当下，以史为鉴，展望人类家国的未来，使得历史有感受不完的嚼劲，那就为课堂生态注入最强营养。营造课堂学习生态共性的要素应该有以下几个方面：

（1）神入。教育是从师生自我内心引发智慧和高尚价值的活动，这需要创设情境，最常用的形式应当是神入。神入是一种洞察，因为它包含了一种能力，这种能力使学生超越那些看似古怪的、不同的、看起来不可思议的观点或人，认识到其中的意义价值。人与人之间不仅仅是智力上的互动，还有心灵的沟通，这是认识、感知对方情感、世界观的方式。神入要求我们尊重与自己不同的人，这种尊重使我们思想开明，当他人的观点与我们不同时，能仔细考虑他人的观点。教师所要做的就是激发学生想象历史上的人们正在经受的、全身心感觉到的、全部人生力量表现出来创造的情境，让学生将自己放在与历史上的人们同样的位置上，感到自己与历史上的人是同样的。对于神入，有部分教师会怀疑，感到学生无法走入历史。其实，教师应该有意识地使学生接触一些出其不意的、怪异的文章、经历、观点，让学生体验与日常那个感觉不一样的情境，从而使学生逐步养成将心比心、超越自我偏见的心态，促进学生对不同地方、不同境遇下生活的人进行换位思考，久而久之会使学生的学习随时直接体验，那么就容易形成决策、观点、理念或者产生新的问题，就会不断走出误解，完善个人。

（2）故事。精炼白描的、有主题的历史故事能让学生的思维充分开放，建立历史课堂与自我心灵的真实联系，使学生在特定情境下进行历史建构，而不是知识获取和对教师建构的接受。实际地说，学生的历史学科知识能力是在教学过程展现的历史故事中一节节生长出来的。人类历史就是一个个故事，历史上的每个人或被动或主动进入这一个个故事，所有历史的意义价值也潜伏在故事里。历史课堂应当创造好的故事和挖掘出故事的多重价值。创造好的故事是教师引人入胜的历史叙事能力的表现。一般认为，历史叙事能力有几个关键要素：人物是故事主线；要有合乎逻辑的历史叙述框架和科学准确的历史知识；要有鲜明的历史叙事主题，蕴含开放又深刻的思想。我们讲第一次世界大战，主题是什么？突破口在哪里？"施里芬计划"的制订、实施、结局能最好地解释20世纪初的欧洲政治地理情形以及历史背后的密码，老毛奇将军"东攻西守"、"施里芬计划"制订、小毛奇修改"施里芬计划"、"一战"发生后的验证，这样的四个主题故事，反映了德国战争政策从制订到落实，对于学生来说会有吸引力，学生在主题叙述的故事中可以触摸到第一次世界大战的深层原因与当代反思。我们讲中日甲午战争，战前1886年和1891年，北洋水师两次造访日本，那些生动鲜活的情景有什么主题呢？这样的故事在教学中是怎样的呢？有什么与时代差异的、冲突的情景吗？那时的他们能做到什么？做到了什么？有遗憾吗？从教学来看，故事就是历史。

（3）问题。好的历史教学问题应当是开放性的、启发性的、智慧型的、有价值主题的问题，应该有助于学生充分感知和运用所学知识，生发人类智慧和人生价值，而不只是获取知识本身。历史教学的好问题是激发学生学习兴趣的重要条件。如果设计的问题能挑战学生智慧，使学生思维激荡，真正沉浸其中，学生就会走出舒适区。要让学生与教师、学生与历史、学生与自我有心灵的碰撞、情感的沟通。教师激发学生的好奇心和深层思考，必能刺激学生学习历史的兴趣。历史教学的好问题还是形成学生持续学习动力的有效方法。巧妙的问题使教学过程流畅，知识过渡自然；有差异的、有冲突的问题使课堂气氛活跃；有思想的问题使教学形散而神聚。教师设计的问题语句要准确，前后能环环相扣，能不断启迪学生的思维，达成学习目标。如何形成好问题并让学生喜欢这些问题呢？在历史教学中，好的问题是从异常、奇怪的事实，有悖常理的事件或想法开始，迎合学生常态思维本能和行为实践，却能让学生感受到陌生的内容突然变得很熟悉，熟悉的内容突然变得很陌生，使学生遭遇更大的情感、体力、障碍、环境的问题和冲突性震撼体验，让问题把个人、社会、历史连接起来，学生有了多元参与感。如何看待一个人？历史如何发展到今天？人该怎么活着？许多问题只要认真设计都会最大限度地吸引学生参与思考。历史教学中好的问题还能够调动学生建立思维关系，让学生跨越具体内容上升到运用知识、论证问题和解决问题的层面。学生历史学科核心素养的发展，绝不是取决于对现成的历史结论的记忆，而是要在解决学习问题的过程中理解历史，在说明自己对学习问题的看法中揭示历史。学生能否应对和解决陌生的、复杂的、开放的真实问题情境，是检验其核心素养水平的重要方面。教师要认识到，任何一种教学方法的实施，都在一定程度上与问题的提出和解决有十分密切的关系。因此，教师要在分析教学内容的基础上，以问题引领展开教学，结合教学内容的逻辑层次，设置需要在教学过程中解决的问题。

　　徐蓝教授说过："历史课堂教学通过历史学习，学生要具备比了解一般的历史知识更上位的东西。例如能够像一个历史学家那样去理解历史、构架自己对历史的解释；当学生毕业以后，特别是不再以历史的教学与研究为其生涯的时候，以往的历史学习留给他／她什么样的思维品质、能力、情感、态度、价值观能够使他们终身受用，并能够带给他们成功的人生。"成就一节好课，成就一辈子的好课，一定是一个艰辛的过程，教师需要通过学习修身养德，放眼家国社会，用心灵养育学生人格；需要通过知识求真提升能力养育，要把自己从教书匠推向思想者；需要一辈子聚焦课堂研究，居高望远，立德树人，认清责任，明确方向；需要把公民教育、人的价值、民族复兴、世界意识等目标融入日常教学，不断完善教法、改变自我，追求做教育的智者和楷模。远大的职业精神、丰厚的思想内涵、深厚的史学素养、高超的教学技能是每一位中学历史教师所希望的。

姚虹，1977年生于上海。1999年毕业于上海师范大学历史系，之后在上海市徐汇中学执教，现任徐汇中学副书记、副校长。2013年获得香港教育学院教育硕士学位，2017年获上海市特级教师荣誉称号。目前为徐汇区历史名师工作室主持人，兼任上海市世界史学会副会长、华东师范大学免费师范生兼职导师。

1999年以来积极投身中学历史教育的课改实践，逐渐形成了"巧叙事、重方法、求融通"的教学特色。进行过《草原文明》《史学》《人生仪礼》《民国初年的社会与政局》《美国独立战争》《德国的统一和崛起》等多次市级公开教学展示，取得过全国历史学科优质课评比一等奖、上海市中青年教师教学大赛一等奖、上海市历史学科中青年教师说课比赛一等奖、上海市历史学科教学案例设计比赛一等奖、上海市中学教学录像课评比一等奖等十多个专业领域的奖项。

主持开展"高中历史课程目标中有关'人文精神'条目的解读及实践探索""'汇学'校史育人课程的设计与实践研究""六国现代化新解"等课题研究；组织举办了"战争与文明""世界史教育与历史学科核心素养培育""中

国世界史教学与研究话语体系的构建"等四届上海世界史学术年会教学论坛活动；在《历史教学》《历史教学问题》等中文核心期刊上先后发表论文十余篇，如《明遗民文集折射的儒家文化》《从查理二世奖说开去》《一本历史哲学的入门书——卡尔〈历史是什么〉述解》等；2017年出版个人专著《史学富矿的课堂凝练》。

中学历史课堂教学中的叙事
——理念与实践

历史是充满魅力的长河，是天然的德育富矿！但是历史的魅力并不等于历史课的魅力，含金量也不直接等于真金。当今社会信息爆炸，媒体多元，学生见多识广，能说会道。面对这样的挑战，我们需要思考实践的是：历史课应该讲什么，究竟怎么讲，学生应该学什么，究竟怎么学，才能激发兴趣、引起思考、培育情感，为学生的终身学习和发展奠定知识、能力、方法和价值观的基础，实现历史课的育人价值？

随着课程改革的推进，历史课程观念也在不断转变，"重构知识体系、发展认知能力""史由证来，证史一致；史论结合，论从史出""技能、过程、方法""中学历史课程史学方法论""历史学科核心素养培育"……这些新的理念和要求不断引领着历史教学的改革，指导着历史教师的教学实践。我认为，不管观念如何变化，从某种意义上说是通史教育的中学历史课堂教学，尽可归为叙事。而在历史教学叙事中，如何拓展学生的历史知识、如何锤炼学生的历史思维、如何深化学生的历史意识是三个始终绕不开的问题。好的历史课常常通过娓娓道来、引人入胜的叙事呈现历史的意趣，相对客观地还原历史的过程，行远自迩地彰显历史的事理，让历史解释尽可能变得畅达，使历史认识不断深入。

一、巧叙事——历史知识的拓展艺术

历史学家克罗齐说，没有叙事就没有历史。优美的叙事也是历史著作的防腐剂。中学的历史教科书往往言简意赅、提纲挈领，使学生无法充分感受历史鲜活的生命力。这就要求我们的课堂要努力展现严谨有逻辑、趣味有思考、温暖可触摸、厚重可感悟的历史，不能完全被背景、原因、影响等所谓的历史要素分析所充斥。在历史教学中提升叙事品质，首先要进行精彩、巧妙的叙事设计，将碎片化的历史人物、事件置于有意义的叙事结构中，这是历史知识的拓展艺术。教师叙事能力决定着课堂的品质，"巧叙事"要把握三个原则：

（一）立意为要

面对纷繁复杂的历史现象和浩如烟海的史料，课堂叙事首先需要教师从史学维度和教学维度两个方面精心设计一堂课的思维轨迹，确立一节课的主旨或核心观点，即教学立意，并以此为核心，整合、选择和开发教学内容及资源，开展叙事。

例如"民国初年的社会与政局"这一内容，前接"辛亥革命与中华民国成立"，后连"新文化运动""五四运动""北伐战争"等，叙述的是中国近现代史的一个特定时期——民国的第一个十年，所涉及的历史背景宏大、人物众多、事件繁杂，其教学任务应该是帮助学生深刻认识20世纪初期的中国。如何在纷繁的历史现象中引导学生厘清线索，层层铺设，由史及论，获得认识呢？首先要以立意为核心展开课堂叙事。教材选择了两个领域：社会与政局。社会部分涉及风俗改变，政局部分有袁世凯称帝、北洋军阀割据混战等。民国第一个十年移风易俗的改革反映了进步与文明，同时政治舞台的复辟丑剧、分裂割据，体现了历史的动荡、曲折。由此确立这堂课的立意为清末至民初的中国处于历史发展的转型期，新旧交替、进步和倒退并存,历史发展曲折而复杂。

在课堂叙事的操作中,紧紧围绕教学立意,选择"使洋人不辨男女的大辫子",孙中山、溥仪的剪辫故事,笔记《东鳞西爪》《西潮》中有关妇女放足的描述以及三张詹天佑不同时期的照片和中山装的故事,从三个角度——剪辫子(解除威权统治、民族奴役的象征)、禁缠足(解除性别歧视、男权奴役的象征)、易服饰(废除封建社会的等级尊卑),使学生感受民国初年社会生活的改革和进步。又运用二次革命、袁世凯复辟帝制、护国运动、军阀割据等民初政局重要事件的相关史料,如新闻照片、地图、时事评论、大事年表等引导学生认识政治舞台出现的复辟丑剧、分裂割据,体现了历史的动荡、曲折。两个板块不同基调的叙事紧扣教学立意,引导学生从整体上把握民国初年的时代特征。

围绕立意的叙事是有观点、有立场、有灵魂的叙事,摒弃主线之外的历史枝节,产生聚焦的效应,从社会风俗的变革到政局的演变,在史实架构上也是由浅入深,从微观史实上升概括为宏观的历史认识,提升学生剖析历史现象的能力,关注的是学生对历史的理解。

(二)学生为本

巧叙事还要以学生为本。学生是课堂教学的主体,课堂叙事要尽可能站在学生的视角,从学生已有的知识、熟悉的事物出发,从学生认知规律、思维逻辑出发。"我们不应当把学生不能想象,不能理解的东西,教给学生。即使是历史中最重要的东西,也只好舍弃。"[1] 在历史教学中尤其要避免概念飞来飞去、帽子甩来甩去,不能让学生对历史的兴趣和渴望消弭在教师对历史知识自以为是的切割和分析中。史事除了有特定的时空,更是有人物、有过程的,在课堂叙事中要经常尝试将史事、概念和结论编织到历史情境里,展现鲜明的人物形象,展现具体的历史情节,从而提升学生学习历史的兴趣,激发他们的探究欲望。

---

[1] 王德培:《论中学历史教学的理论和实际》,《历史教学》,1951年第1期。

19世纪，统一是德意志的时代主题，如何让学生充分理解近代德国统一的背景，理解那个时代德意志人心灵的渴求，值得反复斟酌。我选用了家喻户晓的《格林童话》作为叙事的切入点。课堂对话如下：

师：大家看过《格林童话》吗？

生：当然看过。

师：《格林童话》也是俾斯麦儿童时代的读本。《格林童话》有"三多"你们知道吗？

生：啊……不知道。

师：公主多、王子多、后妈多，有没有同感？

生：有啊！有啊！

师：为什么会有这"三多"呢？

生：我觉得公主王子多是因为原来的德国是由很多小国家组成的。

师：对的。德国有句谚语：一年有多少天，就有多少德意志邦国。据说最小的一个邦国只有12个人的军队。还有"一多"，为什么后妈多？

生：不好说。

师：我的理解，大家是不是认同：这是一个在集体记忆中缺少母爱、没有祖国、备受欺凌的民族。《格林童话》谁写的？

生（笑）：格林兄弟呀！

师：格林兄弟又是谁？

生：……

师：他们是哥廷根大学的语言学教授。格林童话是他们在德意志各地搜集民间故事而成的。这其实是19世纪初，德意志民族精英想要借助传统文化的力量，重塑日耳曼精神，赢得广泛民族认同的努力之一。

从人人熟悉的《格林童话》入手，师生共同完成了一段课堂叙事，学生感觉出乎意料，随着教师追问的深入又感觉兴味盎然、别有洞天。学生不仅理解了德意志民族对于统一的渴望，还明了文学作品和艺术作品不是历史，但可以在某种程度上反映历史，而民族的特性和文明发展的轨迹也会在文学和艺术作品中留下印记。课后有学生感叹说，没想到童话故事背后也有这样深刻的历史，他和俾斯麦竟然看过同一本书，太神奇了，以后拿起《格林童话》就会想起德国统一。

（三）细节为重

巧叙事还要善于利用细节，着力于细节的雕琢。历史细节的选择要生动、形象、典型、富有启迪、具有感召力，它可以是历史人物的一句话，可以是几个简单的数据，但都必须是最能体现相关史事特色的。所谓"魔鬼在细节中"，追求的是大历史中的小切口，于细微处见精神，引导学生发现新知，形成认识，洞见思维。要避免王德培先生所指出的"为了活生生的把历史经过讲给学生，喜欢大找材料，全盘端给学生，而学生往往反映'太乱'，弄得费力不讨好"[1]。

比如讲述北洋军阀时期内战、重税、对新兴事业的摧残时，我在课堂上使用了这样一个细节：为筹措军费，各路军阀横征暴敛，四川某军向百姓预征田赋，每年达14次之多，十几年内已把到2008年为止的田赋都预征了。第一次使用这个数据时，恰是2008年，学生们极为震撼，纷纷表示难以想象预征几十年后的田赋对普通民众而言是怎样一种残酷——这一个细节就使学生对军阀混战割据时的中国社会有了极为真实、深刻的印象。

讲述美国1787年宪法时，我也精心雕琢了一个细节，向学生展示了美国制宪会议花三天时间制定的部分会议规则：开会议事，出席者不得少于7个邦的代表；代表发言时，必须面对主席，提到他人用第三人称；对一个议题，每个人的发言时间是同等的；别人发言时，不得喧哗走动，不可看书看报；若两名代表同时起立，由主席决定先听取谁的发言。然后提问学生："花宝贵的三天时间制定会议规则，这是不是有点浪费时间？"现

---

[1] 王德培：《论中学历史教学的理论和实际》，《历史教学》，1951年第1期。

在的学生很会"察言观色",但是教师的表情却模棱两可,这使得他们非常纠结和困惑。其实这个问题没有标准答案,其目的是利用这个讲述美国1787年宪法制定时不太引人注意的细节,培育学生的规则意识。如果制定宪法规则的人都没有强烈的规则意识,那么制定出的宪法怎能得到人民的认同和当政者的切实执行呢?所以规则意识是非常重要的,这也是追求自由平等的基础。这个问题的探讨一共只有几句话,但相信会在学生心中吹起微澜,很多现代公民社会的理念可以在我们的课堂经过潜移默化的浸润,内化和升华为学生的品格,这也是历史学科育人价值的所在。

二、重方法——历史思维的锤炼路径

就历史学的思想和方法而言,历史的叙事是一种解释。历史是客观存在,叙事"传递"历史,这种传递,既有客观历史事实的传递,也有历史叙述者个人主观意识的传递。虽然大多数的历史叙述者们都自信客观地再现了过去的事件,但是,无论是历史学家,还是历史事件当事人或者旁观者,都生活在一定的社会环境之中,都是具有丰富情感和思维能力的人,在"传递"历史的过程中都不可避免地会带有"传递"者本人对历史事件的看法、立场和情感以及价值观。英国历史学家沃尔什在其《历史哲学导论》一书中就把历史认识的主观因素概括为四个方面:"个人偏见、集团成见、历史观、世界观的原因。"从这个角度看,我们所了解学习的历史其实是客观历史的主观反映。历史的课堂叙事不管怎么设计和组织,都是教师和学生根据所掌握的客观材料对历史进行的叙述和解释,这种叙述和解释是对所拥有的历史材料的主观理解。

历史就像浩瀚无边的宇宙,无论多么博学,所知道的也只是一粒微尘;历史又是一个相对开放、能够不断更新延展的领域,新的材料或者新的视角,会提供历史与以往不同的解释和理解。对中国近代实证史学的创立起了重大作用的胡适先生有个观点:史学一面是科学的,重在史料的搜集与整理;一面是艺术的,重在史实的叙述与解释。可见,学习和认识历

史是有一定规则和方法的，就中学历史的学习而言就是要掌握基本的史学思想方法，即了解往事的方法和思考往事的能力，具体来说就是了解史料价值、构建史实逻辑、建立唯物史观等。在课堂叙事的实施中，史学思想方法的贯彻是锤炼学生历史思维的重要路径，"学史重法"既包括学史的方法也包括教史的方法，既要"建模"也要"默会"。

（一）叙事中"建模"

所谓"建模"，即通过教师的示范，在教学叙事中构建有关史料思维、集证辨据、诠释评价等史学思想方法的学习模型，使学生在理解、接受、模仿、迁移的过程中逐步掌握和运用这些史学思想方法。

比如以"如何评价洋务运动"为例构建"客观评价历史事件、历史人物"的学习模型，教学中选择不同来源、不同视角的史实引导学生讨论洋务运动的过程及其影响，展示不同时代、不同人物对洋务运动的评价，引导学生进行分析的同时对于明显不符史实的有关洋务运动的评价提出质疑和反驳，使学生自己得出对洋务运动比较客观的认识。其目的是让学生了解和掌握评价历史事件的一般方法，认识到不同人物、不同时代，对同一事物的立场和观点是不一样的。要形成客观的认识，一定要依据史实和史料进行多角度的观察和论证。

教师在教学中关注"获得史料的途径""汲取'直接证据'与'间接证据'的主要信息""史料价值信度的判断与分析""艺术作品的证史价值和证史路径""多角度评价历史人物、历史事件"等不同主题的史学思想方法学习模型的构建，引导学生在探究中逐渐理解、模仿，并最终掌握解决同类问题的思想方法。

（二）"默会"中感悟

当然，如果在教学叙事中只是按照一定模式对史学思想方法进行机械的操练，历史学习也就失去了其灵动鲜活的意蕴，缺失了人文学科的特点。很多时候，教师需要通过持之以恒的、有意识的设计示范，让学生感悟和体会史学思想方法的精髓，耳濡目染，润物无声。我将之概括为"默会"，引导学生感悟历史的诗意、玄机、悖论……产生基于历史语境的同情和理解、尊重和敬畏。

例如讲述近代德国统一时，呈现俾斯麦青年时代、外交官时代、首相时代、下台时期的材料，引导学生关注俾斯麦的思想、行为，从发展的视角来认识历史人物，体会人和时代的互动关系。讲述统一后的德国时，引导学生想象：如果没有铁血政策，德国能否统一？如果不是俾斯麦，德国会不会统一？我们从俾斯麦的视角考察了德国的统一和崛起，如果从他的亲密战友威廉一世的视角看呢？对于德意志的统一和崛起会不会有新的发现和认识呢？讲述中国工农红军的长征时，引导学生分析长征途中前期战略失误、中期战略纠正和中途之后的战略发力以及胜利之后的战略定力，关注中国革命的战略转移和目标选择的重要性。讲述新航路开辟时，引导学生关注地理大发现固然给"被发现者"带去了苦难，但这苦难何尝不是这些被"发现"地区走向现代文明所付的代价？这些叙事设计在有意无意中将学生带入更广阔的时空领域中，感受人类文明长河中闪耀的波纹和不为人知的暗涌，其折射的恰恰是历史的曲折和复杂。

身处历史之中的普通人，就仿佛乘坐着独木舟，顺流而下时都来不及看清身畔闪过的风景，更不知在背后推动自己的究竟是什么。学历史就是要主动地寻找历史的智慧，引导学生根据既有历史经验的学习来得出自己的解释，表达对历史意义的认识，要做到这点，学生对史料的看法和把握，还有学生的视角和视野都是非常重要的，需要教师花时间动脑筋，使学生在"默会"中不断提升。

美国历史学家盖伊认为："没有分析的历史叙事是琐碎的，而没有叙事的历史分析则是欠缺的。"这个分析，一定是基于史学思想方法之上的。我非常赞同上海市历史教研员於以传老师的观点：了解认识历史的过程比记住历史上的某一天发生了某件事重要得多；阅读历史材料并从中发现问题，进而思考解决问题的方法和途径，比记住某些所谓的标志性事件重要得多；知道同一事件有不同的史料，同一史料有不同的解释，比背诵那些结论性的历史陈述重要得多。[1] 历史周流发展，丰盈灵动，要使学生获得"活生生"的、有血有肉的历史，关注学生掌握学习历史的基本方法和认识历史的思维能力是基础。

三、求融通——历史意识的深化逻辑

所谓"融通"，是指期望通过教学叙事达到学科知识的贯通、学科素养的通达、历史与现实的融通[2]。具体来说就是引导学生在历史的长河里瞻前顾后、层次递进地理解史事的意义，由史而论地表达对历史的认识，凝练和深化学生以故鉴今、观往知来、见微知著的历史意识，这也是历史学科育人价值的体现。

在历史课堂中，巧妙的叙事设计、科学的思想方法都是为了追求历史学习的"融通"。"巧叙事"是前提，决定学生与古人前人对话的亲密程度；"重方法"是路径，引导学生学会与古人前人对话的方法；"求融通"是课堂教学的目标，使学生在与古人前人的对话中主动寻找历史的智慧，感受历史学习的价值。三者相辅相成，是历史教学中三个渐次递进的层次。

（一）学科知识的贯通

马克思和恩格斯的辩证唯物主义的历史观表明："作为纵向发展的历史中的每一个时代，其结构（包括'材料、资金和生产力'等）都是前代遗留下来的，这是纵向发展对于横向结构的作用；同时，每一个世代又是在改变了的条件下继续前代的事业，所以又不得不或多或少地改变原有的结构，并遗留给其下一代，这又是横向结构的变化对于纵向历史发展的作用。人类历史的客观进程，就是这样横向矛盾与纵向发展的不断相互推演的结果。"[3] 中学历史的学习也越来越强调对于历史发展线索整体性的梳理

---

[1] 於以传：《顾后·瞻前——於以传教研文集》，上海教育出版社，2004年版。
[2] 贲新文：《通感教学：义务教育历史新课程标准的核心》，《教育理论与实践》，2012年第35期。
[3] 刘家和：《关于历史发展的连续性与统一性问题——对黑格尔曲解中国历史特点的驳斥》，《北京师范大学学报（社会科学版）》，2009年第1期。

和理解，中外历史知识的对比联系和贯通等。这就要求在教学叙事中关注历史知识的"上下脉络连贯一气"和"点—线—面"的历史纵深感，理解人类历史的纵向发展与横向发展，互为条件，相辅相成。

德国为什么会在20世纪发动了两次世界大战，为什么会形成极端的民族主义和纳粹思想，是不是可以从德国近代统一的进程中寻找一些端倪？历史有特定的时空，有偶然的因素，但历史更是有过程的，也讲因果关系。我在《德国的统一和崛起》一课的教学中，就力求将教材中关于德国历史的片段串联和贯通，突出历史发展的纵向联系，以时间轴的形式引导学生思考历史发展的态势，点出人类文明的价值取向，渗透情感、态度、价值观的培育。中国为什么参加"一战"，过去的观点认为中国是受到帝国主义的裹挟勉强参加"一战"的。近来越来越多的史料表明，中国各界人士促成了政府主动参战，并选择站在协约国一方。近代中国一直处在被动挨打的地位，从1840年鸦片战争开始，与西方国家的关系以割地、赔款居多，但是"一战"结束后，中国这个一直战败的国家却能以战胜国的身份出席巴黎和会，一雪前耻，意义重大！从主动参战到参加和会，近代中国为融入国际社会，寻找"国家身份"的认同作了很多努力。这也是巴黎和会外交失败会在中国国内引起巨大反响的背景之一，从这个角度考察新文化运动和五四运动，无疑为学生理解和解释这段历史提供了新的视角。同样，第一次世界大战对于中国这样的边缘国家都有如此重大的意义，就不能单单将其定义为帝国主义战争，"世界大战"的内涵引起学生更多的思考。

"历史学家在观察历史的时候，把自己想象得很大，如同站在喜马拉雅山之巅，这样看到的历史画面就要开阔一些，清楚一些。"[1]我们在教学中也可以通过学科知识的贯通和勾连，努力尝试带着学生到山顶去看风景，看山川河脉蜿蜒走势，看风雪弥漫原野四季，"原始要终，疏通知

---

[1] 李剑鸣：《学术的重和轻》，商务印书馆，2017年版。

变"[1]，大历史中的小主题，小切口中的大历史，都值得细细品味。

（二）学科素养的通达

高中历史新课标提出历史学科有五大核心素养，"唯物史观是诸素养得以达成的理论保证；时空观念是诸素养中学科本质的体现；史料实证是诸素养得以达成的必要途径；历史解释是诸素养中对历史思维与表达能力的要求；家国情怀是诸素养中价值追求的目标"。

历史学科核心素养是一个相互联系的整体。唯物史观是教学叙事的出发点；任何人事物都有特定的时空，要培养学生通过合理想象把自己置于特定的时空，去和古人前人交流、对话的意识；叙事的理性通过史料证据彰显，通过教学叙事和史料解读的有机结合培养学生"基于史料的思维"，有一份材料说一分话，即任何结论都必须基于史料和论证；以历史理解为基础的历史解释，通过理性分析和客观评判使过去的人和事变成有条理有意义的历史知识。培育具有中国心、世界眼、有社会责任、有人文追求的现代中国人，是历史教育责任所在。

历史学科核心素养的培育是一个长期的过程，教师在课堂教学中不应固化对"核心素养"的理解，不能为了素养而讲素养。在教学叙事中，要厘清五大核心素养的内在关系，虽不可能在较短的课时中凸显所有素养的培育，但也不能在叙事中"厚此薄彼"，要有通达的意识，尽可能将核心素养的培育渗透于教学的各个环节，引导学生拓展知识、丰富思维、涵养品质。

（三）历史与现实的融通

历史思维有其独特性，是帮助学生从不同角度观察和思考世界的工具。历史学习不是要使人偏激，恰恰相反，是要教会人们更加理智。有时要从历史看现实，有时要从现实看历史，在教学叙事中尝试把历史现象放在一个有更广视域的棱镜下，利用丰富的史实材料，引导学生在课堂核心

---

[1] 王家范：《中国历史通论》，生活·读书·新知三联书店，2012年版。

知识的解构中去发现历史规律，感悟多元、包容、开放，尝试历史与现实的融通，学会理解和尊重，汲取人生智慧和能量。

20世纪30年代，美国参议员问总统罗斯福："田纳西河流域管理局是根据什么政治思想建立的？"罗斯福微笑着回答："这既不是鱼，也不是鸡，不管它是什么，但对于田纳西河流域的人民确是极佳的美味。"罗斯福新政借鉴社会主义的某些理念来调整资本主义制度，就像20世纪末期中国的改革开放的经验证明社会主义也可以有市场经济一样。这些成功的范例告诉我们：没有一成不变的发展模式和道路。不同的文明、制度之间可以互相借鉴，这也是任何一种现代社会制度的生命力所在。这节课的教学设计尝试打破不同史实的外壳，把看似孤立的图块拼接起来，通过对比、联系，形成一个更大的画面和情景，开阔学生的视野和眼界，养成正确的世界观。历史上的丝绸之路不仅是一条中外文化交流之路，也是宗教之路、变革之路……不同种族、信仰、文化背景的帝王、武士、学者、商贾、僧侣传递物种、财富、艺术、宗教和战争。作为一部浓缩的世界史，丝绸之路塑造了人类的过去，更将主导人类未来的发展。今天我们讲"一带一路"，就要关注历史与现实的融通，既要从历史出发，又要着眼于世界全局下，还要放到中国全方位对外开放格局中探索。

美国学者提出"研究历史，就是要解决问题"，法国年鉴学派学者认为"没有问题，就没有史学"。任何一个历史现象都不是孤立存在的，从微观到宏观，从局部到整体，从现象到本质，从历史到现实，从一般到特殊，都有其内在的历史逻辑。"求融通"并不是要在历史叙事中面面俱到，而是引导学生去理解历史事件的基本特质和规律，有时是在历史细微处通过"窥一斑而见全豹"，形成大视野、大见识，有时是在宏阔历史场景中切入人物内心或细节，身临其境地感受彼时彼地彼人，体会"历史一路走来"的宏大感，达到管窥世界与人类的效果。

鲍丽倩，1971年生于江苏常熟。1994年毕业于武汉大学历史系，之后在嘉定区封浜中学执教，2003年调嘉定区教师进修学院任中学历史教研员，2015年调普陀区教育学院任高中历史教研员至今。2017年获上海市特级教师荣誉称号。现为上海市高中历史攻关基地主持人、上海市首批网络兼职教研员、上海市高中历史中心组成员、上海市中小学骨干教师初中历史德育实训基地导师等。

身为教研员，重视在理论与实践之间架设桥梁。作为核心组成员参与了市教研室"中学历史学科育人价值研究""中学历史课程标准修订""上海市中学历史教学基本要求修订""上海市中学历史单元教学设计指南""统编初中历史教材配套沪版练习册编制""上海市中学历史学科核心素养研究""中华优秀传统文化课例研究"等多个重大项目；主持"基于信息技术的学科评价——中学历史""高中历史数字资源建设"等市、区级项目10个；主持建设"基于主旨和史学思想方法目标的作业设计""史学思想方法目标的确立与实施"等市级网络培训课程；主编统编高中历史教材《中外历史纲要》配套沪版地图册。长期专注学科育人，撰写专著《中学历史学科育人实践研究》，发表论文 40 余篇，参编书籍 15 部，撰稿约 20 万字。先后获得上海市基础教育教研员专业发展评比一等奖、上海市首届网络教研论文评比一等奖、全国优秀教研工作者等荣誉。

史料实证与历史叙事的有机融合

严密、有逻辑和科学的历史叙事，有助于相对客观地还原历史经过、场景和现象，并在叙事中彰显历史的灵性、智性和情性，让历史解释可能变得畅达。好的历史课常常表现为教师在史料实证基础上，通过娓娓道来的叙事呈现历史意蕴、力量和温情。如何将行云流水的历史叙事与严谨周密的史料实证在课堂的流程中、在学生的认知中有机融合，不仅是一个实践的难点，也是发掘学科营养、滋育学生素养的一个攻坚问题。本文将结合我在教研过程中的些许思考和点滴课例与读者交流分享。

一、回归本意，发挥历史叙事的育人功能

历史是一种解释。许多历史学家指出，"历史"实则是一堆混乱的碎片。历史叙事是历史解释的一种呈现方式。历史教师在教学中需要将无意义的碎片历史重新建构成有意义的关联历史。因为只有将历史中的人和事置于有意义的叙事结构中，我们才可能跳出就事论事、狭隘肤浅、牵强附会、断章取义的窠臼。同时，近年来学界提出历史课要有中心、有主旨、有立意、有灵魂等，既回应了如何应对历史知识的无限性和教

学时间的有限性这一现实矛盾，又体现了中学历史界对于历史课堂教学价值的创新思考。历史叙事正是蕴含上述价值追求的有效载体，一堂课如果只是一堆知识碎片的堆积，没有叙述史事之外貌和内涵，是不可能体现"立意"和"灵魂"的。另外，从学习者的学习需求看，历史叙事是贴合其兴趣、补充其成长养分的有意义内容重构。好的历史叙事正是以其跌宕的故事悬念、丰满的人物形象、曲折的史事进展、严密的逻辑关系、深远的事理启迪等，不仅使学习者深受吸引，共疑共思，也有助于学习者在对史事的理解中实现从历史旁观者到历史体验者的角色过渡，感同身受历史中人的处境、心境与语境，进而感悟事理，并在知识、能力和情意等多方面获得发展。

然而，当前历史叙事在教学中并未得到应有重视，原因之一是历史叙事被误解为教师单向的灌输，认为历史叙事专注于教师表达的流畅性、内容组织的完整性和历史讲授的情节性，而忽视了学生的认知、理解和个性差异。它往往被认为是教师一言堂和满堂灌，以为讲求历史叙事的课就不需要史料、不需要思维、不需要其他解释了。因此，历史叙事教学被认为是不符合时代育人需求的。看来，这里又将其与知识灌输之间画了等号。

新时期的学科育人对广大中学历史教师提出了新的要求，"教师在教学中要尊重历史的研究逻辑和学生的认知逻辑"[1]，即不能只专注教学而忽视史学，而应当在尊重史学本体特征的基础上合理开展教学。"历史叙事"作为史学的专属概念，应回归本意，它不是简单地对某一历史事件或历史人物进行叙述，而是建立于史料研读基础之上的、以较为完整的叙事结构对史事内在逻辑关系作出科学合理解释的一种方式。因此，历史叙事教学不是对知识内容简单的趣味式加工，而是教师在准确把握课程内容史学内

---

[1] 上海市教育委员会教学研究室编撰：《知真　求通　立德——中学历史学科育人价值研究》，上海教育音像出版社，2013年版。

涵的前提之下，对教学内容进行意义重构的过程，其背后彰显的是教师对历史的认识和解释，同时也是对学生历史认识和历史解释路径的一种示范。

二、强化实证，彰显历史叙事的理性温情

史料在研究和教学中的重要性不言而喻。从史学本体看，史料是构成历史认识和历史解释的基石，傅斯年先生"史学便是史料学"也成为学界的共识。从学科育人的视角看，史料教学在培养学生证据意识、同情理解、探究能力和质疑精神等方面，有着不可替代的作用。当前，没有史料的历史课堂通常会被认为是落伍于时代。然而史料教学在备受重视的同时，尚存在着不少误区。李惠军老师指出，当前史料教学中最突出的问题有三种：一是史料开发的过度化，二是史料解读的随意化，三是史料分析的碎片化。[1] 究其原因，史料教学终究只是一种教学方法，而当方法服从于内容和目标，如果我们将该方法的作用过分夸大，那么历史课就将陷入史料的汪洋之中，也会迷失史料研读的方向。为此，一方面我们对史料教学法本身的内涵和作用要有准确的把握，另一方面，要将史料教学置于内容和目标体系下作系统思考。

我以为，将史料实证与历史叙事有机融合，让史料研读服务于历史叙事不失为纠偏的有效手段。回归到史学本原，历史叙事正是依托史料来建构意义关联的。史料的证据力可以彰显叙事的理性；反之，缺乏史料支撑，历史叙事也就成了空中楼阁。同时，建立基于史料，尤其是一手史料解读基础上的同情之理解，是彰显历史叙事温情的必备环节。李惠军老师主张在历史教学中，史料的解读与历史的叙事要交互一体，要学习"故事大王"沈志华先生将宏观的历史叙事与微观的史料解读兼容并济，在对史事的全面陈述与把握的同时在历史的细部明察秋毫、精审考订，做到故事

---

[1] 李惠军：《博识而畅达 广征而顺达（一）——从"诗性预构"引出的关于史料与叙事的教学联想》，《中学历史教学参考》，2016年第8期。

中饱含史料，叙事与史料无痕衔接[1]。自然，要达到"无痕衔接"需要深厚的史学功力和娴熟的教学技艺，这是中学历史教师的不懈追求。目前首先需要做的，就是树立史料实证与历史叙事有机融合的意识，理解其意义，并在践行中优化。

三、实践探索，史料实证与历史叙事的有机融合

（一）唯物史观，历史叙事和史料开发的出发点

只有在科学的社会史观指导下构建了严密合理的历史叙事逻辑，史料的开发才可能在叙事逻辑指引下有精准的定位。马克思主义哲学是关于自然、社会和思维发展一般规律的学说，它包含历史唯物主义和辩证唯物主义，是科学的世界观和方法论。历史唯物主义强调生产力与生产关系、经济基础与上层建筑、社会存在与社会意识之间作用与反作用的关系，主张人是历史的创造者但也受制于时代。辩证唯物主义认为物质世界处在永恒的运动、变化、发展之中，揭示了事物发展的根本原因在于事物内部的矛盾性，坚持用联系、发展、全面的观点看问题。对立统一规律、质量互变规律、否定之否定规律，是辩证法的三个基本规律，矛盾分析法是辩证法的根本方法。时间与空间、相同与不同、联系与区别、量变与质变、背景与条件、原因与结果、动机与后果、主观与客观、必然性与偶然性、可能性与现实性、内容与形式、本质与现象等，这些范畴都是对立的统一，范畴可以帮助人们从人或事物的各个不同的侧面分析其矛盾，从而达到较全面的认识。

1. 多视角观察历史人物，不以个人喜好代替客观评价

唯物史观指导我们要多视角、客观辩证地观察历史人物，不以个人喜好代替客观评价，不以道德评价代替历史评价，而要将历史人物的全貌呈

---

1 李惠军：《博识而畅达 广征而顺达（一）——从"诗性预构"引出的关于史料与叙事的教学联想》，《中学历史教学参考》，2016年第8期。

现给学生，进而将最终评价权交给学生。上海市曹杨二中徐寒雄老师这样设定《汉武帝时代》一课的课程内容主旨：

> 汉武帝刘彻为刘汉天下的世袭，在继承了文景之治的遗产，审时度势、不失时机、不择手段地沿袭和创新了以巩固皇权为宗旨的帝王之术，以"独尊儒术""内外朝制""推恩令"等方略逐个解决了思想异道、王政旁落、王国分裂和匈奴入侵等由来已久的痼疾，实现了自秦以来多民族大一统的中央集权帝国梦，称雄中土、威震四夷、远播亚欧，推动了华夏文明的再造、崛起和扩张——这就是汉武帝时代。

该主旨的撰写得到了华东师大聂幼犁教授的精心指导。从唯物史观角度看，该主旨整体体现出辩证性：一是将历史人物"巩固皇权为宗旨的帝王之术"的主观意图与客观效果有机关联，体现了全面的观点；二是将历史人物置于特定时空下，并从短时段"解决了由来已久的痼疾"、中时段"多民族大一统的中央集权帝国梦"和长时段"华夏文明的再造、崛起和扩张"的角度综合观察，体现了发展的观点。从叙事的角度看，内容具体，逻辑清晰，表述聚焦，这就非常有利于后续教学环节的设计、教学资源的开发和教学过程的实施；同时，最后"这就是汉武帝时代"的表述，既体现了教师对这个概念的理解，也隐含了对归纳教学法的示范。如果依据该主旨的叙事逻辑来开发史料，则会兼顾主观上为维护汉室的"帝王之术"和客观上带来的促进"多民族大一统"及"华夏文明的再造"，汉武帝的形象会更真实立体。

2. 大视野体察社会风貌，不以局部表象遮掩历史本质

唯物史观指导我们要大视野体察社会风貌，要融表象与本质、局部与整体、当下与过往于一体。李惠军老师这样设计《坎坷的进化——民国初年的社会生态》一课：首先，从局部解剖的视角铺陈"坎坷"（经济："时运"与"失运"；生活："开化"与"闭塞"；文化："宽容"与"论战"；制度："立宪"与"帝制"）；其次，从整体时势的视野体察"进化"（经

济：民族工业的"黄金时期"；生活：追求时尚的"民国范儿"；文化：兼容并蓄的"文化生态"；制度：坎坷艰难的"制度畸变"）；再次，从历史纵深的视域理解"坎坷的进化"（发展之艰难："半殖民"的社会现实；进化之艰难："超稳定"的历史引力；和平之艰难："分散性"的暴力怪影；启蒙之艰难："国民性"的传统依恋）。李老师的史学功底和教学艺术堪称典范，历史叙事的功力更是令人折服。李老师倡导的"大格局"与"精细化"，在本课的整体设计中就可见一斑，他融细部解剖、宏观体察和纵深理解于一体，勾勒出一幅既大气磅礴，又精于细节，更赋笔触张力的民国初年社会生态"坎坷进化"的历史画卷。他将微观与宏观、现实与过去、民族与世界、表象与本质等多个范畴有机融合，构建出社会风貌变迁背后严密的逻辑关系。回顾二期课改以来中学历史教学中对于民国初年社会的认识，经历了一个渐进深入的过程。历史解释的不断完善，是基于科学史观的把握、史书阅读的广博和史学理解的深入，不同的解释会直接影响到史料开发的定位和史料解读的落脚点。

3. 多维度洞察历史事件，不以合力理论排除核心要素

合力理论是当下历史教学中比较常用的一种解释方法，但如果只有合力理论，没有核心要素，历史解释也缺乏重心和说服力，是不符合唯物史观的。徐寒雄最初这样分析清末新政改革失败的原因：

> 晚清十年，改革代价的承受者们成为政府的离心力量。废除科举，士心浮动；新政改革，民心丧失；驱散请愿，绅心游离；皇族内阁，官心相背。……《清末新政》这节课告诉我们一个浅显的道理，那就是：比起风起云涌的时局，更为波澜壮阔的是：人心。

总结通常是历史叙事的提炼和升华部分，该总结体现了对清末新政的多维度观察，从士心、民心、绅心和官心等合力角度思考清政府改革主观意愿与客观效果相背离的原因，较有新意，但最终提炼到放之四海而皆准的"人心"，失去了历史的韵味。在改进稿中教师则改为：

> 晚清十年，"革命"和"改革"其实在赛跑，最终结果是：革命

胜利了，改革失败了。回过头来看这段历史，革命之所以成功，不是革命的口号有多么吸引人，而是改革已死。晚清政府希望通过新政、立宪来完成王朝的自我拯救，最后却落得个人心尽失、江山失守，为什么呢？用孙中山的一句名言作为本课的结束：世界潮流浩浩荡荡，顺之则昌，逆之则亡。晚清政改舍本逐末，最后落得个搬石砸脚。

清政府逆时代大势，对自身王朝利益的维护远大于跟上世界现代化潮流的考量，最终导致事与愿违。教师用时人的话点出了历史玄机，直指核心要素，史料教学与历史叙事融为一体。

（二）灵性人物，历史叙事和史料解读的倾情点

历史叙事首先必须要围绕人展开，没有人就没有历史。要力求还原真实、立体的人，塑造有性情、有灵魂的人。其次要正确处理好人与时代的关系。人永远是时代中人，始终烙有时代印记，时代造就人，而人对时代又有反哺作用。再次要正确处理好主要人物与次要人物的关系。伟人固然重要，但一个人成就不了一个时代，也代表不了一个时代。次要人物也是历史的创造者。同时，要理解历史中的人，回到时人的具体处境中，从其所思、所言、所行及结果中去观察。由此，对于史料的解读不仅要提取其表层信息，还要透过史料的表述，知晓其背后的人物内心世界，从而帮助学习者真正走进时人的内心世界，生成对历史的温情与敬意。

1. 勾勒群像，彰显对历史主体的尊重

除了对主要人物要着力刻画外，对群像的勾勒也非常重要。尽管那些次要人物在课堂中"步履匆匆"，但有时教师只要寥寥数语就能让这些人物生动起来，赋予历史中的人生命与性情。徐寒雄在讲述汉武帝时代时这样叙述主父偃的出场：

> 武帝的权力在慢慢膨胀，而地方王国问题则一直困扰着他，让他夜夜不得安睡，如何解决地方王国问题呢？这就不得不说到下面这位能人了，（出示"推恩令"史料）他就是主父偃。他是山东临淄人，出身贫寒，早年学纵横之术，中年改学儒术，因在家乡受到排挤，决

定西入长安，去京城碰碰运气。托关系，走后门，仰人鼻息，主父偃觉得这样下去不行，于是情急生智的他给汉武帝写了一篇非常长的奏章，让他意外的是，奏章早上呈送，晚上汉武帝就召见了他。见到他时，武帝非常激动地说："你以前在哪里啊？为何我们相见这么晚呢？""相见恨晚"这个成语就是说他的。

一般讲汉武帝时代，教师大多只关注汉武帝，而其他人物往往只是史料背后的一个名字而被忽视。从史学角度看，会令人产生误解，似乎汉武帝个人撑起了一个时代，有个人英雄主义之嫌；从教学角度讲，人物稀少，形象单薄，人物间缺少交集与互动，这样的课堂恐怕也不会有太大的魅力，更谈不上学习者与历史人物的生命对话和历史智慧的孵化；从学科育人角度讲，课堂中长期只有主要人物，没有次要人物，或只有大人物，没有小人物，既不利于学习者养成对历史人物的尊重和对历史的敬意，也不利于形成小人物大人格的价值观。从该案例中主父偃的出场，我们感觉到史料"推恩令"计策背后的名字不再冰冷，教师将《汉书·严朱吾丘主父徐严终王贾传》中相关主父偃的史料记载转化成自己的语言，虽然用语不多，但刻画精心，人物形象鲜明立体，跃然纸上，而且展现了人物之间互动的场景，令历史立即变得生动起来。这样的处理体现了教师较高的史学功底和教学素养，叙事中有史料，史料中有温情。同时，在本课教学中，教师除了着力刻画了汉武帝的形象外，还用简洁明朗的笔调勾勒了董仲舒、卫青、霍去病等辅佐人物的形象。汉武帝时代也因为这些有性情、有灵魂的人物群像塑造而显得可视见、可亲近。

2. 走进内心，感悟历史主体的情感

历史最打动人心的，一定是历史中人的内心世界，走进内心是为了走进真实，并触摸历史的温度。上海市新黄浦实验学校张添老师在执教《第二次世界大战的爆发》时是这样导入的：

  我们首先来看一幅画。（出示画作）这幅画的作者是一个叫埃丽卡的小女孩，1934年出生在布拉格，七岁那年被遣送到特莱津的集中营。这幅画里，埃丽卡记录了自己的生活，也画出了一个小女孩的憧憬。她的画面前面留出了很大的空间，这里放上了集中营里没有的鲜花，让蜜蜂围绕着花朵，花瓶上也刻上爱的印记。花儿无论是颜色还是姿态都生动而平衡。时时处于饥饿中的埃丽卡，还在花儿旁边放上了满满的一盘水果！（出示照片）实际上，有着架子床的房间十分拥挤且充满着哀伤，孩子们饥饿、寒冷、经常生病，想念妈妈。埃丽卡把架子床推得远远的，也把残酷的现实生活远远地推开，这幅画完成于1944年，同年10月，埃丽卡被杀死在奥斯维辛集中营，那一天离她的十岁生日还有12天。

对于战争的叙述有很多种方式，何以张添老师的叙述能那么地打动人心、发人深省？张老师在历史叙事和史料运用上有独到之处。教师在讲述希特勒屠杀犹太人的暴行时，通常出示的都是成堆的尸体、毛发、鞋子等象征死亡的图片，令人不寒而栗。而张老师却没有采用这样的图片，而是边呈现有着巨大视觉冲击力的《有着架子床的房间》的油画和照片，边动情讲述身处集中营凄惨现状中的埃丽卡们对生的渴望和对美好生活的向往。这样的处理可谓匠心独运，既避免了直接出示死亡的照片引起孩子们不适，又突出了法西斯摧残无辜生命的冷血行径，更讴歌了在困境中不屈坚守的人性之美，将小画者的主观愿望和其所处的残酷客观世界融为一体，历史叙事与史料教学浑然天成，极富感染力。

（三）以小见大，历史叙事和史料运用的关键点

历史包罗万象，历史遗存的史料浩如烟海，因此，教师在备课时需要精选典型的史料，以助力历史叙事重点突出、以点带面地有序推演。同时，史料的呈现应依学情特征而定，或要义概括，或图片示意，或故事讲演，或细节刻画等，但要短小精悍、生动形象、关键信息突出。史料的解读过程要呼应历史叙事，要示范史学思想方法，从而透过小史料读出大历史。

1. 小史料，大逻辑

史料虽小，但在教学运用中必须遵循大逻辑。逻辑之"大"，其要义指向严谨科学的态度和方法。史料的运用当遵循以下三种逻辑：一是史学的研究逻辑，其核心是有一分证据说一分话；二是学生的认知逻辑，其核心是尊重学生的个性特征和认知规律；三是历史的叙事逻辑，其核心是对历史形成有意义的关联性解释。上海市曹杨二中附属学校王婕婷老师在《美国独立战争》一课中，运用了漫画《联合，或者死亡》(Join, or Die)。其最初设计是教师先介绍这幅流传于独立战争初期的漫画实际上是富兰克林创作于1754年英法战争期间，进而提问："为什么大部分人会误解这幅漫画创作于独立战争时期？我们怎么避免类似的误解再次发生？"这样的设计虽然在一定程度上体现了史料实证，却与历史叙事相游离，成了课堂流程的"肠梗阻"。在其后的改进稿中，王老师改设问为："1774年的北美报纸为何争相刊登20年前的旧作？"这样的设计既将问题直接指向当时的社会心态，体现了对史学研究逻辑的遵循，也与北美人民追求自由与权利的内容主旨相关联，与历史叙事逻辑一致。

2. 小切口，大格局

着手于小处，着眼于大处，在历史叙事中要微观中见宏观，小史事寓意大事理。这绝非无中生有的牵强附会，它需要教师具有深邃的历史洞察力和高超的史料驾驭力。上海市北海中学黄晓慧老师在执教《冷战》一课时，以柏林墙为重点展开叙事，其观察问题的视角转换可谓娴熟。首先，教师以勃兰登堡门为典型讲述了柏林墙初建时，柏林墙建立的始作俑者即苏联领导人赫鲁晓夫的话"柏林墙是阻止西方帝国主义侵略的篱笆，……饿狼就再也别想闯进东德"，帮助学生理解当事国政府意图。接着，通过"艾青诗歌《墙》"和"民众用自己的脚作出生存和生活的选择"两个小环节，帮助学生理解当时普通民众的生存状态和内心渴望。然后，通过1961年10月28日美苏十几辆坦克对峙24小时却最终保持克制的细节进一步转换视角，帮助学生从更广阔的时空，即20世纪世界格局变化的视野下，理解柏林墙所隐含的两大超级大国不失理性、自我控制的一面，进而提炼出"冷战"的概念。最后，教师再次呈现勃兰登堡门的照片，不过场景已经切换到1989年柏林墙被推翻之后的欢乐圣诞夜，引发出人类需要理性、和平与发展的深层思考。总体来看，教师分析问题的视野由小及大，层层深入，递进提升，体现了历史人看问题的辩证和深邃，小切口中彰显出了大格局。这既增加了历史叙事的实证性，又为历史叙事搭建了立体的展台。

史料实证与历史叙事有机融合的核心要义，既在于发掘史料的证据价值去支撑叙事的求真追求，培养学习者的理性意识，也在于透过史料的历史理解去彰显叙事的时光温情，培养学习者的人文情怀。为此，教师首先要在充分阅读、准确理解课程内容的基础上，从宏观上构建出历史叙事严密的内在逻辑结构，然后再据此开发、解读和运用史料，帮助学习者在史料研读的过程中贴近历史、体验历史和感悟历史，进而领悟、内化历史叙事的解释逻辑和思维方法。

刘晓兵

　　刘晓兵，1974年生，江苏省沛县人。1998年毕业于徐州师范大学历史系，获学士学位；同年分配至江苏省沛县中学任教，2001年起，先后任校团委副书记、德育处主任、年级部主任等职务；2014年调任沛县第二中学副校长，分管教学和科研工作；2016年起任教于上海师范大学附属外国语中学。

　　曾获得沛县十大杰出青年、徐州市学科带头人、徐州市名教师、徐州市优秀教育工作者、江苏省教育科研先进个人、长三角教育科研标兵等表彰奖励，2009年获江苏省高中教师教学基本功大赛一等奖。2014年获评江苏省特级教师，2017年获评上海市特级教师。曾参加高考（江苏卷）和省学业水平测试的命题工作，受聘为江苏省教师培训专家。目前兼职上海市松江区中学历史骨干教师专业发展共同体主持人、松江区初中强校工程"实验校"指导专家，入选上海市教育评审专家库。2012年，《中学历史教学》杂志曾对其作专版介绍。

　　主持完成省、市级课题五项，其中一项为江苏省教育科学规划重点资助课题，结题后被评为江苏省首届精品课题，并获江苏省教育科研成果二等奖。

获得江苏省基础教育教学成果一等奖和上海市教学成果二等奖各一次，区县级科研成果奖多次。出版专著一部，主编、参编教学书籍十余种。在《历史教学》《上海教育科研》《教学与管理》《教学月刊》《中学历史教学》《江苏教育》《教育实践与研究》《班主任之友》等期刊发表教育教学论文五十余篇，其中十余篇发表于核心期刊，六篇被人大复印报刊资料全文转载。

历史教学逻辑的优化摭谈

什么样的历史课才是好课？如何才能上好历史课？这是萦绕在历史教师脑海中的两个历久常新的问题。随着新课程改革的深入推进，好课的标准愈发变得多元了。但不管教学模式如何多样，评判标准如何变化，上好历史课都需要关注并优化一个基础性元素——教学逻辑。只有教学逻辑顺畅、通透，历史教学才能立得住，行得远。

一、教学逻辑的内涵及价值

"逻辑"一词源自古典希腊语 logos，最初的意思是"词语"或"言语"，后来引申出"思维"或"推理"的意思。逻辑是论证问题时离不开的思维工具，比如归纳逻辑、演绎逻辑、辩证逻辑等。通常所说的逻辑一般指思维的规律，相应的，教学逻辑则是指教学中内蕴的思维规律，即教师设计和实施教学的内在理路。课堂教学是一个系统过程，是通过教师设计的各种师生活动让学生获取学科知识，培育学科素养，感悟学科魅力的过程。在这一过程中，教师是活动的设计者、发起者、组织者，其设计、发起、组织这些活动时所依据的思维规则就是教学逻辑。教学逻辑从宏观到微观包括课程教学逻辑、学段教学逻辑、单元教学逻辑、课时教学逻辑,后一个可以看作前一个的子逻辑,比如课时教学逻辑可以看作单元教学逻辑的具体化,而单元教学逻辑则是学段教学逻辑的基础点,以此类推。本文主要讨论的是课时教学逻辑。

和教学过程的显性表现相对应,教学逻辑是隐性的,相当于人身体中的血脉和神经,为设计教学流程、实施教学行为、达成教学目标提供营养和动力。一个人,血脉阻滞、神经错乱虽然在外形上看不出,却是较严重的疾病;一堂课,教学逻辑不通或者混乱,也会严重影响教学的效果。比如,有的教师教学行为过于拘泥,一味按照"背景—过程—影响"的"三步走"思路开展教学,教学呆板无趣;有的教师上课缺乏设计意识,兴之所至,任意拓展,教学杂乱无章;有的教师不注重教学的起承转合,过渡语言生硬或者缺失环节,教学整体感不强;有的教师思考不够深入,对史料过度解读,仅凭一则史料就推导出一个时代的特征,教学的科学性值得商榷;等等。这些常见的忽视教学逻辑的现象,大大降低了历史教学的效度,更让历史教学失去了应有的趣味和美感。关注并优化教学逻辑,对于素养时代的历史教学来说有着极其重要的价值。

首先,优化教学逻辑是培育历史学科核心素养的关键举措。素养时代的教学要达成的是价值标准、思维方式和行为表现三大领域的变化,这种变化包含并超越了知识的获取和技能的形成,[1]其核心是思维能力。实现这些变化,尤其是思维方式的变化,教师的教学必须展现清晰的理路,用教师的教学逻辑去引导学生的思维逻辑发展。我们常说,"知其然更要知其所以然",教学逻辑就是要向学生传递"所以然"。比如,2017年版课程标准对历史解释素养有这样的表述:"不仅要将其描述出来,还要揭示其

---

[1] 吴卫东,林碧珍,章勤琼:《变学科逻辑为教学逻辑:台湾"素养导向臆测教学模式"的教育学审视》,《教育发展研究》,2018年第20期。

表象背后深层的因果关系。"[1] 教师对探索历史因果关系的示范和指导,自然离不开科学合理的教学逻辑。

其次,优化教学逻辑是实现深度学习的必要前提。深度学习是素养时代倡导的重要学习方式。"知识具有三个不可分割的组成部分,即符号表征、逻辑形式和内在意义"[2],深度学习的核心是意义建构、知识迁移、问题解决、思维提升,其本质是学会学习、学会应用。具体到历史学科,就是要透过历史表征,窥见客观历史和历史研究背后的思维方式、价值观念和逻辑方法。[3] 引领学生走进思维和逻辑的层面,需要教师展现顺畅的教学逻辑。

二、历史教学逻辑的学理基础

教育学是一种系统的科学,学科教学逻辑并不是教师臆想而来的,而是有其深厚的学理基础。学科教学逻辑来自三个维度的统一,即学科逻辑、文本逻辑和认知逻辑。

学科逻辑包括学科知识体系,也包括学科认知方式,具体到历史学科,2017年版课程标准指出:"历史学是在一定历史观指导下叙述和阐释人类历史进程及其规律的学科。"[4] 这里面就包含两层逻辑:一是人类历史进程及其规律中所蕴含的客观历史发展的逻辑;二是探寻、叙述和阐释历史发展时所使用的逻辑,即研究或者认识历史的逻辑。简单来说,历史学科逻辑由历史发展的逻辑和历史研究的逻辑组成。

历史发展由原始蒙昧到文明繁荣,社会形态由低级到高级,其间虽有

---

1 中华人民共和国教育部:《普通高中课程标准(2017年版)》,人民教育出版社,2018年版,第5页。
2 郭元祥:《知识的性质、结构与深度教学》,《课程教材教法》,2009年第11期。
3 苗颖:《逻辑课堂,深度教学——例谈历史教学中的链式史料运用》,《历史教学(上半月刊)》,2015年第11期。
4 中华人民共和国教育部:《普通高中课程标准(2017年版)》,人民教育出版社,2018年版,第1页。

大量的偶然事件，却存在着"人类历史发展的基本规律和大趋势"[1]，历史教学逻辑首先要吻合这种基本规律和大趋势。具体来说，历史教学中应该遵循的历史发展逻辑主要是时序性、因果律和整体感。所谓时序性，是指历史事件的发生有先有后，"古人不见今时月，今月曾经照古人"，前事会对后事产生影响，后事却无法施加影响于前事。因此，历史学习和理解的常规路径往往是从古到今，借助前面的历史知识积累来认识其后历史发展中的延续与变迁。因果律是指任何一种历史现象或事物都必然有其原因，所谓"物有本末，事有终始""种瓜得瓜，种豆得豆"即此意。历史教学呈现"人类历史发展的基本规律和大趋势"时要充分重视因果律，确保因果关系的科学合理。所谓整体感，是指历史发展的各层面不是割裂的，而是互相作用、整体演进的，与此相洽的历史教学逻辑是要展现这种整体性，让学生感知到，历史发展中的各种事件不是孤立存在的，而是人类社会洪流中的一朵朵浪花，浪花和洪流是相互依存的一对，要知道洪流由无数朵浪花组成，更要学会透过浪花窥察洪流的走向。

　　历史研究有自身的流程和规则，基本逻辑主要有两个——由史到论，由表及里。求真实、讲逻辑是历史研究的内在价值诉求，论从史出、史论结合是历史研究基本的学理原则，这不仅是史学的精髓，也是理性思维的起点和最基本特征。[2] 史学研究要从史料出发，由史料推导出结论，需要严密的逻辑推演，更要谨守"有一分证据说一分话"的基本原则。但反观当下的历史教学，却存在着大量的从一则史料中得出定性结论的现象。这种对史料的过度解读使历史教学失去了逻辑美感，牵强生硬。由表及里是指后人对历史的观察与认识总是先从表象入手，逐渐进入意义和规律的领域，反过来，先言规律和意义，就会大而无当，就会掉入以论带史或者以论代史的窠臼。

1　中华人民共和国教育部：《普通高中课程标准（2017年版）》，第1页。
2　聂幼犁，於以传：《中学历史课堂教学育人价值的理解与评价——立意、目标、逻辑、方法和策略》，《历史教学（上半月刊）》，2011年第7期。

教学所依凭的文本逻辑主要是课标的逻辑和教材的逻辑。新课程实施以来，教师的教学观念有了较大进步，普遍以课标作为上位的指导性文本，教教材的观念也逐渐转变为用教材教的观念，教师不再囿于教科书的金科玉律，而是广泛开发教学资源，从史学研究中寻找灵感和借鉴。但不可否认的是，在"一标多本"转变为"一标一本"的形势下，尽管教学资源多种多样，教材依然是最为主要的课程资源（没有"之一"）。这样，课标的文本叙述逻辑和教材的逻辑就在较大程度上影响了教学设计的思路。2003年版高中历史课标和教材是以"模块+专题"的体例呈现的，而2017年版高中历史课标和六省市先行使用的统编教材则是以通史体例呈现的，两者对教学的基本逻辑在中观和宏观层面的影响是巨大的。比如，在2003版课标和教材的专题体例下，设计选修课程"中外历史人物评说"的《孙中山》一课时，必须要考虑到学生已经学习过了必修一的"辛亥革命"和必修三"三民主义"等知识，这就和上海使用的通史体例的华东师大版教材在内容上差别较大，两种教学逻辑也必然会有较大差异。以此类推，同一课标下，由于教材版本不同，教学逻辑也会有较大的差异。比如，人民版教材采用的是先中国史后世界史的编排顺序，而人教版则采用的是中外混编的办法，由古到今按时序铺陈，这样，同样是学习"中华民国临时约法"，使用人民版教材就只能进行纵向的历史比较，而使用人教版教材的教学就可以多出一种教学思路——把中华民国临时约法和美国1787年宪法进行对比教学（学生已学习了美国1787年宪法）。自2020年起，全国的历史课标和教材将实现统一，这事实上强化了课标和教材的作用，教师教学自然无法绕开课标和教材的行文逻辑。

认知逻辑包括认知心理的规律和学生的认知基础与能力。认知是指人们认识活动的过程，即个体对信息接收、提取、转换、判断、推理和问题解决的加工处理过程。这一过程以观察、思维、表达等智力活动为主要内容，动机、兴趣、情感等非智力因素在其中起着重要的作用。认知逻辑就是在此基础上形成的学生的认知结构和认知世界的方式。教学活动指向学生的发展，要通过学生的认知行为来达成，因此，教学设计必须关注学生的认知逻辑，从学生的视角去设计和组织教学，这也是学界倡导"以学定教"的原因。如果要定位历史学科逻辑（包括客观历史的发展逻辑和历史研究的逻辑）和学生认知逻辑在历史教学逻辑设定中的地位的话，我们不妨说，认知逻辑是入手点，历史逻辑则是落脚点，历史教学是要借助学生的认知逻辑，帮助学生理解历史的逻辑，最终形成自己认识历史的逻辑。

关注中学生的认知逻辑主要要考虑两个问题，一是把握并遵循学生的心理特点，二是了解学生的知识背景。中学生的心理特点中最需要关注的就是好奇心。我们常说，兴趣是最好的老师。学生的认知源于被吸引。寻找吸引学生的教学切入点和素材、问题，创设鲜活的情境，是尊重认知逻辑的重要表现，也是将学生带入历史学科知识内部的最佳途径。"要有效地展开教学活动，一个首要条件是儿童学习的认知兴趣与智力积极性。而这种认识兴趣和智力积极性只有在和儿童已有的经验、知识、能力相联结，并提出新的学习课题和问题时，才能发挥最大的诱发力。"[1]

学习是在已有经验和概念的基础上不断增加新经验、新概念的过程。奥苏贝尔说："假如让我把全部教育心理学仅仅归结为一条原理的话，那么，我将一言以蔽之曰：影响学习的唯一最重要的因素，就是学习者已经知道了什么。"[2]学生是带着已有知识到课堂里学习的，这些已有知识极大地影响着他们记忆、推理、解决问题、获取新知识的能力。了解并根据学生的已有知识基础确定教学起点，从学生较为熟悉的地方入手，有梯度地设计教学流程，是有助于学生的学习和思考的。也正因为如此，同样是历史课，初中和高中的教学关注点就有很大差异，同样是高中历史课，省市级重点中学和普通中学的教学起点也有不小的差异。尊重并基于这些差异，就是找到了历史教学的逻辑起点。

---

[1] [日] 佐藤正夫：《教学原理》，钟启泉译，教育科学出版社，2001年版，第209页。
[2] [美] 奥苏贝尔：《教育心理学：认知观点》，余星南、宋钧译，人民教育出版社，1994年版，扉页。

三、教学逻辑的优化策略

在综合考虑学科逻辑、文本逻辑和认知逻辑的基础上，教师可以对教学逻辑进行多维度的优化。下面试以我在 2018 年 11 月所上的市级公开课《新式教育的发端》一课为例，[1] 略作阐释。

（一）凝练教学主旨，以"神"驭"形"，统领全课

好课如美文，形散神聚。无论是前辈教师所倡导的"一堂课一个中心"，还是当今热议的教学立意、内容主旨、课魂、教学主题、教学主线，都是在寻找一个能够贯穿全课的中心思想或者核心话题，以这个思想或者话题为纲，提挈起整节课的教学，而各个教学环节则以此为中心有序展开。《新式教育的发端》一课是华东师大版《高中历史》第七册（拓展型课程，高三使用）的第 8 课，单元标题是"西学东渐与近代中国"。新式教育的起步是西学东渐的重要途径，也是社会转型的一个侧影，呈现出新旧博弈、新陈代谢的嬗变特征，充满了教育转型的曲折性和渐进性。于是，我将本节课的立意定为"新与旧的碰撞和斗争，破与立的反复与波折"。教学扣住"旧"与"新"两个字展开，透过其中的新旧博弈，理解教育变革与社会转型的关联，体悟中国现代化过程的艰难。

以新旧冲突为中心，三个子目标题设计为"旧世纪艰难开新——洋务学堂""新风潮渐次涤旧——留学大潮""大转型新旧交织——学制改革"。教学中重点选择了三个新旧冲突的历史情境：第一部分"洋务学堂"中，1866—1867 年以奕䜣为首的洋务派和以倭仁为首的顽固派之间的"同文馆之争"是近代史上的一次重要的新旧交锋，由此，新式学堂得到了艰难的起步；第二部分"留学大潮"中，第一批官派留学生——留美幼童留学前后的形象和思想变化、清廷对留学的中止构成了又一次

---

[1] 刘晓兵，苗颖：《数据的表与里，教育的旧与新——〈新式教育发端〉教学设计》，《历史教学（中学版）》，2019 年第 4 期。

新旧碰撞，新的思想观念对旧传统、旧习俗形成了巨大冲击；第三部分"学制改革"中则以学堂大发展与毁学废学并存，以及癸卯学制中存在的"新学校的旧课程""新学生的旧功名""新学制的旧传统"等展现新旧交织的时代特征。

（二）规划内容板块，起承转合，呼前应后

教学设计不拘一格，只要不违反基本的学理原则，能够完成教学的目标和任务即可。教学设计可以依托教材，也可以超越甚至跳出教材。一般而言，由于教材是最为重要的教学资源，还是以立足教材、用足教材为首选。《新式教育的发端》一课的教材结构是学堂、留学和学制三个部分，这种安排把教育分解为三个方面，条理清晰但时序性不强，如20世纪初留日大潮有一个重要因素是癸卯学制的颁行和科举废除导致了青年求学求进的转向，教材先讲述留学，后讲学制改革，就有逻辑颠倒之嫌。既然时序性不强，是否应当将教材结构打乱，按照时序规划内容板块呢？经过一番思考，我认为，本节课拟定的教学主旨是"新"与"旧"，改变成时间顺序，不利于呈现办学、留学、学制颁行前后的变化，新旧对比的效果会大打折扣，不利于彰显教学立意，最终还是借用了教材文本的逻辑，放弃了时序推进的办法。

板块明晰后，各版块、各环节之间的起承转合就成了教学设计的"榫卯"。好的设计，各环节之间过渡自然，浑然天成；次些的设计有斧凿痕迹，但仍然能够将各环节连成一体；而再次些的，由此及彼的转换非常生硬，甚至根本没有设计，直接说"学完了×××，下面我们来学习×××"，就转到了下一环节的学习。本课中，在"洋务学堂"一目教学后，教师引导学生回忆洋务派在教育上还有什么贡献，并由此进入"留学大潮"一目。"留学"部分学习完成后，引入留学生代表严复的终生遗憾——未获得科举功名，由此进入对教育制度的探讨，也就是"学制改革"。语言是思维的外壳，语言的逻辑性直接展现思维的逻辑性。语言的逻辑性体现在教学的各环节，尤其是环节之间的起承转合上，好的

过渡语能使逻辑合理、过程完整，富有意义，便于理解，便于展现前后内容的关联。

除了板块或者环节间的勾连外，内容和素材上的前后呼应也能优化教学逻辑。本课导入时，教师使用了一张五百年前的"课程表"——明朝国子监的每月日程表。这张表有两个教学功能，一是激趣和破题，二是为下文埋下伏笔。在后面，教师还出示了京师同文馆八年制课程表和《奏定学堂章程》中的小学堂课程表。三张课程表勾勒出了一个教育演变的简要轨迹，通过对比，不仅利于学生理解教育的不断进步，还呼应了前后，增强了历史教学的通贯感和内在逻辑性。

（三）坚持论从史出，推理严密，逻辑自洽

"历史是一门注重逻辑推理和严密论证的实证性人文学科"[1]，基于证据、循于逻辑是书写和研究历史的基本学理原则，正所谓"谁能出不由户，何莫由斯道也"，历史教学也是如此。引用史料展开历史教学是教学中的常见做法，对史料的解读，由表及里的分析，从史料到结论的推理是检验教学严谨性的一个重要维度。

《新式教育的发端》一课中，教师运用了多种数据史料，引导学生认识近代教育的发展，并通过数据解读认识历史的发展脉络。史料自身的信息是有限的，透过史料能窥见的历史更是有限的。认识并尊重这种有限性，才能得出恰当的历史结论。教学中有这样一个环节：教师呈现了一幅折线图——《清末小学堂数量增长表》，让学生找出折线图中增幅最大的两个年份（1904年、1905年），并结合时代背景和重大事件推测其原因。这是要从现象的"外"推进到原因的"内"，关注的是学生的历史解释素养和历史意识。这里最初使用的不是"推测"两字，而是"分析"。后来，教师感觉到，在没有提供其他史料的情况下，仅靠数据图表探讨原因，学

---

[1] 徐蓝，朱汉国：《普通高中历史课程标准（2017年版）解读》，高等教育出版社，2018年版，第59页。

生只能是结合所学的知识（如时代背景、重要史事等）作出合乎逻辑的推测，而不是全面或系统分析。虽然一个词语的不同，并不影响学生的思考和作答，但其中所蕴含的逻辑严谨性却迥然不同。

此外，本课以近代教育的"新"与"旧"展开教学，本身就必须以辩证逻辑为前提——没有"旧"就没有"新"，"新"来自和"旧"的比较。两者之间舍此无彼，教学的各环节都要以这个为基本逻辑，所得出的各种结论也都建立在这一基础上。

（四）关注教学细节，以悖激趣，小中见大

教学过程由一个个细节构成，每一个细节就是一个小天地，其中的教学逻辑也可见设计者的智慧。从认知逻辑的角度看，矛盾冲突的情境最能引发学生思考。制造冲突，以悖激趣就是一个优化教学逻辑的有效手段。所谓的制造冲突，就是指借助史料展现两种不一致的甚至对立矛盾的观念或者事实，以此激发学生的兴趣。这两者可以是史事的发展、前后的对比、中外的差异，也可以是观念的碰撞、价值的多元、逻辑的悖论。

本课中，教师运用徐中约、郭廷以、李喜所三人著作中对1870年代同文馆在读学生数记述的差异，制造了一个探究情境，收到了良好的教学效果。历史学家的观点不同倒是常见，但在史实的记述上竟然有这么大的分歧却是学生始料未及的。好奇心被激起，探究的欲望也就变得强烈了。此环节的教学是引导学生注重多种材料的比勘，并认识独立思考的重要。另外，课中引用张鸣教授的文字，介绍严复作为"西学第一人"却终生都要为一个举人的名义而奔波于京师和福建两地，最终留下终生遗憾；引用史料展现清末学堂大发展与毁学废学现象并存；用两幅照片展现留美幼童在1872年和1881年形象的大相径庭；等等，都是要制造冲突，以引发思考。而这些历史细节上的冲突，并不是孤立现象，透过这些矛盾冲突，我们可以看到的是宏观历史的转型嬗变。文似看山不喜平，教学情境的创设和著文一样，也要以情理之中、意料之外的设计激起学习者思维的波澜。

余论

综上所述，教学逻辑是教学设计的灵魂，展现教师的教学智慧，在综合学科逻辑、文本逻辑、认知逻辑的基础上，教师要抓大放小，删繁就简，从纷繁的史事中理出头绪，切中要害，高屋建瓴地把握历史发展的脉络和规律，并能够寻找到历史学科知识与学生认知现状的最佳结合点，设计教学。但强调教学逻辑，绝不是反对和排斥突破常规的教学安排，比如，时序是历史发展的逻辑，从始至终的讲述就符合时序逻辑，但如果某一事件的结果出人意料，令人唏嘘，教学中先讲结果，再倒叙展现，反而可以吸引学生，这恰是最合乎教学逻辑的安排。教学逻辑要让课堂教学成为一个有序的、严谨的、合乎逻辑规律的思维过程，而不是要用程序化思维扼杀教学灵性。历史教学有规律，但没有公式，"运用之妙，存乎一心"，历史课堂呼唤灵动飞扬的教学创意，更呼唤顺畅、合理、圆润自如的教学逻辑。

林唯

  林唯，1972年出生于上海。1994年毕业于上海师范大学历史系，之后一直在上海市闵行中学执教，现任副校长。是闵行区历史学科带头人、闵行区领军人才、上海市园丁奖获得者。2017年获上海市特级教师荣誉称号。目前兼任上海市教育考试院学业水平考试专家组成员、上海市高中历史学科中心组成员、华东师范大学教育硕士研究生兼职导师、闵行区高中历史学科中心组成员等。

  坚持课堂教学实践中"兴趣"和"思辨"的统一，先后获得全国中学历史教学（录像）评比一等奖、上海市中青年教师教学评比一等奖、"一师一优课"评比市级优课等。参与《上海市中学历史课程标准解读》《上海市高中历史学科教学基本要求》等编写工作，2009年起多次担任上海市高考、学业水平考试历史卷命题工作。通过课题"基于SOLO分类评价理论的高三学生历史思维训练实验研究"和"SOLO分类评价理论在高一历史教学中的应用"的研究，破解教学实践中的难题，形成了一套适合高中不同学段思维训练的有效方法。

近年来，将历史学科教学与学生生涯发展相结合，探索学科教学为学生终身发展奠基的有效实践，出版了《生涯与发展》《进馆有益》等。现担任上海市名校长名师培养工程攻关基地主持人、闵行区历史名师工作室主持人、闵行区德育实践研究基地主持人。

在这里，我是学生也是老师

翻开我的个人简历，只有非常简单的一行"闵行中学"，我在这里初高中求学 6 年，工作 25 年，所以在闵中的校史上，我的角色是学生也是教师，而且这两种身份一直转换着。

一、从学生到教师
（一）初上讲台

一条幽静的小路，落满香樟树叶，静静的小河边，有一片绿色的草坪，上面三三两两地坐着看书、聊天的学生，还有那三幢稀疏分布的两层楼房，上下各四间教室——这是经常出现在我脑海中的中学时代的校园生活。初上讲台的我，经常会想到初中时代坐在教室里听课的情景。我们会被历史课上一个个精彩的故事吸引，所以就算考试也不会觉得背东西很痛苦。我也记得其他课上做小老师的经历，那份骄傲会打消偶尔产生的惰性。如果老师照本宣科，我们一定嗤之以鼻。

也许是不知不觉中形成的这种课堂观念影响着我的教学设计，我总会从学生的角度考虑用什么样的方法更容易被他们接受，于是故事会、辩论会、课本剧等形式经常会出现在我的历史课堂上；也许是中学时代积累下来的在各类大型活动中的主持经验，让我比同龄的其他青年教师有着更自如的课堂驾驭能力。于是，在最初的几年中，我参加了从区级到市级的各类教学大奖赛，先后获得了闵行区青年教师教学评比一等奖、上海市中青年教师教学评比一等奖、全国历史课堂教学（录像课）评比一等奖。

今天看来，那时的教学创新基本属于形式上的创新。当时特别重视的是课堂如何吸引学生，至于学生从我的课堂上学到多少、收获几何，我还想得不多。不过，这些形式上的创新对我来说是非常重要的积累，好比量的叠加，等待质变的一天——直到第一次接手高三毕业班。

（二）初带高三

有很多学生告诉我，喜欢历史课但讨厌历史考试，因为要背的东西太多，尤其是高三。如果从应付考试的目的出发，死记硬背、题海战术是可以取得一些效果的，但是背多少绝不意味着知道多少，更不意味着懂得多少。历史课的真正目标，不是让学生记得多少历史事件、历史人物，而是通过对过去的了解，认识人类社会文明发展的规律，思考历史事件背后的文化价值和人性意义。

于是我在高三的教学中特别注重历史事件的内在联系，让学生眼中的历史不再是单一的时间线索，而是点、线、面的广泛结合。我把教学内容重新整合，用主题串联知识点。例如"从西方建筑看基督教文明的演变"这一主题，原先枯燥的知识点因为与西方典型建筑和旅游景点有机结合而变得具体且容易记忆。

（三）初成风格

在多年的课堂教学实践中，我一直坚持的教学风格是"趣"和"辨"。"趣"指课堂教学中的乐趣和情趣，有助于培养学生对历史学科的兴趣，这是开展课堂教学、培养学生历史思维和历史能力的前提。"辨"指思辨，是历史学科素养的重要内容，要培养学生基于史料实证的历史分析和解释，从而形成正确的历史价值观。

为了打造有乐趣和情趣的课堂，我在教学中总是结合课程主旨找到一些切入点，选择典型、有冲击力的多媒体素材让学生产生震撼，引起学生兴趣。市级公开课《战后科技革命》用三分钟视频开头，直击主题，效果明显；市公开课《第二次世界大战的转折》中引入游戏模拟斯大林格勒战役，也让学生兴趣大增。我还利用多媒体信息交互平台"智慧课堂"系统引导学生通过关键词提取有效信息，进而将材料分类提炼主题、组织表达。这样的课堂学生很喜欢，因为他们逐渐养成了不依赖标准答案的习惯，活学活用历史知识，形成基于历史知识的观点表达是高中学生乐于尝试的，这也促使他们更有兴趣地投入历史学习中。

二、领学生共成长

（一）课堂教学中的育人

学生们喜欢听我的课，因为我的历史课堂不仅有乐趣和情趣，还能在学习中养成辩证分析问题的能力，更重要的是，从学科到生活上给予学生真诚的关心和引导。有一年我的高三历史班中一位单亲家庭的学生上网成瘾，除了耐心引导，我还让他担任历史课代表，发现他对动漫感兴趣就鼓励他开设"从动漫看日本历史发展"的系列讲座，激发他的学习兴趣。半年后该生逐渐远离网络，回归学习，以文科班第一名的成绩顺利地进入了自己的理想大学。但大一时由于不适应大学生活，该生网瘾复发，我再度伸出援手，双休日把他接到家里居住，跟他一起读书、聊天、规划人生，一年后终于帮他彻底戒除了网瘾，之后顺利完成大学学业，走上工作岗位。

很多学生在毕业之后都会亲切地称呼我"林姐姐"，他们在毕业留言中写道："林姐姐虽然只是我的历史选修课老师，但是她对于学生的帮助绝不只是历史学科方面的，同学们有什么不开心的事，有什么不明白的问题，都十分愿意去找林姐姐聊天，而林姐姐也总会给予她最真心的忠告。"也有学生会在教师节发来短信："一直记得高三每次上历史课前，总想第一个冲到教室去见您,因为我深深感受到了历史带给我们的不仅仅是高三的智慧。"这样的鼓励一直激励着我。

(二)教学研究炼人

2007年起,上海市高考历史卷发生了重大变化,推出了SOLO评价体系,一度让中学教学很困惑。我在参加了高考命题工作之后,觉得有责任以自己的实践去触动中学教学中一些僵化的做法,将这一理论与中学教学实际相结合,推动学生历史思维的提升。于是我尝试将课堂教学转向对学生思辨能力的培养。我经常拿学生喜欢传播的网上新闻作为材料,尝试从多元视角辨析真伪;教学中涉及的史料也总是尽量展示不同人物或不同时期的观点,拓宽学生评价问题的视角。基于实践的文章《从多元视角理解历史事件》后来被收入上海教育出版社出版的《中学历史"过程与方法"目标达成实践研究》一书中。对于一些在课堂上暂时不能达成共识的争论,我就借助信息技术平台建立网上讨论区,让学生利用课余时间继续查找资料、分析质疑,作进一步的探究。在教学实践的同时,我还先后申请了两个区级课题"基于SOLO分类评价理论的高三学生历史思维训练实验研究"和"SOLO分类评价理论在高一历史教学中的应用",历时三年形成了一套高中不同学段思维训练的有效方法,论文《基于SOLO分类评价理论的历史思维训练实验研究》还在核心期刊《历史教学》上发表。之后,我又利用参加上海市骨干教师德育实训基地、上海市第三期名校长名师培养工程基地学习的机会,和来自各区的一线教师深入探讨,联合实践,总结一些行之有效的方法并发扬光大,收到很好反响。有越来越多的教师开始认识到,命题和教学之间并不矛盾,可以从不同层面引领、促进学生思维能力的提升。

在对学生历史思维能力的培养过程中,我发现,大多数学生会经历一个从感性到理性的过程,由于经历和阅历的差异,学生和成年人之间对于有些历史现象的理解存在较大差异,只是通过讲解学生是不能透彻理解的。于是我设计了一些"行走课程",如通过行走老闵行的"四大金刚"

（新中国早期的四家大型国有企业），提升学生对新中国工业化道路艰难曲折的直观认识，通过行走上海的经典建筑，体会民国初期的海派文化，等等。高考新政后，我还与学生的公益劳动结合，延伸出了"生活中的历史——寻根老闵行"校本课程。学生在实践体验中对历史探究的兴趣大大提升，同时也掌握了一些史学研究的基本方法。

（三）团队合作促人

历史教研组的9位教师中我带教过6位，指导3位教师参加上海市中青年教师教学评比，其中一等奖1人、二等奖2人，还有1人获得区骨干教师称号。每次开设公开课，我总是努力把最新的信息技术应用到课堂教学中，助力解决教学难题，于是课后青年教师们就会围着我进行关于信息技术应用的讨论和模仿。

当历史学习的正确方法被掌握后，每年选修历史的学生人数在所有选修课中总是名列前茅，最多的时候可达200多人，也有学生因为对历史的兴趣而开始考虑未来的职业选择。于是，我又开始尝试把历史教学与学生生涯发展结合起来，联合生物、化学、物理、英语等学科的教师共同开发跨学科的实践类课程，从通识教育和实践能力培养的角度为学生的生涯发展奠定基础。在此基础上，我作为项目主要负责人的学校课题"创新型国家背景下的高中学生创新素养培育"被评为中国创造学会创造教育专业委员会首届创造教育研究成果一等奖，区级课题"高中D&C辅导课程构建的实践研究"获得优秀。

三、从教师到学生

（一）坚持学习再出发

面对荣誉，我告诉自己继续保持初心、不忘学习。我坚持每学期精读一本书，从历史学本体知识到史学方法、通识类书籍等，拓宽知识面，同时还积极参加市教委组织的上海市中小学农村校长、教师培训者研修班，上海市骨干教师德育实训基地，上海市第三期名校长名师培养工程，上海市骨干教师微课程工作坊高端研修班等学习，利用各种平台把所学用于教学实践，不断提升自己的教育教学内涵。正因为如此，我从2008年至今已经连续四届当选闵行区历史学科带头人，还被聘为上海市教育考试院学业水平考专家组成员、上海市高中历史学科中心组成员、华东师范大学教育硕士研究生兼职导师、区高中历史学科中心组成员。另外，还参与了《上海市中学历史课程标准解读》《上海市高中历史学科教学基本要求》等编写工作。

（二）多方交流再成长

我总是提醒自己不忘初心，要走一条与学生、同行的共同成长之路。

在带教工作中我首先要求自己做好示范，我的课堂全方位开放，指导我校和兄弟学校教师参加上海市和闵行区的教学评比活动多次获奖。作为华东师范大学教育硕士研究生兼职导师，我每年指导见习、实习的本科生和研究生20多人，为华东师大学生开设"走上讲台"系列讲座。

作为上海市和闵行区的高中历史中心组成员，近年来我为全市初高中教师开设公开课《战后科技革命》，赴山东威海开设公开课《从"战时共产主义"到"斯大林模式"》，为宁波骨干教师代表团开设公开课《高一历史小论文写作指导》，受到高度评价。还获得了"一师一优课"评比市级优课、上海市中学历史优质课评比二等奖、中国教育电视优秀教学课例评选二等奖和区电子书包项目"优秀实验教师"一等奖等。

此外，我还积极参加各种论坛，在"德润课堂"上海市学科德育论坛发言《学科素养在实践中提升》，在市实验性示范性高中德育论坛发言《对有效利用和拓展德育载体的一些思考》，为市见习教师规范化培训开设讲座《做一个有教育信仰的人》，为区高中班主任工作室开设讲座《德育活动中的本土资源开发》，在上海市世界史年会上作主题发言《高考新政下历史教师的思考》，受到专家和同行的肯定。

（三）跨学科教学新尝试

近两年我开始探索博物馆与高中学科教育的联系。新高考模式强调学生综合素质评价，重视学生分析问题、解决问题的能力和批判性思维的成长。高中阶段是青少年知识学科能力培养的重要时期，学科能力是学生综合素质的主要体现；博物馆不仅仅是关于历史的呈现，它还融合了艺术、科学、地理、政治、道德等多个学科内涵。从历史学科的特性来看，历史本身是一个普遍联系的复杂整体，任何一个历史现象都处在一个前后相随、左右相连、综合交错的立体联系中，因此，需要学生从多学科视角认识和探讨历史问题。对于高中学生来说，再度走进博物馆，不应该是以往参观博物馆经历的简单重复，而是可以结合学科的深入探索，既有学术研究的性质，也可以为未来专业选择和发展奠定一些基础。这也是教师基于博物馆资源课程开发的意义所在。于是，我在担任上海市名校长名师培养工程历史学科攻关基地主持人、闵行区历史名师工作室主持人、闵行区德育实践研究基地主持人时，带领不同学科和学段的学员们开展基于博物馆的教学研究，出版的《进馆有益——跟我去看博物馆》一书荣获了第27届上海市中小学、幼儿园优秀图书评选三等奖。

25年的职业生涯，我庆幸的是仍然保有初上讲台时的那份热情，仍以一颗赤子之心面对自己当初的选择，保持着良好的学习心态和研究意识。我相信，有没有研究的意识是能不能做一个好老师的关键，这和能力的关系不大。有了研究意识，能力小一点，不过收获少一点，进步慢一点，但是如果没有不断学习和研究的意识，那么在讲台上站一辈子，也只能原地踏步。我更相信，关注教材，关注课堂，关注分数，最重要的是关注学生。因为我们是教师，当我们把学生的成长放在第一位的时候，教师自身的发展也一定会水到渠成。

　　徐雅芳，1969年生于上海。1991年毕业于上海师范大学历史系，1998年10月至2000年9月，在华东师范大学研究生课程班学习。毕业后先在嘉定区第二中学任教，1994年秋调至上海市行知中学至今。2007年获上海市劳动模范称号，2009年获新中国60年上海百位杰出女教师称号，2016年获评"感动宝山"人物，2017年获上海市特级教师荣誉称号。目前兼任上海市劳模创新工作室和宝山区历史名师工作室主持人。

　　作为一名一线教师，立足于课堂教学本身，提出创设思辨性课堂，利用问题集、问题链等让学生主动参与课堂，培育学生的学科核心素养。在区级层面带好一支团队，营造一个教师专业发展的文化场。

　　在上海教改30年间，多次做国家、市、区级层面的教学展示或学术报告，体现上海历史教改的理念；参与编订二期课改的中学历史教学参考用书，在各级各类刊物上发表论文十多篇，如《情思交融：还原历史课堂的本色》《关于历史、历史学、史料等概念的辨析与运用》《用"问究思达"教学法构建高效课堂》等；主持或参与研究课题多项，如"高中历史国家意识教育的研究""新课改背景下高中历史思辨性教学的实践与研究""历史自适应学习"等;参与编订的著作有《中学历史学科教学模式的研究与实践》;参与编订校本教材《文学名著与历史》《中国近代史资料选编》等。

上好历史课
——从涵养专业技能到发展专业素养

不管我们是有意还是无意地戴上"历史教师"这个头衔，必然会遇到一个现实问题：如何上好历史课？要回答这一问题，必须对历史学有一个清晰的认知。葛剑雄教授认为：历史学，是人类对于自己的历史材料进行筛选和组合的知识形式。由此出发，上好历史课，教师必然面临两大问题：一是筛选哪些材料进行教学，即"教什么"；二是对这些材料采用哪些方法与手段组织教学，即"如何教"。"教什么"，本质上就是回答历史课程开设的核心目标"培养全面发展的人"的问题，教学生如何成为完整的人，学以成人，否则就有可能陷入使学生单纯为掌握知识而学习的死胡同；"怎么教"，本质上就是回答高扬"人的主体地位"的问题，否则就有可能导致课堂中"人"的缺失，导致"人的发展"成为一句空话。概而言之，要上好历史课，必然要考虑清楚这一关键问题：历史课到底应该带给学生什么？

如果把以上问题的实现，看成历史教师必须要累积专业素养的话，那么，成为一名真正的历史教师，还须以涵养教师的专业技能作为前提，否则，无"技能"这个源头，就不可能有"素养"这条活水。

一、涵养专业技能：上好历史课的前提

拥有专业技能，是成为一名合格教师的前提。教师的专业技能是教师专业化的必然要求，这种专业化的技能包含专业知识、教育教学的理论、课堂教学的组织与管理等。从学校走向职场后，我以个人的经历来看，涵养教师专业技能的主要途径有专家引领、博览群书、反思实践。

（一）专家引领，提升教育认知

提升专业技能，最便捷有效的手段就是参加各级各类学习班，我个人的成长历程就是最好的诠释。

从1991年大学毕业，我先后参加过的学习班有：1995年9月至1996年7月，宝山区第二期中学青年骨干教师现代教学理论讲习班；1997年7月至1998年7月，宝山区第一期青年骨干教师现代教学理论研修班；1998年10月至2000年9月，华东师范大学研究生课程班；2006年8月至2008年2月，上海市首届名校长名师培养工程；2010年11月，北京"国培"。以上所有的学习班可以分为两类：一是理论类的学习班，帮助我把教学理论知识系统化，用科学的理论去指导自己的实践；二是学科类的学习班，它使我有更多的机会与专家同行交流，审视自己专业知识的不足，开阔自己的眼界，挖掘思维的深度。

可以说，学习班的学习经历为我建立了一个"生态场"，这是一个能孵育专业技能的场所，拓宽了我的教学视野，为我创设了一个自我更新的成长环境。更为重要的是，为我建立了一个"文化圈"，坚定了我的理想与信念。在这个"文化圈"里，我认识了钱君端、孔繁刚、李惠军、周靖、凤光宇等老师，他们身体力行，行走在中学历史教学改革的路上，他们代表了上海30年教改历史教育人的追求与理想，在他们身上，我向外发现了担当与使命，向内发现了深情与智慧。他们用责任与担当告诉我：涵养历史专业技能，才能配得上"历史教师"这个称号。若爱，请深爱；

若教,请全力以赴。他们用深情与智慧告诉我,历史课的价值在于培养现代中国人、世界的中国人、有民族精神的中国人,这是魂,这是根。历史教育是他们一生的理想,他们立志用历史教育改变人,他们的教育探索之路荡气回肠,并化为人生路上的旋律,刻在他们生命的年轮里。

(二)博览群书,拓宽知识界面

如果说,专家引领是获取教学技能的外因的话,那么,阅读求知则是获取专业技能的内因。

我的历史教学人生应该是与上海30年教改缠绕在一起的,我在历史教改道路上走过的足迹见证了教改理念的变化。"教什么""怎么教"是历史教师一路要思考的问题,持续不断的阅读是回答这些问题的"敲门砖"。

上海一期课改的理念是以提高学生素质为中心,把素质教育落实到培养目标、课程结构、课程内容、教学方式及评价中,所以,《有效教学方法》《老师的谎言》《素质教育》等成了我的必读书。上海二期课改提出了"以学生发展为本"的新理念,把发展学生的个性聚焦到学生创造力的培养上,所以,《今天怎样做教师》《不跪着教书》《他们以为他们是自由的》等成了我的必读书。如今,上海又跨入了新一轮教改的行列中,突出了核心素养的理念,所以,《21世纪学生发展核心素养研究》《人如何书写历史》等对我而言,就是书不离手了。

以上所读书籍基本分为三类:一是专业类,可以扩充专业知识储备,做到"专";二是理论类,可以创新教育技术与手段,做到"能";三是综合类,可以怡养性情,拓宽思维边界,做到"博"。这一阅读的过程,既是涵养专业技能的过程,也是内化升华的过程,让自己又专又能又博,拥有广征博引的史料功底、鞭辟入里的说理分析能力、引人入胜的叙述表达能力,与历史对话,与世界对话,理解学生的学习心理,洞悉教学的真谛。

学习、阅读,这些赋予了历史教育人必备的看透表象的专业眼光。你的阅历、所读的书、交往的朋友、一节节累积的课例,这些都时时刻刻地在撞击你，教师的专业技能就是这么建构起来的。

（三）反思实践，夯实专业技能

如果说，以上两种途径是涵养专业技能的理论支撑的话，那么反思实践就是内化升华专业技能的实践过程。这一过程决定了我们的职业追求：从立足讲台，追求成为一名讲台骨干，到享受讲台，追求成为一名讲台名师，直至营造一个文化场，追求成为一名讲台导师。这样的职业追求必须要有问题意识，及解决问题的能力。

作为一名从事历史教学的一线教师，长期以来，我在教学过程中产生了教学困惑，如：怎样以知识纽带推动学生核心素养的形成？怎样把一节课设计的微观内容、具体情节和历史细节无痕链接？怎样将学科中富含的营养转化为学生未来发展的素养？怎样让历史学科的价值功能在课堂教学中得以呈现？怎样在课堂上面对鲜活生灵，立而行道？

作为一名区工作室团队的主持人，我坚信反思实践是一种有效的教研方式。依托团队这一平台，集众人的智慧，我围绕学科教学中鲜活和真实的问题，借助"微型作业"的方式进行深入探究，并适时在课堂教学中加以验证和完善。在对微型作业的思考与实践中，进一步启动聚焦型的阅读、设计、实践、反思，从而形成课题成果和实践案例，继而驱动教师个体的专业变化与成长。

二、发展专业素养：上好历史课的条件

专业技能使我们能成为一名历史教师，但是当好一名历史教师，还需要拥有历史专业素养，这是上好历史课的必要条件。历史专业素养的养成，就在平时累积的一份份教学设计、一本本教学反思笔记、一次次教学比赛、一个个科研课题、一次次学术讲座、一篇篇教学论文中，也正是在这些工作中随处可见的东西中，教学的轮廓被勾勒了出来。时间会沉淀出收获，辛勤付出会带来进步。

我以2016年以来的教学经历来说明专业素养的发展轨迹。

（一）上一次"大课"，提炼自我的教学特色

如果说平时的日积月累会使人潜移默化成长的话，那么真正的蜕变一定是在大型公开课之后，因为你会全力以赴地去思考、去实践、去提升自我日常教学的特色。

2016年10月，我领命在中国陶行知研究会上面向参会的600多名教师开一节展示课，体现"新行知课堂教学形态"，课题是"巴黎和会"。任务是艰巨的，首先是确立主旨，从最初确立"展现和会在新的世界秩序确立过程中的艰辛与不易"，到最终定下"理想主义的世界'大同'与现实主义的大国'私欲'，霸权主义的'强权'与民族主义的'自决'在明争暗斗与妥协让步中勾画出一个世界格局的顶层设计；同时，世界格局内在的冲突与基础的虚化，却带来了世界秩序失衡的隐忧"，这一研磨的过程不下十稿，我从中体会并实践了新行知课堂教学形态的精髓，就是在行知先生"教学做合一"的理念下通过自主质疑、交流探究、建构反思、创新应用等多种形式，让学生在动态的课堂中习得鲜活的知识经验，生成辩证的思想方法，滋养情感价值判断。

然后是设计教学的过程，同样是几易其稿。由于现行历史教科书在呈现方式上的静态性、史论表达上的滞后性、历史叙事上的简约性、史料解读上的单一性等局限，要在原生态的课堂教学中践行"教学做合一"思想，最大的困局就是"人"的缺失——历史舞台上表演的人、教学讲台上引领的人、课堂实景中学习的人。恰恰由于众多艰涩的概念需要导入，机械的结论需要嵌入，鲜活的"人"变成了概念与结论的附庸，所谓的教与学实质上变成了"跨越思维空间"的讲和背，而所谓的做也演绎为周而复始的现成概念与结论的"题海漫游"。

在上《巴黎和会》这课前，我曾随机问过一些高二、高三的学生："提到1919年的巴黎和会，你会想到什么？"几乎所有人都想到了"罪恶的分赃会议""埋下'二战'的种子"等这种历史认知。激进的民族主义情感，绝不是历史学科要达成的情意价值。如果深究这些认知产生的缘由

和学理价值，显然有教材的局限与教学的僵化因素在内。"教什么"，是绝不能违背求真立德这个理念的，否则时空观念、史料实证、历史理解、历史解释和情意价值等历史的学科核心素养无法培育，也无法体现"教学做合一"的新行知课堂教学理念。

于是，在这节课设计之初，我考虑最多的问题是：如何"唤醒"三种人，让解读历史的人（教师）、感知历史的人（学生）、历史时空中的人（巴黎和会上的各色人等）进行"对话"，在教师的叙事、学生的思维中寻找"教学做合一"的真谛，对话历史、感悟历史、成就自我？具体而言，由于巴黎和会对中国山东问题的不公正处理及五四运动的影响，中国学生在价值观上容易接受教科书中对帝国主义的强烈批判。但是，我们是否应该思考，提到巴黎和会，学生就想到"帝国主义的分赃会议"而义愤填膺地痛斥一番，是不是把历史看得太简单、偏颇，把前人看得太轻？

历史中的人和课堂中的人往往很容易跟着教科书走，所以，我在设计本课教学时，把教科书的结构编排、材料选择以及与课标要求相联系的历史事件、历史人物全面呈现给学生，提供给学生多元思考的空间，用独特性去抵抗整齐划一。于是，在"以行求知"的思路下，我这样设计教学流程：教师用"行"（情景引入、问题驱动）呈现本节课所要探究的主题，学生用"行"（学习思考、交流质疑）寻找凡尔赛体系"缺陷说"的论据，培养学科核心素养中的史料实证意识；然后在教师的引导下，学生归纳对凡尔赛体系"肯定说"的论据，进一步强化史料的实证意识；最终在教师的追问下引出"困境说"，理解政治家们决策的艰辛与无奈，感受历史的纷繁与复杂，从而使历史学科所要培养的情意价值落到实处。这一做法力图在于使僵化了的"人"——学生——活起来，学生获得的知识是通过归纳比较论证得来的，是鲜活的，学到的学科学习的思想方法是多元的、辩证的，得到的做人的情意价值是有理解胸怀的。

我想，在历史课堂教学中应该用历史中的人，唤醒课堂中的人，成就生活中的人，最终达成学科素养的培养，不仅使课堂中的人清清楚楚地看历史，更要使学生明明白白地做自我。

一次大型的公开课，就是一次历练，就是总结日常教学得失的过程，就是提炼自我教学特色的过程，就是涵养专业素养的过程。

（二）做一个课题研究，建立良性的文化场

在信息时代，对于"教什么"的问题，历史学家、考古学家已经为我们解答，而"如何教"才是我们在课堂上需要解决的问题。从课堂中发掘真问题，带着问题去阅读思考，继而在优化课堂的过程中实现自我超越和思想越狱。公开展示课之后，我更多地从理论层面去思考历史学科该"如何教"，怎样使学科教学的经验走向系统化与理论化。

作为一名区历史学科工作室的主持人，我明确个人的目标任务，从案例剖析入手，以希望研究和解决的教学问题为核心，确定研究任务。2016年10月，我以"新课程背景下高中历史思辨性课堂教学的实践与研究"为课题，利用课题形成攻关合力，在一个历史教育的目标共同体中，营造良性和民主的文化生态。在课题中，我们总结和归纳了思辨性课堂教学的原则、操作要领和基本结构。

1. 原则

动态性：对于一些相对滞后的史学观点，用新观点、新提法取代；对于一些已经被新研究证明是不可靠的结论，在课堂教学中加以说明。

层次性：对现象背后那些需要加以分析的问题，要用问题链或问题集分层探究；关注历史现象背后的本质，关注学生发展的层次性。

多元性：建立在唯物史观和人类文明普世价值观基础上，提供多元史料，多角度观察和理解历史。

逻辑性：通过层次分明的分析、明白有力的说理、合理的逻辑推理，得出严密的、有说服力的结论，形成合理的历史解释。

2. 操作要领

思辨性课堂教学要求充分关注学生个体，给予不同程度的学生展示才能的平台。所以，在辨析的过程中，创设思辨性问题是关键，营造宽松民主的氛围是方法，调动学生全员参与是基础，在师生互动、生生互动、质疑思辨中促成思维交锋，体验获得知识和提升能力的幸福感，落实学科核心素养。

在此基础上，形成思辨性课堂教学的五个操作要领：问题设置要有梯度，学科素养要落实，概念理解要准确，方法指导要得当，氛围营造要适切。

3. 基本结构

表1 思辨性课堂的基本结构

教学流程	教师活动	学生活动	设计意图
（导入环节）妙境设疑，问题引导	选取符合学生心理特点或与历史有连接的现实问题引入课题	调动和运用已有知识，观察和思考	激发学习欲望，回到历史的时空中探究问题
启发思维，教师引导	设置问题链，通过教师示范，把握课堂节奏，推动教学深入	学生模仿、迁移，紧跟教师节奏，进入历史情境	合理设置问题梯度，循序渐进，拓展思维，培养史料实证意识
（探究环节）平等对话，学生主动	引导鼓励，营造民主氛围	生生互动，参与讨论，各抒己见	调动学生全员参与，培养学生沟通协作、交流表达的能力
（探究环节）深入交流，多元互动	教师点拨，师生互动，关注不同层次学生，突破难点	合作探究，相互质疑，点燃思维火花	在坚持唯物史观的前提下，重视问题设置的梯度性、交流的流畅性，关注学生个体发展的层次性，培养学生史料实证意识及历史解释能力
（总结提升环节）思辨总结，落实素养	理清教学脉络，引导学生思辨总结	分享观点和认识，感悟家国情怀	学会辨别、学会质疑，为学生的成长提供必要的路径和方法，培养学生的思辨力，落实学科核心素养

通过"新课程背景下高中历史思辨性课堂教学的实践与研究"这一课题研究的开展，团队成员在协商互动的合作中，解决了日常教学中的一些

困惑，达成了"如何教"才能培养全面发展的人的一些共识，更为重要的是营造了一个相互学习与探讨、共同进步的良性文化场。

（三）做一次高水准的学术发言，形成流动的生态圈

在上述课题实施的过程中，我始终觉得创设思辨性课堂的关键是问题，即教师引导、师生互动探讨的问题，而这些问题如何走向理论化、系统化，又是新问题。就在这时，我被邀请参加问题化学习的研讨会，有了交流总结的契机。为此，我认真学习了问题化学习的相关理论，结合自身教学的实践与研究，认为从问题系统入手，以历史和历史学为素材，充分运用追问来发展教师的专业素养，培养学生的历史核心素养。

运用"问题系统"的追问策略有：

（1）问题集优化。在学习中，根据知识的内在要素或思维的结构模型，形成问题集。

（2）问题链优化。根据问题的层次或推演过程，形成问题链。

（3）问题网优化。围绕核心问题与辅助问题，形成纵横交错的问题网。

（4）问题域优化。在综合领域，可根据多元智能的参与程度，跨领域地整合知识，形成一个更宏观的问题域。

这些对问题的优化过程就是在教师或学生提出问题后，学生经过犹豫、彷徨、徘徊，然后在解决问题的过程中慢慢获取真知，及至长大，变得成熟、智慧，成为全面发展的人。

问题化学习提出了"是何""为何""如何""若何""由何"的追问策略。那么，师生的问题从何而来？可以通过提问和追问，建构问题系统。历史学科中的做法有：把以上问题关联起来、层累起来、对立起来，形成关联问题、层次问题、综合问题，形成问题集、问题链、问题网、问题域。从教师角度说，这是一种基于问题的教学策略，从学生角度看，这是一种基于问题的学习方式，可以有先学后教、设置情景、学生主动发问等多种手段进行。

运用"问题系统"培养学生的历史核心素养，教师应有两个着力点：

一是如何围绕核心素养，引导学生依据教学内容恰当地提出探究问题；二是如何引导学生基于探究问题，兴趣盎然地寻求合理的解决方案。这样的学习构成了由问题的内涵和设计决定问题的表征和解决方式，同时也决定师生在历史核心素养培养中的有效方式。

依据历史学科特点，基本问题分为三个层级：识记层级，包括基本史事发生的时间、地点、人物、原因、过程、结果等基本要素；理解层级，理解历史事件和历史人物，并能解释已经形成的历史观点；内化层级，在唯物史观下，通过对史事的辨别审慎，运用科学的方法，形成自己的历史态度与价值观。三个层级的基本问题是递进的关系，学生解决这些问题的过程，是历史学科素养逐渐培育的过程。

通过一次学术会议，借助专家同行把自己模糊的问题厘清。学术会议就是一个流动的生态圈，无疑是培育教师专业素养的有效途径。

以一次大型公开课为契机，提炼与形成自我的教学特色，又从中发现"如何教"产生的问题，依托一个良性的文化场中的研讨，形成一些共识与做法，最终借助学术会议这一流动的生态圈，不断地发展教师专业素养，最终胜任讲台。我想，一名优秀教师的专业素养就是这样层层累积起来的，自适应、得团体、后成长。

以上只是发展专业素养的一个案例而已，只是传达教育人如何在错综复杂的教学实践中自我反省与解决问题，进而发展成从事历史教学所必需的专业素养。

所谓好课，一定是能体现教学理念的、符合学生认知规律的、能反映教师个人教学特点的。所谓教师，就是发现一群可爱的学生，把学生身上的闪光点挖掘出来。就在这日常教学的点滴中，让我们用不逃避重负的态度面向学生耕耘与劳作，期待辛勤的耕耘转化为超越，在有限的现实中找到我们自我更新的力量。

施洪昌

施洪昌，1964年生于上海崇明。1985年毕业于上海师范大学历史系，之后在崇明大同中学与大新中学执教，2003年秋调入上海市延安中学执教，2017年获上海市特级教师荣誉称号，并被市教委派至青浦高级中学流动支教。

秉承"以史为鉴、立德树人"的理念，践行国家课标。在长期教学实践中，逐渐形成了"立意有高度，视野有宽度，思维有深度，教学有效度"的教学特色。从教34年，其中高三26届，成绩显著；指导学生参加市级竞赛，有81人次获奖。曾获"学科素养与历史教学"全国学术研讨会公开课全国海选特等奖。

参加上海市首届名校长名师培养工程等不同级别研修班。参与了华东师范大学版历史教材的培训工作；受上海市教委教研室、华东师大等单位的邀请，在福建漳州、河南开封、安徽淮南、四川成都以及上海等五市为历史教师做培训讲座。在教学同时，凭着对历史教育的热爱，曾任上海市世界史学会理事，曾任上海市教育学会中学历史教学研究会副秘书长十年，多次参与组织落实"大学名教授与中学名教师零距离对话"，参与组织部属五所师范大学历史教学专业免费师范生研讨会，参与筹办学会年会、会刊编辑等活动。

主持或参与课题8项，其中国家级课题子课题1项，指导市级课题1项，区级创新课题1项，区立项课题1项，区项目组课题3项，5项获得奖励。公开发表论文有《审慎·审视·审辩与批判性历史思维——以〈日本明治维新〉的历史解释为例》《生气·霸气·底气：核心素养下的历史教学达成——以李惠军老师的〈追寻秦始皇〉一课为例》等7篇，其中4篇发表在全国核心期刊，获全国教育学会论文评比一等奖2篇。主编香港中学历史教参《历史思维系统评估》，参编《特级教师到你家》、国家二期课改教材华东师范大学版教材教师用书等图书13本。

一花独放不是春，百花齐放春满园。一个人可以走得快，但是一群人可以走得更远。热心积极助力中青年教师的专业发展，9年三度担任长宁区（优秀）学科带头人，所带教的及经其指导的教师，频频站上教学评比舞台：全国上课、说课比赛获一等奖5项；市一等奖12项，二等奖8项；多人次获长宁区"长教杯""希望杯"教学评优优秀奖。15人职称晋升，5人学历提高，3人已成为区学科带头人，3人参加了上海市公关计划种子人选。

生气·霸气·底气：核心素养下的历史教学达成
——以李惠军老师的《追寻秦始皇》一课为例

《普通高中历史课程标准（征求意见稿）》已呱呱坠地，在学理上对核心素养的界定和理解讨论颇多，但如何通过具体实践将核心素养在课堂教学中达成，也就是说，如何将行云流水的历史叙事与严谨周密的史料实证、历史解释，在课堂的流程中、在学生的认知中有机融合，不仅是一个实践的难点，也是挖掘学科营养、滋育学生素养的课题。我有幸于2017年9月参与了上海市特级教师李惠军老师《追寻秦始皇》一课的课前磨课、上课呈现及课后研讨，本文结合自己区级项目组课题和李惠军老师的教学案例，与大家分享交流。

一、生气

教学过程中师生的内在关系是师生之间的对话、合作、沟通关系，而"多向互动、动态生成"则是教学过程的内在展开逻辑。[1] 实现上述动态的

---

[1] 叶澜：《重建课堂教学过程观——"新基础教育"课堂教学改革的理论与实践探究之二》，《教育研究》，2002年第10期。

过程，以下三点尤为重要：

首先，教师要设计适合的教学环节。在课堂教学的导入环节，李老师便让学生进行了"两猜"。第一"猜"，猜幻灯片上以小篆呈现的"秦始皇"三字和贾谊《过秦论》文段。学生早已学过秦朝的统一文字是小篆，却未必能够识读，熟悉与陌生的碰撞激起了学生深入学习的欲望；而篆字内容则铺垫了秦始皇功过的核心内容。第二"猜"，猜临潼秦始皇博物馆的雕塑原型。通过简单引导，学生立马猜出分立秦始皇身边的是韩非子和李斯。这一互动，在活跃课堂气氛的同时，又于无形中提点学生关注秦始皇法家思想信仰。除了篆字、雕塑、图片等材料，李老师还在本课适量地引入了一些古代文学作品。例如，为了展现商鞅变法后秦国的强大，一位学生单独朗诵贾谊《过秦论》片段；为了印证传言中阿房宫的雄伟，学生齐背杜牧《阿房宫赋》片段。历史课堂上的这种设计，既是对"文史不分家"的跨学科教学实践，也让学生在历史情境中通过朗读入心。在广泛阅读的基础上，李老师准备了充分的教学资源，选取历史学家研究的部分成果作为师生课堂对话的媒介，让已经有相关文学知识的高二学生"可以想问题"。在实际教学中，学生也未必能全部完成这些问题，但是问题的思维梯度却是非常明确，教师可以非常清晰地知道自己在干什么，而能走到哪一步由学生的思维实际来决定。

其次，要以故事为载体，以生动的语言呈现。知识就是故事，如果说将历史知识比作萝卜，它具有维生素 C，但未必能成为学生内在的维生素 C，我们必须将知识演绎成有思维的历史故事，才能成为学生的素养。李老师在讲秦国发展历程时，就三个重要时间节点讲了三个故事：秦襄公因救驾有功而"位列诸侯"；秦穆公"春秋称霸"，杀功臣陪葬导致秦国人才匮乏；秦孝公借商鞅变法"傲视群雄"。值得注意的是，李老师一边讲这些故事，一边配合呈现史料："襄公救周，始命列国""穆公思义，悼豪之旅；以人为殉，诗歌黄鸟"等。李老师融通了史料解读与历史叙事，将史料转化成了一个个故事，并将其置于特定的历史时空序列之中。除了历史故事，李老师慷慨激昂的语气也为课堂增色不少。此外，适时地引用一些网络流行语也起到了焕发课堂生气的作用。如夸秦国先人养的马"颜值高"，评十岁当太子的嬴政"萌萌哒"，称十四岁临朝称制的秦始皇是"青葱少年"……现场师生在惊讶之余，朗声欢笑。

再次，历史细节与历史问题共同构成历史课堂上师生交往的媒介。历史细节作为历史构成的零部件，其重要性不言而喻；没有历史细节就没有生动的历史课堂。同时，认知过程的批判性是历史教学有效性的特征之一，历史课堂应该充满着问题，历史教师应该做一个会提问题的老师，要培养善于提问的学生。对于学生已经掌握的知识，李老师采取自己概括归纳或学生集体回答的方式，从而加快课堂节奏。谈及嬴政出生的时代背景，李老师归纳道："西周通过分封制度，天下归姬；宗法制度，天下归嫡；井田制度，天下归王；礼乐制度，天下归序；周公吐哺，天下归心。然而，到了公元前770年以后，伴随着周平王的东迁，出现了一个群雄并起、王室衰微、国家撕裂的情况。这个时期也恰恰是大动荡时期，中国历史在五百年中间，脱胎换骨，完成了一场历史大革新。而秦始皇就是在这样一个天下动荡、历史转型的时刻，横空出世。"又如，李老师通过一步步追问的方式引导学生复习秦始皇的历史功绩，并在最后将其概括为"帝制""帝国"两个词帮助记忆。另外，李老师还善于发现学生的特长，通过成功的师生互动推动课堂进展。上课前，李老师问前排学生是否学过贾谊的《过秦论》。当学生纷纷摇头时，李老师突然听到一位学生说自己高一的时候上过，他敏锐地意识到这位学生的语文功底应该不凡。因此，当需要一位学生霸气地朗诵秦穆公"傲视群雄"文段时，李老师毫不犹豫地选择了这位学生。果不其然，这位学生几近完美地完成了任务，营造出了李老师预设的历史气氛。再如，在"追源：'暴君'说之由来"环节，李老师在铺垫了贾谊是汉文帝时期政论家、文学家后，他提问学生："贾谊如此评论秦始皇的动机是什么？仅仅旨在总结秦前车之鉴吗？"就在学生沉思之际，李老师锐利的目光扫视全场并迅速发现一位摇头的学生，于是，李老师立刻提问这位学生："你摇头了。你为什么要摇头？请解释一下摇头的原因。"学生回答说："为了说明汉朝代替秦朝的合法性。"这一精准的回答赢得了在场师生的掌声。

二、霸气

所谓"教活的历史"，旨在历史对学习者有智慧启迪。引申说，"历史学即史料学"一语，针对史学或许是对的，但针对中学历史教育则行不通，我们也不能就此演绎出一句"历史教学即史料教学"。道理很简单，中学历史教育所阐释的历史事实，虽基于历史材料，但也不全用历史材料说话。[1] 李老师评说秦始皇，却不局限于秦始皇成长生活的时代，而是在纵横捭阖的宏大格局中看秦始皇；不受困于对秦始皇的传统评价，而是在追寻破解中深度思考。短短四十多分钟的课程内容，背后却蕴含着培养学生"时空观念""史料实证""历史解释"核心素养以及"批判性思维"的霸气目标。

"时空观念"是历史学科五大核心素养之一。《普通高中历史课程标准（征求意见稿）》中解释说："时空观念是在特定的时间联系和空间联系中对事物进行观察、分析的意识和思维方式。任何历史事物都是在特定的、具体的时间和空间条件下发生的，只有在特定的时空框架当中，才可能对史事有准确的理解。"[2] 李老师的教学设计重视时空观念的培养，他热衷于"将历史

---

1 这里不用"史料"的概念，而用"历史材料"的概念。严格地讲：其一，中学历史教学难得用一手材料或原始材料——史料，而是将教科书作为教学蓝本；其二，中学历史为教学之用，所选材料的范围广，也不及史学那么严肃；其三，从对材料的加工过程看，中学历史教学也不可能像史学那般精细；其四，我们主张中学历史教学也引入史学家的研究方法——像史学家一样工作，而现代史学领域大大拓宽，史学家所用材料的范围不再局限于传统"史料"；其五，我们编制教科书时大多不依赖"史料"，更多采信当代历史学家的著述，其中的错、歧义可为证。
2 教育部基础教育课程教材专家工作委员会：《普通高中历史课程标准（征求意见稿）》，2016年。

事件、现象和人物置于特定时空的'边框底纹'下加以考量"[1]。在《追寻秦始皇》一课中,"小国蓄能"和"大国崛起"两个环节将秦国的历史进程与嬴政的生命历程衔接在一起。从秦襄公"位列诸侯"、秦穆公"春秋称霸"、秦孝公"傲视群雄"的罗列与回放入手,涂抹嬴政横空出世的"边框底纹",即春秋战国离乱的大趋势与秦国作为小国"蓄能"的轨迹。公元前260年,秦、赵两国发生"长平之战";第二年,秦军"围困邯郸",也就在秦国为列国刮目的公元前259年,嬴政从楚国降临人间,以此转入"大国崛起"(即嬴政生平)的讲述。"少年嬴政"出身楚地,后回归秦地并跻身太子;"秦王嬴政"车裂嫪毐,逼死吕氏,延揽豪杰,远交近攻,横扫六合;"始皇嬴政"创建制度,控制思想,整肃秦律,管理边地,统一货币和文字等。在春秋战国的大背景下,嬴政用他短短几十年的生命,结束了五百年的动乱分裂,开创了后世的政体雏形,这些都证明了他是"千古一帝"。

"但是,"李老师话锋一转,"然而就是这些事情,又证明他是一代暴君。阿房宫、秦陵墓,暴君;北伐匈奴、南收百越,暴君;修订秦律,暴君。"于此,本课转入破解秦始皇"暴君说"环节。李老师抛出了他的疑惑:"为什么同样的证据得出了不一样的评价、不一样的称谓?"诚如《普通高中历史课程标准(征求意见稿)》中所说:"所有历史叙述在本质上都是对历史的解释,区别只在于解释的正误、深浅。"[2] 借此环节,揭示"千古一帝""一代暴君"的评价本质上都是一种历史解释。

那么,秦始皇究竟是不是暴君?关于秦始皇是暴君的解释是否可信呢?李老师提醒学生"一切要从证据出发",也就是带着"史料实证"的意识和方法一步步破解秦始皇的"暴君说"。第一步,追源——"暴君说"之由来。首先,李老师告诉学生《史记·秦始皇本纪》(今本)由四部分

---

[1] 李惠军,张其中,施洪昌:《博识而畅行 广征而顺达(三)——求问唯物史观与时空观念、史料实证、历史解释之间的关系》,《中学历史教学参考》,2016年第11期。
[2] 教育部基础教育课程教材专家工作委员会:《普通高中历史课程标准(征求意见稿)》,2016年。

合成，分别是：司马迁的《秦始皇本纪》、贾谊的《过秦论》、无名氏的《别本秦公世系》、班固的《评秦始皇本纪文》。其中，又以贾谊的《过秦论》成文最早。因此，设问：贾谊是何许人？贾谊如何评论秦始皇？贾谊评论的动机何在？通过对贾谊身份的认识和对《过秦论》内容的解读，学生懂得作为政论家、文学家的贾谊是以儒家和分封的标准来评价秦始皇的，由此完成破解秦始皇"暴君说"的第二步，即追问——"暴君说"之标准。第三步，追查——"暴君说"之疑点。人教版教科书从焚书坑儒、修建长城、大兴土木等角度贬斥秦始皇的暴政，并得出结论"他的暴政又导致秦很快灭亡"。[1]教科书列举的"罪证"可靠吗？事实真的如此吗？通过罗列、分析史料的方式质疑教科书相关论述，进而暗渡给学生"批判性思维"[2]的优秀品质。首先，关于焚书坑儒，李老师认为"焚书"确有其事；至于"坑儒"，则根据司马迁的《史记》记载，其对象为炼丹方士，"坑儒"其实是经过三重伪造的"人造历史"。其次，关于修建长城，李老师从修建长城的必要性和长城的实际工程量出发（即修建长城出于国防需要，而且只是对秦、赵、燕三国长城进行连接，工程量有限），说明将修长城列为秦的暴政有失公允。再次，关于大兴土木，李老师以阿房宫为例，综合《史记》和考古资料，发现阿房宫只修了一个地基而已。经由李老师设计的"追源""追问""追查"三个环节，学生"通过对史料的辨析和对史料作者意图的认知，判断史料的真伪和价值，并在此过程中体会实证精神"[3]。史料实证核心素养的落实便水到渠成了。

---

[1] 人民教育出版社课程教材研究所，历史课程教材研究开发中心：《中外历史人物评说（选修4）》，人民教育出版社，2007年版。
[2] 英文"critical thinking"一词，我们有两种译文，一是直译为"批判性思维"，二是意译为"审辩式思维"。关于"批判性思维"的论述很多，此处采用郭兆凡的解释，他认为批判性思维是对思维的再思考，它有三个关键词：不懈质疑、多元意见和理性判断。具体内涵可参见：郭兆凡：《我们在说批判性思维的时候，到底说的是什么？》，http://m.sohu.com/a/113774958_372503/？V=3。
[3] 教育部基础教育课程教材专家工作委员会：《普通高中历史课程标准（征求意见稿）》，2016年。

历史学科所体现的人文性，也内在地体现了思想性，以至历史知识或宽或窄，或深或浅，都与养成怎样的人性和人格、启发怎样的理性和智慧密切相关。

全面发展的人，核心恰在健全人格。威廉·奥斯勒的《生活之道》说，"生活只是一种习惯"，也就是一连串不需要经过大脑的行为。这可真是至理名言，是一切行为——身体的或心灵的——根本，也是亚里士多德教学的精髓；对他而言，习惯的养成正是品德的基础。"总而言之，任何习惯都是同一行为的结果，我们所该做的，就是给行为立个规矩。"用柏拉图的话来说，由精神和品德所构成的"人格"，就是"长期养成的习惯"。杜威认为："一切教育的最高目的是形成性格（人格）。"历史是人文学科，真史学乃人学，真历史教育乃人格教育。史者社会之写真也，欲合人格，必先讲史学。1903年3月24日《苏报》称"史学者，导人以合人格之方针也"。史学如斯，何况专门教人做人之历史教育乎？历史教育的根本目的是，帮助学生成为人格健全的合格公民。这特别需要师者和课堂有良心：师者本身就是有良心的人；师者用良心对待学生成长；师者教学生学习的历史是有良心价值取向的。这种价值取向，就是良心取向。

唯有对历史知识进行阐释，才赋予历史知识以人文性；也只有当历史知识凸显了人文性时，历史教育才有灵魂。但是这不等于说，历史知识与生俱来的人文性可以自然而然地产生教育价值和意义。事实是，不阐释抑或解释历史知识，历史知识就不会说话，更不会说真话。因此，历史教育有探究的义务，特别是运用批判性思维进行探究的过程，已成为学习者通过历史获得真理和真相的必要途径。于是，历史教育、教学过程的本质就是探究——一个经历了批判性思维"审辩"的过程。用教育学的概念，这个过程叫"建构"；用历史学的概念，这个过程叫"史料实证"。

诚如李老师所言："读史传教的目的不仅仅是追怀先人足迹、观瞻城南旧事、感受怀古之情。它更应该是在寻觅前路过程中，领悟思想方法、感知探索路径、提升智慧学养。"[1] 就像《追寻秦始皇》一课,并非只给学生一个"暴君"或"明君"的结论;而是在破解"暴君说"的过程中,培养学生历史学科核心素养及批判性思维。

我认为,这样的历史课,才是我追求的好课:教学立意必有良心之取向;求是求真,更求应该求对;帮助学生壮大良心求成长;引领人类坚守良心求进步。

(一)教学立意必有良心之取向

有人说"课比天大",历史课更是如此。最怕无价值灵魂,亦即无"天地良心",对学生成长无有效引领,甚至造成误导,这就要求教师秉持良心,在怎样有利于促使"人全面发展""社会全面进步"两个维度,对教学目标取向多加拷问。强调历史课堂要有适切的教学目标、教学立意、教学灵魂……其实均指价值取向。

1. 备课(教学设计)的良心取向拷问

备目标——要让学生(人类)获得什么,将会把学生(人类)带到哪里去,慎重斟酌是否存在认知误导和价值误导之风险,以便矫正教学目标的价值导向。

备学情——学生的前认知状况怎样,要到达目标指向的目的地,已具备什么能力,尚欠缺什么能力,以便为教学内容和教学方法的选择和设计寻找依据。(学情调研的时间选择在备课前最好。)

备内容——基于教学目标要求和学生学力状况来选择教学内容,决定是否在教科书内容之外寻找和补充更好的素材和内容,以便学生真正学有所获。

备方法——综合考量目标、学情、内容等状况,思考怎样的教学方法更有利于达成目标:没有偏离既定教学目标;能够顺利实现"教学转化";

---

[1] 李惠军:《灵魂的追问(5)——关于历史教学丰富性、批判性和知本性的思考》,《历史教学》,2015年第11期。

学生感觉既有意思又有意义。

法国历史学家布洛赫将优秀的历史学家比喻为神话中善于捕捉人肉气味的巨人（妖怪），他闻到哪里有人肉，就出现在哪里，"人才是他追寻的目标"。[1] 余英时综合考察中外史学家观点后也说："真正的史学，必须是以人生为中心的，里面跳动着现实的生命。"[2] 他提醒"应该有人随时做这类工作"。

2."历史"本来就是过去了的"人"的"生活"

历史教育的主体（角色）："人（们）" ——过去生活中的"人（们）"→（指向）现在和未来生活中的"人（们）"。

历史教育的主题（内容）：过去人（们）五彩缤纷的"生活"→（指向）现在和未来人（们）的"生活"。

历史教育的宗旨（目的）：用过去人（们）的生活智慧来启发学习者领悟（现在和未来）生活的智慧，帮助、指导、支持他们健康全面发展，成为人格健全的合格公民（人格教育、公民教育）。

历史教育的动力（任务）：基于"历史事实"来探索、认识、思考过去人（们）究竟是怎样生活的，从中获得我（们）现在和未来究竟怎样生活（才合适、才更好）的智慧，而催生这一智慧的动力来自思考（尤其批判性思考），从根本上看，这种思考力取决于"价值鉴赏力"——知道什么是"应该"的（需要选择和坚守的）、什么是"不应该"的（需要警惕和反对的）。

3."历史教育"是"教"人"学"怎样"做人"

历史教育的学科原动力来自史学：史学"营养"能否跟得上？（怎样对待史学成果？史学"目中无人"之弊，等等。）

历史教育的学习原动力来自学生：学习者学习的动力足不足？（怎样

---

1 ［法］马克·布洛赫：《为历史学辩护》，张和声，程郁译，中国人民大学出版社，2006年版。
2 何俊编：《余英时学术思想文选》，上海古籍出版社，2010年版。

激发激活？学习动机三元素：满足感、抱负、自尊心。学习动因三要素：合作、内容、选择。）

历史教育的教学原动力来自教师：教师专业素养和教学能力够不够？〔教育目标（价值取向）—教学转化（教师"教"学生"学"的行动）—学习体验（学生收获）。教师发展：自我觉醒（理想）驱动；同伴互助驱动；专家引领驱动；平台建设驱动。〕

历史教育的综合原动力来自生活：能给人（们）多少生活智慧？〔讲故事（求兴趣）而无思想（指向），讲史料（求是）而无价值（求应该），讲过去而无现在未来，讲结论（结果）而无推理（过程），讲知识点（碎片）而无思想链（关联）……何来智慧？〕

（二）求是求真，更求应该求对

史学是历史教育的学科原动力。历史教育必应以求"是"求"真"（事实判断）为体，而以求"应该"求"对"（价值判断）为魂。绝不可只见史料而不见价值灵魂。

史料者，是非、善恶、美丑混杂之物，既不等于真相，更不等于真理。历史教育，求"是"是前提，但要指引学习者健全成长，则必须求"应该"。探究历史，虽须根据因果、逻辑等多种要素作综合判断，但于历史教育，则"是"与"应该"判断更重要，此二者本亦一体两面，万不可顾此失彼。

只顾求事实（关乎历史知识），而不顾求应该（关乎人生智慧），就无异于放弃对人生指引的担当，丧昧良心。

雅斯贝尔斯《什么是教育》指出："研究性和历史要求的混淆始于将历史意识仅仅作为客观事实，以后又将历史可知性作为不可知的，通过历史事件更变成了一堆看不到尽头的瓦砾，其知识和资料的收集都变得毫无意义。"

尼采也看穿了历史对人生有利亦有弊，写《历史对于人生的利弊》一书警告世人。史实性知识或许能造就尼采所谓"走动的书橱"，但史实性知识于人生何益却终究是个未决的问题。历史教学只关注史实性知识，岂不误人之虞？

每种历史知识背后都有价值观。柯林武德认为，自然科学家面对的仅仅是现象，而历史学家面对的绝不是"单纯的现象"，"历史学家不是看着它们而是要看透它们，以便识别其中的思想"。

西蒙娜·薇依在《扎根：人类责任宣言绪论》中提醒人们：不能让真善美逃离历史课堂。在认识历史时最为严重的错误是"使灵魂游离于真与善之外"，而且这种错误"是难以察觉的"。比如"被征服者逃离了关注"，以致"人们关注的是一种达尔文式的过程，这一过程比统辖动物界的法则更残酷无情。被征服者消失了。他们狗屁不如"。与善恶相关的良心视角，她尤其指出："要认识人心，我们所能做的不外乎带着生命体验去研究历史，使它们相互朗照。我们有责任向青少年和人们的精神提供这一营养。但它必须是真理的营养。不仅各种史实必须确切，亦即可以验证，它们还必须在与善恶相关的真正视角中得到提示。"

历史课应不断地有力推动人类克服偏见。自以为是的偏见，是一种非常致命的态度，它还会扭曲情感。一厢情愿是批判性思考的大敌。一种带有偏见的态度，就像有偏差的过滤装置，会误判历史和现实，有可能对生活产生极其负面的态度。布洛赫在《历史学家的技艺》中说："千言万语，归根结底，'理解'才是历史研究的指路明灯，人们往往轻易下结论，动辄指责他人，而从来不提倡充分的理解。"

（三）帮助学生壮大良心求成长

历史教育不是要（也不可能）教给学生像技术那样的具体技能，而只是教学生从历史中学习并领悟一些原则，从而尽可能善用这些原则，对生活进行创造性设计、谋划和决策。

千方百计用历史教学生学会认识世界、认识社会、认识自己，判对错、辨善恶、别美丑，壮大良心，做人格健全的合格公民，无疑是历史教育的一个根本原则。

历史的当事人已经逝去，真正是"死无对证"。我们怎样才能正确理解和解释历史呢？最重要的办法莫非基于历史意识，进行"同情"之理解和解释！

历史意识，简言之即遇任何事均须回到那个时代、回到那个时代背景里、回到那个时代背景里诸种事物之间的复杂关联和这种关联所导致的变化及其变化所导致的走向来审视历史。

历史意识是历史思考之根，亦是良心之源。历史意识就思维层位看，似乎均低于历史认识、历史思想、历史智慧，然而正是这个看似层位较低的历史意识，却像树根一样，决定着所有历史思维层位生命的荣与枯，万不可轻觑这"树根"的威严和作用。构成历史意识的证据意识、时代意识、背景意识、变迁意识、批判意识、价值意识等要素，不仅可以把时空观念、史料实证、历史解释等所谓学科素养一网打尽，而且对避免类似时空观念等概念给历史教学实践或多或少带来的非专业困惑，兴许会有帮助。

历史意识到位了，时间就不再是简单的物理时间而是带有文化变迁过程和方向感的时间，空间也不再是简单的物理空间而是带有人与自己、人与社会、人与自然等关系构成的复杂文化背景和价值取向的空间。历史意识的这个鲜明特质是其他学科所没有的，故而才说这是历史学科的看家本领，必靠历史教学来教给学生。

学生学会了用历史意识和价值省察来思考，就可能更好地认识世界、认识自己，克服自私自利、自以为是、一厢情愿、不知换位思考、不懂群己和世界本为一体等人性弱点，从而变得更诚实、更理性、更向善向美，这在健全人格上，或多或少总会彰显其非凡意义。

批判思想由于其反映的是与既定社会相对立而成为历史的意识，其本质上正是判断。它绝不推行一种不偏不倚的相对主义，而是在真正的人的历史中寻求真与假、进步与倒退的标准。[1]

---

[1] [美]赫伯特·马尔库塞：《单向度的人——发达工业社会意识形态研究》，刘继译，上海译文出版社，2014年版，第85页。

历史教育探讨的是生活——"应该"过的生活和行为的理想。人或常对自己说,"我应该做这,我不应该做那","我本应该这样行为,我原不应该那样行为"。追问"应该",其实是指为自我改进而进行的习惯性心理斗争。

道德生活针对的是不完善。哪儿有完善,哪儿就没有"应该",哪儿就没有道德。没有自身矛盾,就没有"应该"。"应该"本身就是一种自身矛盾。人类哪儿有不完美,就该哪儿深刻反思——反省思考!

人们或许经常说历史意识即"同情之理解",却又或许有意无意做着"站着说话不腰疼"(没有历史意识)的事情。

比如讲侵略和殖民历史,一些教师会遇到这样的学生,即非常认可侵略和殖民在客观上给人类带来的所谓"进步"。如讲抗战至中国东北沦陷在日寇铁蹄下时,居然有学生很兴奋地说:"要是东北不收回来,咱们现在就是日本人了,那多好啊!"学生何以如此认识?显然是缺乏历史意识和价值省察所致。怎么办?做足历史意识和价值省察,唤醒对历史的同情、共感、尊重和敬畏,在讲任何历史时都这样警告自己。

应有效引导学生"看透"史实背后的价值观。史实背后的价值观更重要。倘若说服不了上述例子中那样的学生,那就得设法用史实"给他再来一场同样屈辱的灾难历史让他经历一番",或许他就不再"站着说话不腰疼"了。如果让善恶美丑等价值视野完全"逃离"课堂,那造就的学生就可能不仅无头脑,而且没良心了。史实很重要,对史实背后的善恶美丑的价值观照(正确思考)更重要。如果历史课还沿袭所谓"客观上"之史观泯灭人性、人格的善恶判断,那就真对不起"中国梦",真对不起人类良心了。相信同人们有这一警觉,也有智慧教会学生怎样正确认识历史。

(四)引领人类坚守良心求进步

基于构建人类命运共同体和人与自然生命共同体"四个要努力建设":"我们要努力建设一个远离恐惧、普遍安全的世界……我们要努力建设一个远离贫困、共同繁荣的世界……我们要努力建设一个远离封闭、开放包容的世界……我们要努力建设一个山清水秀、清洁美丽的世界……"（习近平在中国共产党与世界政党高层对话会上的主旨讲话）这无疑是充满人类良心的新时代"世界梦"，历史教育理应为此作出应有贡献。

热罗姆·班德主编的《价值的未来》一书中，阿齐扎·贝纳尼在导言中说道："我们今天所面临的危险并不像有人宣称的那样是文明的冲突，而是缺乏共享的价值。"协商共享价值、创造新的共享价值是人类的责任，更是历史教育必须予以高度重视的研究课题和教学课题。遭遇并存的多元价值时，在善恶特别难辨之时，要处理好价值的均衡、协调、包容。例如，1921年，在新诞生的苏俄，一些地区发生了饥荒。一名美国记者在访问了伏尔加河畔的一个难民营后，报道说几乎有一半的人死于饥饿。注意到在邻近的田地里有几麻袋的谷物，这位记者询问难民团体中的最年长者，难民们为什么不干脆打败看守谷物的单个士兵，而享有这些粮食？这位最年长者不耐烦地解释道，种子是留待明年播种之用的。他说："我们不能盗窃未来的东西。"[1]

历史教育的"体·根·命·魂"：体在史学——学科载体；根在人格——核心目的；命在思考——关键能力；魂在价值——良心取向。

三、底气

《追寻秦始皇》一课的"底气"来自学术论著的广泛阅读，来自内外联动的思想碰撞。

首先，底气源于精准阅读。李老师十分重视阅读对教师及教学的重要作用，"历史教师的阅读是一种精神的'越狱'。当书里世界如袅袅轻烟

---

[1] ［美］加勒特·哈丁：《生活在极限之内——生态学、经济学和人口禁忌》，戴星翼，张真译，上海译文出版社，2016年版。

生气·霸气·底气：核心素养下的历史教学达成 | 施洪昌

散去，留在心中的那轮明月，终将为我们在历史的思考和教学的创意中，带来点点光亮"[1]。为了准备《追寻秦始皇》一课，李老师重新阅读了《史记·秦始皇本纪》，重点研读了李开元的《秦迷》《秦崩》《楚亡》《汉帝国的建立与刘邦集团》等。另外，华东师范大学的张耕华教授还向李老师推荐了阅读书目：吕思勉的《吕著中国通史》《吕思勉读书札记》《秦汉史》和《中国政治思想史》，夏曾佑的《中国古代史》和《古史辨》，钱穆的《国史大纲》，王子今和方光华主编的《中国通史·秦汉魏晋南北朝卷》，等等。阅读后，究竟该如何选择和编码，最后将其浓缩成一节生气、霸气的课？交流设计、碰撞思想成了激活李老师教学灵感的法宝。

其次，底气源于同行互动。作为李老师的高足和工作室的成员，谈冠华老师与工作室成员分享了自己关于《追寻秦始皇》一课的思考及教学设计。他的设计主要分为三部分：第一，源流，介绍秦国位列诸侯、春秋称霸、战国变法、称雄七国的发展历程；第二，经历，叙述少年嬴政、秦王嬴政、始皇嬴政的人生历程；第三，破解，解决关于"暴君说"的三大问题。不得不说，谈冠华的教学设计给了李老师诸多启发。《追寻秦始皇》中的"小国蓄能""大国崛起""破解'暴君说'"等与谈冠华设计的"源流""经历""破解"三部分有着异曲同工之妙。通过工作室内部交流，李老师借鉴、吸收了谈冠华的教学创意，并以重构、补充的方式避免了其中的一些缺陷。

最后，底气源于学者指引。张耕华教授为解答李老师备课过程中的困惑，特地写成七千多字的《张耕华答李惠军函》，内容包括他关于《追寻秦始皇》一课的教学设想以及学术资料摘编。尽管这封信函只是张教授"就讲授思路，作一点条理化的梳理"，且"多半出自我在大学讲课的内容"，却也为李老师提供了实实在在的备课灵感。例如，在"小国蓄

---

[1] 李惠军：《博识而畅行 广征而顺达（二）——温情与敬意：重读〈国史大纲〉给我的感慨和启示》，《中学历史教学参考》，2016年第10期。

能""大国崛起""横扫六合"等环节之后,李老师专门做了一张幻灯片分析秦国建立第一个统一大帝国的原因——在春秋战国"趋统"的时代势能中,秦国由于地利人和具有"趋强"的发展趋势,它最终"横扫六合"是顺应了时代发展的大势。

  李老师在一次教研交流中谦虚地说:"如果这节课(笔者注:指《祖国统一大业》)还有什么值得借鉴之处,很大程度上得益于在学习和借鉴许多老师的基础上,踩着他们铺就的道路做了一个'集成'。"[1] 从这一角度看,《追寻秦始皇》一课也是一种"集成",这种本质上关乎历史教学智慧的"集成",正是李老师的底气之一。

---

[1] 李惠军:《心灵关照、智性涵养与理性情怀的滋育——我讲〈祖国统一大业〉一课的企划诠释和内心絮语》,《历史教学》,2017年第7期。

图书在版编目（CIP）数据

怎样上好历史课：来自上海市特级教师的方案与经验 / 苏智良，於以传主编. — 上海：上海教育出版社，2019.12
ISBN 978-7-5444-9718-3

Ⅰ.①怎… Ⅱ.①苏… ②於… Ⅲ.①中学历史课—教学研究 Ⅳ.①G633.512

中国版本图书馆CIP数据核字（2020）第088794号

责任编辑　林凡凡
封面设计　夏艺堂设计

怎样上好历史课：来自上海市特级教师的方案与经验
Zenyang Shanghao Lishike: Laizi Shanghaishi Teji Jiaoshi de Fang'an yu Jingyan

苏智良　於以传　主编

出版发行	上海教育出版社有限公司
官　　网	www.seph.com.cn
地　　址	上海市闵行区号景路159弄C座
邮　　编	201101
印　　刷	上海展强印刷有限公司
开　　本	700×1000　1/16　印张 19.75　插页 4
字　　数	273千字
版　　次	2020年7月第1版
印　　次	2025年1月第7次印刷
书　　号	ISBN 978-7-5444-9718-3/G·8020
定　　价	68.00元

如发现质量问题，读者可向本社调换　　电话：021-64373213